스토리텔링성경 6

스토리텔링 성경

여호수아 · 사사기 · 룻기

스토리텔링 성경

6 여호수아·사사기·룻기: 가나안 정복과 이스라엘의 사사들

초판 1쇄 2019년 9월 1일

지은이 김영진, 강정훈, 천종수
발행처 (유) 성서원
일러스트 김천정
교정·교열 유영일
출판등록 1997년 7월 8일 (제300-1997-79호)
창업일 1972년 2월 1일
주 소 경기도 고양시 덕양구 덕은로 60-12 우) 10541
전 화 (02)765-0011~17
팩 스 (02)743-6811
성서원 홈페이지 www.biblehouse.co.kr
페이스북 · E-mail saebut-9106@hanmail.net

ISBN 978-89-360-2305-8 03230

스토리텔링성경
6

성경 전 장章을 이야기로 풀어 쓴

스토리텔링 성경

지은이
김영진 강정훈 천종수

여호수아·사사기·룻기

가나안 정복과 이스라엘의 사사들

성서원

차례

여호수아 가나안 땅의 정복과 분배

사사기 이스라엘의 열두 사사

여호수아

가나안 땅의 정복과 분배

여호수아를 따르는 이스라엘 백성
약속의 땅 차지하려고 일어서자
태양도 걸음을 주춤거리고
세차게 흐르던 물길도 멈추네

모세를 이은 여호수아는
백성 이끌고 요단 강 건너네
언약궤 앞세워 행진하는 군대는
가나안 일곱 족속과 싸우러 가네

언약궤 앞세워 약속의 땅 차지해라
여호수아 군대에게 힘을 주시네
그 땅 정복 후 분배하게 하여
하나님 왕국 세우게 하시네

1

여호수아 군대, 진군 준비를 하다

이스라엘 백성과 요단 강 건너라
하나님은 모세의 후계자 여호수아에게
일찍이 준다고 약속한
그 땅으로 들어가라 하시네

주께서 여호수아를 격려하시다 (1:1-9)

서풍이 불어온다. 요단강 건너편에서부터 불어오는 그 바람결에는 싱그러운 풀냄새가 풍겨온다. 그 땅의 푸른 초원에서부터 풍겨오는 그 푸릇푸릇한 풀냄새는 곧 그들의 미래의 향기이기도 하다.

모세가 떠나고 30일이 흘렀다. 때는 출애굽 제41년째 되던 해(주전 1406년경)의 정월 초. 모세는 끝내 가나안 땅을 밟아보지 못한 채 느보산의 비스가 봉우리에 올라 약속의 땅을 바라보며 임종을 맞았다. 모세의 나이 120세, 출애굽 제40년째 되던 해의 12월 초순경이다(주전 1407년경).

요단 강가의 모압 평지. 강 건너편에는 가나안 땅의 중부로 들어가는 관문인 여리고성이 높은 언덕 위에 우뚝 버티고 있다. 한눈에 보기에도 난공불락의 견고한 성읍이라는 것을 알 수 있다. 그때 하나님의 말씀이 여호수아에게 임한다.

"여호수아야, 나의 종 모세가 죽었으니, 이제는 네가 이스라엘 백성을 인도하여야 한다. 너는 일어나 요단강을 건널 준비를 하여라. 너희 발길이 닿는 곳은 어디든지 너희 영토로 주겠노라."

위대한 지도자는 떠나갔지만 위대한 사역은 계속되어야 한다. 이제 그 사역이 여호수아에게로 계승되었다. 여호수아는 주먹을 불끈 쥔다.

"너희가 이제 차지할 영토는 광야에서부터 레바논까지, 큰 강 유프라테스에서부터 헷 족속의 모든 땅, 그리고 서쪽의 지중해까지 이를 것이니라."

하나님께서 약속해주신 이스라엘 땅의 사방 경계는 이러하다. 동쪽으로는 유프라테스 강, 서쪽으로는 대해(大海) 곧 지중해, 남쪽으로는 신(Zin) 광야, 그리고 북쪽으로는 레바논 산맥이다.

"여호수아야, 누구도 너를 대적하지 못할 것이다. 이전에 내가 모세와 항상 함께했던 것처럼, 이제는 너와 항상 함께 하겠노라. 내가 너를 떠나지도, 버리지도 않겠노라."

가나안 땅에 대한 하나님의 약속을 굳게 믿고, 요단강을 건너가서 그 땅을 담대하게 정복하라는 말씀이다.

"나의 종 모세가 전해준 모든 율법을 잘 지켜라. 그 율법을 기준으로 어느 한쪽으로도 치우지지 말아라. 그리하면 네가 어디로 가든지 성공하고 형통할 것이니라. 네가 가는 곳마다 내가 항상 함께할 것이니, 너는 용기를 잃지 마라. 자, 힘을 내라!"

출애굽의 위대한 영도자인 모세를 이어 그의 후계자가 된 여호수아. 그는 막중한 사명감과 책임감에 내심 두려워하고 있었다. 200만 명이 넘는 백성들을 이끌고 요단강을 건너, 가나안 땅의 일곱 원주민 족속들과 싸워 그 땅을 차지해야 한다는 것! 사실, 엄두조차 나지 않았다.

바로 이러한 때, 하나님께서 친히 찾아오셔서 여호수아를 위로하고 격려하셨다. 모든 전쟁은 하나님께 속한 것! 하나님의 말씀에서 좌로든 우로든 벗어나지 않으면, 하나님께서는 능히 승리하게끔 도우실 것이다!

하나님은 그런 자신감을 친히 불어넣어 주셨다. 그 말씀에, 여호수아의 가슴이 뜨거워진다. '그렇다, 주님과 함께라면….' 가나안 원주민들이 더 이상 두렵지 않았다.

여호수아가 요단강 건널 준비를 하도록 백성들에게 명하다 (1:10-18)

여호수아는 위엄 가득 찬 목소리로 백성의 지도자들에게 명령을 내린다.

"이스라엘 진영을 빠짐없이 두루 다니면서, 식량을 미리 준비하라고 이르시오. 지금부터 사흘 안에 요단강을 건너, 하나님께서 우리에게 주신 가나안 땅으로 들어가게 될 것이니, 백성들에게 그리 전하시오!"

여호수아의 명에 따라 마침내 요단강을 건너 가나안 땅에 입성할 날짜가 정해졌다. 그 날은 출애굽 제41년째 되던 해(주전 1406년경)의 정월(1월) 7일, 그러니까 지금부터 3일 후다. 이스라엘 백성들이 요단강을 건너 가나안 땅의 길갈(Gilgal)에 진영을 친 때가 정월(1월) 10일이기 때문이다.

여호수아는 르우벤 지파, 갓 지파, 므낫세 반(半) 지파를 앞으로 불러낸다. 이들은 가나안 정복전쟁 때 앞장서서 싸우겠다는 조건을 내걸고, 다른 지파들에 앞서 요단강 동편 지역에서 이미 기업의 땅을 분배받은 지파들이다.

"여러분, 주께서는 여러분에게 강 동편에 편히 쉴 땅을 주셨습니다. 그러니 여러분의 아내들과 어린아이들과 가축들은 요단강 동쪽 땅에 머물러 있도록 하십시오. 그러나 싸울 수 있는 사람들은 모두 완전무장을 하고, 여러분의 형제들보다 앞장서서 강을 건너도록 하십시오. 이제는 형제 지파들이 강 서편 땅을 다 차지할 때까지 여러분이 형제들을 성심껏 도와야 합니다."

그러자 그들이 여호수아에 대답하였다.

“어르신이 명하시는 것은 무엇이든 그대로 행하겠습니다. 우리를 어디로 보내시든 우리는 그대로 따르겠습니다. 지난날 모세에게 순종했던 것처럼, 이제는 어르신에게 순종할 것입니다. 우리 주 하나님께서 모세와 함께 하셨던 것처럼, 주 하나님께서 어르신과 함께 하시기를 빕니다. 그러니 마음을 강하게 먹고 담대히 밀고 나가시기 바랍니다!”

2

여리고성의 정탐꾼들

여호수아가 여리고로 보낸
두 정탐꾼이 발각되자
창녀 라합이 지붕 위에 숨겨주고는
성문 닫히기 전에 나갔다고 둘러대네

이스라엘의 두 정탐꾼과 여리고 성읍의 기생 라합 (2:1-24)

여호수아는 요단강을 건너기 전에 두 명의 정탐꾼을 은밀히 선발했다. 정탐꾼을 두 명만 보낸 것은, 40여 년 전에 가데스바네아에서 열두 명의 정탐꾼을 보냈다가 오히려 큰 혼선을 빚었던 일을 떠올렸기 때문이었다. 그때 믿음의 보고서를 낸 여호수아 자신과 갈렙만 보냈었더라면, 이스라엘 백성은 벌써 가나안 땅에 들어가 행복하게 살고 있었을 것이다. 여호수아는 오래전의 그 사건을 떠올리며 각 지파 대표 열두 명이 아니라, 믿을 만한 신앙의 용사 두 명만을 선발해서 은밀히 파견했다.

여호수아가 정탐꾼을 파견한 장소는 모압 평지 내의 싯딤으로, 요단강 동편 12 km 지점에 위치한 지역이다.

두 정탐꾼은 어둠을 틈타 요단강을 건너 가나안 땅으로 몰래 들어갔다. 그들이 가나안 땅에서 만난 첫 성읍은 여리고다. 당시 가나안 지역은 자체의 왕들을 가진 성읍국가의 형태였다. 일종의 도시국가들인 셈이다.

두 정탐꾼은 성문 곁에 있는 주막을 찾아 들어갔다. 기생 라합이 운영하는 주막이다. 주막은 여러 지방에서 온 사람들이 온갖 정보들을 갖고 모이는 곳이다. 별다른 의심을 받지 않고 가나안 땅에 관한 정보를 얻을 수 있는 최적의 장소다. 주막과 연결된 기생의 집들은 성벽 위에 위치했기에 여리고 성읍을 한눈에 살펴볼 수 있었고, 만일 발각된다면 즉시 성읍 밖으로 도망칠 수 있었다.

▲ 여리고로 파견된 정탐꾼들

그런데 기생 라합은, 멀리서 두 정탐꾼을 지켜보면서 뭔가 수상쩍다는 느낌을 받았다. 두 사람은 떠돌이 장사꾼으로 위장하고 있었지만, 왠지 격에 맞지 않았다. 오랫동안 주막을 운영하면서 산전수전 다 겪은 라합의 예리한 눈을 속일 수는 없었다.

'그렇다, 저들은 히브리인들이 분명해. 그런데 도대체 여기에 왜 왔을까…?'

그녀는 이집트를 탈출한 히브리 민족에 대해 소문을 들어 잘 알고 있었다. 이스라엘의 신 여호와에 대해서도 익히 들었다. 이집트의 파라오를 굴복시킨 신, 홍해를 둘로 가른 신, 200만 이스라엘 백성을 40년 동안 광야에서 먹이시고 인도하신 신…. 라합은 평소 이스라엘의 신 '여호와'에 대한 동경심과 아울러 두려운 마음을 품고 있었다. 요단강 근처, 여리고 성읍 맞은편의 모압 평지까지 다다른 이스라엘 백성들이 조만간 가나안 땅으로 진격해올 것이라는 소문도 익히 듣고 있었다.

'그렇다면, 저들은 이스라엘의 정탐꾼들임이 분명해! 아, 이 일을

어쩌지? 고발을 해야 하나, 모른 체해야 하나, 숨겨 주어야 하나…?'

한편, 여리고 성읍의 왕과 군사들은 요단강 건너 모압 평지에 진을 친 이스라엘 백성들의 동태에 촉각을 곤두세우고 있었다. 그런 상황에서 요단강을 건넌 두 정탐꾼은 은밀하게 움직이려 애썼지만, 그 수상쩍음이 이내 포착되고 말았다. 누군가의 신고로 두 정탐꾼의 위치가 발각된 것이다.

여리고 왕은 즉시 기생 라합의 집으로 군사들을 보냈다. 라합의 주막에 도착한 군사들은, 쿵쾅쿵쾅 세차게 문을 두드렸다.

"네 주막에 들어온 자들은 지금 어디 있느냐? 그자들은 우리 성읍을 살피러 온 이스라엘의 정탐꾼들이다. 그자들을 당장 데려오너라."

라합은 시침을 뗐다.

"아, 네, 수상한 자들이 우리 주막에 들어온 것은 맞습니다. 하지만 그들이 이스라엘의 정탐꾼인지는 정말 몰랐습니다. 그자들은 해 질 녘 성문이 닫히는 시각에 떠났습니다. 어디로 갔는지는 모르겠습니다."

여리고 군사들은 한시가 급하다고 생각했는지, 급히 요단강 쪽으로 달려갔다. 그들이 멀찌감치 사라진 뒤에야 라합은 지붕 위로 올라갔다. 이스라엘의 두 정탐꾼을 주막 지붕에 널어놓은 아마(亞麻) 줄기 속에 숨겨 놓았던 것이다. 라합이 정탐꾼들에게 말했다.

"저는 이스라엘의 신 여호와께서 가나안 땅을 당신들에게 주셨다는 것을 알고 있어요. 우리는 이스라엘 백성들이 언제 쳐들어올지 몰라 큰 공포에 사로잡혀 있어요."

"정말 그렇소? 그토록 우리를 두려워하고 있단 말이오?"

두 정탐꾼은 의외란 듯 놀라며 되물었다.

"그럼요! 당신들의 신 여호와가 이집트의 파라오를 굴복시키고, 또 홍해를 마르게 하셨다지요? 강 건너 아모리 족속의 왕들도 다 궤멸시켰다지요? 그런 위대하신 신의 도움을 받는 백성들이 진격해오고 있으니,

우리는 모두 정신이 나갈 지경이랍니다. 진실로 고백하건대, 당신들의 하나님 여호와는 정말로 하늘과 땅을 다스리시는 전능하신 분임에 틀림없습니다. 저는 그 사실을 조금도 의심치 않고 굳게 믿습니다."

기생 라합은 이스라엘의 하나님에 대한 소문을 그냥 흘려보내지 않았다. 소문을 귀에 담고 가슴에 담아, 이스라엘의 신 여호와는 분명 전능하신 신임을 확신했다. 그런 믿음이 있던 차에, 이스라엘 정탐꾼들을 만나게 되자 라합은 자신의 믿음대로 행동했던 것이다. 이제 라합이 이스라엘의 정탐꾼들에게 부탁한다.

"두 분을 숨겨준 것이 은혜가 된다면, 두 분도 저와 우리 집안에 은혜를 베풀겠다고 여호와의 이름으로 맹세해 주세요. 여리고 성읍이 함락되는 날에 저와 제 부모와 형제자매, 집안 식구들의 목숨을 살려주세요."

"아무렴요! 잘 알겠소, 그대가 목숨 걸고 우리의 생명을 지켜주었듯이, 우리도 목숨 걸고 반드시 그대의 생명을 지켜 드리겠소. 다만, 조건이 있소이다."

"네? 어떤 조건이신지요?"

"우리가 지금까지 한 일에 대해 끝까지 비밀을 지켜주시오. 여리고 성읍이 함락될 때까지 입을 굳게 다물어 준다면, 여호와께서 이 성읍을 함락시킬 때, 그대가 부탁한 대로 그대와 그대 집안에 은혜를 베풀 것이오. 여호와의 이름으로 맹세하는 바이오."

"네, 잘 알겠어요. 끝까지 비밀을 지키겠어요."

라합의 집은 성벽 위에 자리하고 있었다. 주전 15세기 무렵의 여호수아 시대에 여리고 성읍은 4~5m 간격을 두고서 두 겹으로 성벽을 쌓아올렸다. 사람들은 두 성벽 사이에 큰 대들보를 올려놓고 그 위에 집을 짓고 살기도 했다. 라합의 주막도 그런 집들 중 하나였는데, 외곽 성벽 쪽으로 창문이 있었다.

라합은 이스라엘의 정탐꾼들에게 다짐을 받은 뒤, 창문 밖으로 밧줄을 길게 늘어뜨려 그들을 성벽 아래로 내려보냈다. 그리고 당부의 말을 잊지 않았다.

"추적자들에게 발각당하지 않으려면 요단강 쪽으로 가시지 마시고, 산으로 올라가세요. 거기에 사흘 동안은 꼼짝 말고 숨어 있어야 합니다. 그런 다음에야 당신들의 진영으로 돌아가도록 하십시오."

정탐꾼들이 고개를 끄덕이며 라합에게 마지막 인사를 했다.

"오늘 일은 매우 고맙소. 이스라엘이 이 땅으로 진격해 들어올 때, 당신이 우리를 탈출시켜 준 이 창문에 붉은 밧줄을 꼭 매어두시오. 그대의 온 가족과 친척을 모두 그대의 집에 모여 있게 하시오. 반드시 그래야 하오."

붉은 물감으로 염색된 밧줄은 멀리서도 눈에 잘 띈다. 라합과 그녀의 가족은 창문에 매단 붉은 밧줄로 인해 생명을 건지게 될 것이다.

라합은 두 정탐꾼을 성벽 아래로 내려보냈다. 밧줄을 타고 무사히 여리고 성벽을 내려간 두 정탐꾼, 그들은 어둠 속으로 표표히 사라졌다. 라합은 즉시 붉은 밧줄을 창문에 매달았다.

두 정탐꾼들은 여리고 군사들의 추적을 피해 사흘을 산속에서 은신한 뒤, 어둠을 틈타 요단강을 건너 이스라엘 진영에 무사히 다다랐다. 정탐꾼들은 가나안 땅에서 보고 듣고 탐지한 사실을 낱낱이 보고했다. 기생 여인에 대해서도 자초지종 보고했다. 그들은 확신에 넘쳐 힘주어 말한다.

"여러분, 주께서 가나안 땅 전체를 우리 손에 넘겨주신 것이 분명합니다. 여리고 주민들은 여호와의 크신 권능에 모두 겁에 질려 간담이 녹아버린 사람들로 보입니다!"

여리고 성읍의 군사들과 주민들이 겁에 질려 떨고 있다는 보고에, 여호수아는 흡족한 표정을 지었다. 이스라엘 백성들도 그 소식을 듣고는 사기가 충천했다.

3
요단강을 건너다

요단강 건너려고 진영 떠났으나
추수철이라 출렁출렁 넘치는 강물
앞서 가던 제사장들이 발을 담그자
흐르던 강물이 갑자기 멈추네

이스라엘 백성들이 마침내 요단강을 건너다 (3:1-17)

여호수아는 일찍 깨어났다. 그리고는 백성들을 향해, 오랫동안 머물던 모압 평지의 싯딤을 떠나 요단강으로 출발할 것을 명한다. 싯딤은 모압 평지 내의 넓은 골짜기로 요단강 동편 12 km 지점에 위치해 있다. 요단강에 이른 백성들은, 빠르게 굽이굽이 흘러가는 강물을 바라보며 그곳 강변에 진을 쳤다.

그로부터 사흘 후, 지도자들이 진영을 두루 다니면서 여호수아의 명령을 전달한다.

"다들 주목하시오. 이제 제사장들이 앞서서 여호와의 언약궤를 메고 요단강으로 들어갈 것이오. 여러분은 제사장들의 뒤를 따르시오. 언약궤와는 2,000규빗쯤 떨어져 뒤따르도록 하시오. 절대로 언약궤 가까이에 가지 마시오."

2,000규빗은 대략 900m다. 언약궤는 거룩하신 하나님의 임재를 상징하는 성물(聖物)이기에, 일정한 거리를 두고 따라야 했다. 요단강을

건너기 직전, 여호수아가 백성들에게 당부한다.

"여러분은 몸가짐을 정결하게 하시오. 내일, 주께서 아주 놀라운 일을 행하실 것입니다."

율법에 따르면, 백성들은 옷을 빨거나 몸을 씻음으로써, 그리고 여인을 가까이 하지 않는 금욕(禁慾)을 통해서 자신을 성결케 해야 했다. 요단강을 건너기 전날 밤, 주께서 여호수아에게 말씀하신다.

"두려워마라. 온 백성들이 지켜보는 가운데 너를 지도자로 높여 주겠노라. 내가 모세와 함께했던 것처럼, 너와 함께 한다는 사실을 그들로 알게 할 것이다."

요단강 도하의 날이 밝아왔다. 때는 출애굽 제41년째 되던 해(주전 1406년경)의 정월 10일. 출애굽한 때로부터는 만 40년에서 4일이 모자라는 날이다. 그날에 여호수아가 요단 강변에 서서 백성들에게 말한다.

"여러분, 마침내 우리는 요단강을 건너 약속의 땅으로 들어갑니다. 하나님께서 가나안 족속들을 쫓아내시는 것을 여러분은 똑똑히 목도하게 될 것이고, 그리하여 여러분은 살아계신 하나님께서 항상 여러분 가운데에 계시다는 것을 깨달아 알게 될 것입니다."

하나님은 가나안 족속들을 무작정 내쫓는 것이 아니다. 아브라함 때부터 경고했던 대로, 그들의 땅에 가득 찬 죄악으로 인해 그들을 쫓아내시는 것이다. 가나안에는 가증스러운 우상숭배를 비롯하여, 신전의 창기제도와 인신제사 등, 하나님의 눈에 도저히 용납할 수 없는 온갖 죄악들로 가득 찼다. 이제 그 죄악의 땅을 심판할 날이 이르렀던 것이다.

요단강의 물은 만년설로 뒤덮인 해발 2,852m의 헤르몬산에서부터 흘러내렸다. 요단강은 이 헤르몬산에서 발원하여 갈릴리 호수까지 28km를 흘러내려 간다. 갈릴리 호수는 하루에 65만 톤의 물을 요단강으로 다시 흘려보낸다. 그러기에 요단강의 물 흐름은 굉장히 거세고 빨랐다. 갈릴리 호수에서 흘러나온 물은 다시 해면보다 380m가량 낮은 사해(염해)까지 굽이굽이 흘러간다. 갈릴리 호수에서 사해까지 직선거리로는 105km 정도이지만, 곡선 거리로는 무려 3배나 더 된다. 요단강은 이렇게 빠른 물줄기가 굽이굽이 길게 흘러내려 가는 팔레스타인 최대의 강이다.

이스라엘 백성들은 장막을 거두고, 요단강을 건널 채비를 갖추었다. 언약궤를 운반하는 제사장들이 가장 먼저 요단강으로 출발했다. 당시는 추수 때여서, 강물이 둑에 넘실댈 정도로 많았다. 팔레스타인에서 밀이나 보리를 거두는 시기는 4~5월경, 이때는 봄비가 내리고 요단강의 근원인 헤르몬산의 눈이 녹아내려서 강물이 크게 불어난다. 그 무렵에는 강폭이 20~30m가량, 깊이가 3~4m 정도여서, 걸어서 요단강을 건넌다는 것은 불가능했다.

언약궤를 운반하는 제사장들이 요단강에 이르렀다. 세찬 강물이 강둑에 넘실대고 있었다. 제사장들은 잠시 망설인다. 이때 여호수아가 크게 외친다.

"여러분, 오늘 주께서는 아주 크고 놀라운 일을 여러분 앞에서 행하실 것입니다. 그러니 조금도 두려워하지 말고, 즉시 강으로 들어가십시오!"

그 말에 용기를 낸 제사장들이, 조심스럽게 강물에 들어선다. 물이 빠르고 차갑다. 이대로라면 물살에 휩쓸리겠지만 믿음으로 단련된 제사장들이 언약궤를 메고 '죽으면 죽으리라!'는 심정으로 강물에 발을 들여놓는다. 온전한 믿음의 모습이다. 언약궤를 멘 제사장들의 발이 요단강물에 막 닿았을 때였다. 강물에 이상한 흐름이 나타났다.

"아앗, 이, 이럴 수가! 오, 하나님…!"

빠르고 거칠게 흘러내리던 강물이 거짓말처럼 뚝 멈추는 것이 아닌가. 아라바 바다, 곧 사해(염해)로 흘러내려가는 물줄기가 완전히 끊겼다. 멀리 위쪽 사르단 근처의 아담 성읍에 거대한 둑이 생기더니 그 안에 흘러내리던 강물이 모이기 시작했다. 그러자 이스라엘 백성이 건너려고 했던 강물은 순식간에 마른 개천이 되고 말았다.

사르단은 여리고 북방 20km 지점의 요단강 기슭에 있는 성읍이다. 이때 이스라엘 백성들은 사해에서 북쪽으로 9km 정도 떨어진 지점에서 요단강을 건넌 것이다. 이곳을 건너 곧장 앞으로 나아가면, 가나안 중부로 들어가는 관문인 여리고 성읍이 나타난다.

"와, 보라! 요단 강물이 뚝 끊겼다!"

일찍이 출(出)애굽 때 모세의 지팡이를 통해 홍해가 둘로 갈라진 것처럼, 입(入)가나안 때에도 하나님은 요단 강물을 끊는 놀라운 이적을 행하셨다. 강물의 흐름이 끊기자, 백성들은 요단강을 건너기 시작했다. 언약궤를 멘 제사장들은 강을 통과하지 않고 강 한가운데에서 마른 땅을 밟고 굳건하게 서 있었다. 하나님 임재와 동행의 상징인 언약궤가 강물의 흐름을 단단히 틀어막고 있음을 보여주는 광경이다.

언약궤를 멘 제사장들이 요단 강물의 흐름을 막고 있는 동안, 백성들은 마침내 약속의 땅을 밟는다. 하나님께서 조상 아브라함에게 가나안 땅을 주시겠다고 약속하신 때로부터 686년, 근 700년이 흐른 시점이다. 오랜 세월이 흐르고 흘러 마침내 약속이 성취되는 감격적인 순간이다. 가나안 땅을 밟은 이들 중에는 환희에 젖어 감격의 울음을 터뜨리는 이들도 적지 않았다.

4
길갈에 기념비를 세우다

요단강 건너자 지파마다 한 사람 뽑네
강바닥에서 돌 한 개씩 가져와라
영원히 기념할 비석을 세우기 위해
각 지파의 돌을 그들이 묵을 땅에 놓네

가나안 땅 길갈에 12개의 기념 돌을 세우다 (4:1-24)

요단강을 무사히 건넌 이스라엘 백성들, 그들은 감격스런 표정으로 건너온 강물을 바라보고 있다. 아직도 강물의 흐름은 끊겨 있다. 참으로 신기한 현상이다. 여호수아는 이스라엘 각 지파를 대표하여 한 사람씩, 모두 12명을 선출한다.

"여러분은 언약궤가 있는 강 한가운데로 가서 돌 하나씩을 집어 어깨에 메고 나오시오. 이스라엘의 지파 수대로 모두 12개의 돌이 될 것이오."

주께서 요단강 가운데서 12개의 돌을 취하여 대대로 기념물로 삼으라고 여호수아에게 명하셨기 때문이다. 그 이유는 분명하다. 기념비는 그것을 세운 사람들보다 오래 남는다. 그래서 기적을 목격한 사람들이 없어진 이후에도 기념비는 오고 오는 모든 후손에게 지난 사건의 놀라운 스토리를 계속해서 들려주게 된다. 말하자면 기념과 기억의 돌들이다.

이스라엘 백성들은 지파 수대로 12개의 돌을 가져와 자기 진영에 세워놓았다. 그리고 제사장들이 서 있는 요단강 한가운데에도 12개의 돌을 세웠다. 강물의 흐름을 끊은 하나님의 위대한 사역을 오래도록 기억하고 기념하기 위해서였다. 또한 하나님께서 행하신 기적을 다음 세대들에게 대대로 전달하기 위해서였다.

강물의 흐름이 끊긴 자리, 요단강 중앙의 마른 땅에 우뚝 세워진 커다란 12개의 돌들은 과연 볼 만했다. 언약궤를 멘 제사장들은 주께서 여호수아에게 명하신 일을 다 완수할 때까지 요단강 가운데에 그대로 서 있었다. 백성들은 서둘러 강을 건넜고, 강 가운데서 돌을 취하여 진영으로 옮겼다.

이스라엘 백성들이 요단강을 건널 때 르우벤 지파, 갓 지파, 므낫세 반(半) 지파의 용사들은 약속대로 무장한 채 앞장서서 건넜다. 그들은 요단강 동편에서 먼저 땅을 분배받는 조건으로 가나안 정복전쟁에 앞장서기로 약속을 했던 것이다. 대략 4만 명에 달하는 두 지파 반의 무장한 군사들이 앞장서서 요단강을 건너 여리고 평원으로 들어섰다.

요단강을 건너는 날, 주께서는 여호수아를 큰 지도자로 우뚝 세우셨다. 그래서 백성들은 모세를 존경하고 따랐듯이 이제는 여호수아를 존경하고 따르게 되었다. 언약궤를 멘 제사장들은 아직도 요단강 한가운데 서 있었다. 200만이 넘는 백성들과 수레의 짐들과 온갖 가축들이 건너는 데는 족히 반나절 이상은 걸렸으리라. 언약궤를 멘 제사장들은 순종과 인내심으로 오랜 시간을 버텨내야 했다.

요단강을 건넌 이스라엘 백성들은, 12개의 돌로 기념비를 세우는 작업을 모두 마쳤다. 가나안 땅의 이스라엘 진영에 세워진 12개의 돌, 요단강 한가운데의 바닥에 세워진 12개의 돌, 기둥처럼 우뚝 서 있는 도합 24개의 돌들은 하나님의 놀라운 권능의 흔적을 뚜렷이 보여주고 있었다.

여호와의 언약궤를 멘 제사장들이 마침내 요단강에서 올라와 마른 땅을 밟았다. 그 순간, 요단 강물은 예전처럼 강둑을 넘실대며 세차게 아래로 흘러 내려가기 시작했다. 이리하여 요단강 도하(渡河) 작전은 성공적으로 마무리되었다.

요단강을 건넌 날은 출애굽 제41년째 되던 해(주전 1406년경)의 첫째 달 10일이다. 출애굽 만 40년에서 딱 4일이 모자라는 날로, 이 날은 유월절에 사용할 어린양을 준비하는 날이다. 이스라엘 백성들은 가나안 땅 여리고의 동쪽 경계지역인 길갈(Gilgal)에 진을 쳤다. 요단강 언덕에서 8km가량 떨어진 곳이다. 이후 여호수아는 이곳을 교두보 삼아 가나안 정복전쟁을 개시하였다. 여호수아는 요단강 가운데서 취한 12개의 돌로 쌓은 기념비를 바라보며 말한다.

"여러분, 후일에 자손들이 '이 돌들의 의미가 무엇입니까?' 하고 물으면, '아들아, 하나님의 크신 이적으로 우리가 마른 땅을 밟고서 이 요단강을 건넜단다.' 하고 대답하십시오. 우리 주께서는 조상들에게 약속하신 대로 가나안 땅을 주시기 위해 요단 강물을 끊으시고 우리 모두를 무사히 건너게 해주셨습니다. 주께서 그렇게 하신 것은, 주의 권능이 얼마나 크고 강한지를 온 세상에 알리고, 주 하나님께 항상 경외하는 마음을 갖고 살게 하기 위함입니다."

요단강의 맨바닥을 발로 밟고 건넌 사건! 이 사건으로 인해 이스라엘 백성들은 이후 전개될 가나안 정복전쟁에서 하나님께서 손수 진두지휘하실 것이라는 강한 확신을 갖게 되었고, 이 일을 전해 들은 가나안 땅의 원주민들은 여호와 하나님의 위대하신 권능에 더욱 두려운 마음을 품게 되었다.

5
할례와 유월절

부싯돌 칼로 할례 행해라
이스라엘 백성들은 광야에서
행하지 못한 할례를 한 후
처소에서 아물기를 기다리네

이스라엘 백성들이 길갈에서 할례를 시행하다 (5:1-9)

"아니, 뭐, 뭐라고? 요단 강물이 끊기고, 강바닥을 발로 밟고 건넜다고! 아니, 세상에 어찌, 어찌 그럴 수가!"

이스라엘의 신 여호와가 자기 백성들이 요단강을 다 건널 때까지 강물의 흐름을 끊고 강바닥을 바싹 말리셨다는 소식을 들은 가나안 땅의 모든 왕들과 주민들은 하나같이 경악하고 당황스러워했다.

그러한 때, 주께서 여호수아에게 명하신다.

"너는 돌칼을 만들어서 이스라엘 사람들에게 할례를 베풀도록 하여라."

할례(割禮)는 남성 생식기의 끝부분을 덮고 있는 표피를 제거하는 시술 행위다. 대적을 눈앞에 두고 할례를 시행하라는 하나님의 명령! 그것은 전쟁의 승패가 온전히 하나님의 손에 달려 있다는 것을 보여준다. 또한 그것은 불순종하는 옛 삶을 끊어내고 거룩하고 신실한 백성으로서 새로운 삶을 시작하라는 의미다.

여호수아는 뾰족한 돌로 예리한 칼을 만들어 모든 남자들에게 빠짐없이 할례를 시행하게 했다. 일찍이 하나님은 이스라엘의 조상 아브라함에게 할례를 명하시고(주전 2067년경), 할례를 언약의 증표로 삼으셨다. 옛사람을 끊고 하나님의 백성으로 새롭게 태어나고 출발하는 것을 상징하는 증표다. 그 이후로 이스라엘의 모든 남아는 생후 8일째에 하나님의 백성 된 증표로 반드시 할례를 받아야 했다.

이스라엘 남자들에게서 베어낸 포피는 한 군데에 모아 땅에 묻었다. 그것이 산을 이루어 '할례 산'이 되었다. 길갈에서 할례를 시행한 데에는 사연이 있다. 이집트에서 나온 백성들 중 20세 이상의 남자들은 광야를 떠도는 40년 동안 모두 죽었다. 그들은 이집트에 있을 때 할례를 받았지만, 광야에서 새로 태어난 이들은 할례를 받지 못했다. 광야에서는 할례를 시행하지 않았기 때문이다.

이스라엘 백성들의 40년 광야 유랑은 가데스바네아에서 하나님을 배척한 일에 대한 하나님의 준엄한 징벌이다. 하나님과 이스라엘 사이에 맺은 언약이 깨진 것이다. 따라서 광야 유랑 동안에는 언약의 증표인 할례가 사실상 무의미했기 때문에 할례가 시행되지 않았던 것이다. 그러나 이제 할례를 시행함은 불순종과 죄악의 옛 세대가 사라진 지금, 언약이 새롭게 회복되었음을 의미한다.

▲ 성경시대의 할례 의식

"아, 이것 참 아프네. 맘대로 움직일 수도 없어…."

할례를 받은 남자들은 상처부위가 아물 때까지 닷새 동안은 길갈의 진영에 그대로 머물러 있어야 했다. 아랫도리를 감싸며 절절 매는 모습이 어찌 보면 우스꽝스럽기도 했지만, 할례는 하나님 앞에서 행해진 성스러운 의식이었기에 모두가 뿌듯한 자부심을 느끼고 있었다.

주께서 여호수아에게 말씀하셨다.

"나는 오늘 너희가 이집트에서 받은 수치를 완전히 없애 버렸노라."

이스라엘 백성들이 약속의 땅에 들어가기까지는 출애굽이 이루어졌다고 할 수 없었다. 가나안 땅에 들어가지 못하고 광야에서 죽었더라면, 이집트 사람들은 하나님의 약속을 믿고 광야로 나간 이스라엘 백성들을 조롱했을 것이고, 이스라엘은 큰 수치를 겪었을 것이다. 하지만 가나안 땅에 들어와 할례를 시행함으로써 이집트 사람들의 조롱과 그 땅에서 받은 수치는 멀리 떠나가게 되었다.

여호수아는 할례를 시행한 그곳의 이름을 '길갈'이라 불렀다. '굴려 없애다'란 뜻이다. 이스라엘 백성들이 하나님의 약속대로 가나안 땅에 무사히 도착함으로써 과거 이집트에서 겪은 수치와 조롱을 멀리 굴려 없앴다는 뜻이다. 수치스러운 이집트 시절은 완전히 지나갔고, 이제 영광스러운 가나안의 새 시대가 시작되었음을 선포하는 지명이다.

가나안 땅에서 첫 번째 유월절을 지키다 (5:10-12)

유월절은 이스라엘 백성들이 이집트에서 해방된 날, 곧 '출애굽'을 기념하는 절기이다. 40년 전(주전 1446년경)의 정월(1월) 14일 저녁, 즉 출애굽 전날 저녁에, 그들은 이집트 땅 고센에서 첫 유월절을 지켰었다.

이제 출애굽 한 지 41년째 되던 해(주전 1406년경)의 정월 14일 저녁, 이스라엘 백성들은 요단강을 건너 약속의 땅 가나안에 들어와 여리고 평원의 길갈에 진을 치고 유월절을 지켰다. 모두 감격에 겨워 어린양을 잡아 가족, 이웃과 함께 나눠 먹으며 유월절을 축하했다. 유월절 밤을 기쁘게 지낸 다음날에는, 가나안 땅에서 생산된 누룩 넣지 않은 빵과 볶은 곡식을 먹었다. 만나만큼 달콤하고 부드러운 맛은 아니지만, 그런대로 먹을 만했다.

가나안 땅의 소산물로 식사를 챙긴 다음날, 늘 그랬던 것처럼 아침거리를 장만하러 장막 밖으로 나갔던 여인들은 만나를 발견할 수가 없었다. 여태껏 만나가 내리지 않는 날이 없었고, 여호수아도 만나에 대해서 별다른 말이 없었다. 그런데 갑자기 더 이상 만나를 주울 수가 없게 된 것이다.

"어? 만나가 없어! 이제 더 이상 하늘에서 만나가 내려오지 않아…."

백성들은 40년 동안 내려오던 만나가 중단되었음을 알았다. 만나는 깟씨 열매처럼 생겼는데, 색깔은 하얗고 꿀을 섞어 만든 과자 맛이다. 깟씨는 물가에 사는 높이 50~60cm가량의 미나리과 일년생 초목인데, 열매는 직경 3mm 되는 백색의 작고 둥근 알맹이다. 그러니까 쌀과 비슷하게 생겼다.

만나는 출애굽 원년(주전 1446년) 2월 15일에 처음 내려왔고, 출애굽 41년(주전 1406년) 1월 15일에 뚝 그쳤다. 그러니까 하늘 음식인 만나는 만 40년에서 한 달 모자라는 오랜 기간 동안 광야를 지나는 그 세대의 이스라엘 백성들에게만 특식으로 제공되었던 하늘나라표 메뉴였던 것이다.

하늘 양식인 만나가 백성들의 진영 가운데 특정한 날에 홀연히 내려오기 시작했고, 특정한 날에 뚝 그쳤다는 것은 분명한 교훈을 준다. 만나는 결코 우연이거나 자연현상이 아니라, 하나님께서 광야의 백성들을 위해 특별히 베푸신 초자연적인 하늘 음식이었다는 사실이다. 하지만 이제는 가나안 땅에 들어와 그 소출의 음식을 먹을 수 있게 되었으므로, 하늘의 음식인 만나는 더 이상 제공될 필요가 없었다. 그래서 만나가 그친 것이다.

'아, 만나! 앞으로 살아가면서 우리는 한없이 만나를 그리워하게

될 거야….'

이스라엘 여인들은 만나를 구하러 밖으로 나갔다가 아무것도 얻지 못하고 빈 바구니로 장막에 돌아가면서 그렇게들 생각했다.

여호수아가 여호와 군대의 총사령관을 만나다 (5:13-15)

길갈에서 할례를 시행하고 유월절 행사를 마친 후, 여호수아는 가나안 정복전쟁을 수행하기 위해 여리고로 향했다. 5천 년 정도의 역사를 지닌 오래된 성읍, 여리고. 가나안 중부의 도시국가로 비옥한 평야지대로 들어가는 관문이다. 여리고 성읍과의 전쟁! 이 전쟁은 어느 쪽이 이기고 지느냐에 따라 가나안 전체 지역에서의 승패를 가늠하게 된다. 여리고는 그만큼 전략상 매우 의미 있는 요충지였다.

'흐흠….'

여호수아는 깊은 상념에 잠긴다. 가나안 땅을 정복해서 여호와 중심의 신정국가를 세운 후, 그 나라를 다음 세대에게 물려주는 것이 그에게 주어진 막중한 책무였다.

'그래, 가나안 영토의 중간 부분부터 쳐야 한다!'

모세의 후계자 여호수아의 눈썰미는 정확했다. 가나안 땅의 허리 부분인 중부 지역을 공략하여 남북을 갈라놓아야만 가나안 족속들의 협력이 끊어지게 된다. 여호수아는 저 멀리 여리고 성읍을 바라보며 깊은 생각에 잠겼다. 가파른 경사지 위에 우뚝 세워진 여리고 성읍, 누가 보기에도 난공불락의 견고한 성읍이었다. 싸늘한 바람이 불어왔다. 강 건너편에서 맡았던 싱그러운 풀냄새가 코끝에 바짝 안긴다.

여호수아는 여리고 성읍을 더 자세히 관찰하고 싶었다. 그래서 주변을 경계하며 성 가까이에 이르렀다. 그런데 도대체 언제 다가온 것일까? 인기척에 고개를 들어보니, 풍채 당당한 사람이 손에 칼을 빼든 채 앞길을 막으며 우뚝 서 있는 것이 아닌가! 얼핏 보기에도 예사 사람이 아니다. 여호수아는 크게 놀랐지만, 곧바로 평정심을 유지하며 침착하게 묻는다.

"누구요? 그대는 우리 편이요, 적의 편이오?"

"어느 쪽도 아니니라. 나는 여호와 군대의 총사령관이니라!"

그 말에 여호수아는 얼른 땅에 엎드려 절하고 정중히 말한다.

"오, 주여! 주께서 당신의 종에게 이르실 말씀이 무엇이옵니까?"

"여호수아야, 네가 서 있는 곳은 거룩한 곳이니, 신발을 벗어라."

순간, 여호수아는 자신을 강력하게 이끄는 힘을 느꼈다. 당연히 하나님의 영 곧 성령이시다. 당시 신발은 지배자들이나 자유인만 신었고 종이나 노예들은 맨발이었다. 따라서 여호수아를 향해 신을 벗으라고 했다는 것은, 자신과 여호수아가 어떠한 관계인지를 그대로 보여주는 말이다. 여호수아는 즉시 신발을 벗는다.

여호와 군대의 총사령관! 여호수아에게 경배를 받았고, 그가 서 있는 땅은 거룩한 곳이라는 사실로 미루어, 그는 분명 하나님이시다. 삼위일체 하나님 중에서도 구약시대에 때때로 육신을 입고 나타나신 제2위 성자 하나님, 곧 '메시아 예수'다. 예수님은 성육신하기 이전의 구약시대에도 이스라엘의 주요 고비마다에 등장해서 자기 백성들에게 도움을 베푸셨다. 이스라엘 역사에 도움이 필요한 시기와 가장 필요한 상황에, 가장 적절한 모습으로 나타나셨다.

여호와 군대의 총사령관으로서의 그분은 단순히 전쟁을 지휘하기 위해 온 것이 아니다. 보라, 그는 칼을 빼들고 서 계셨다. 친히 싸우겠다는 뜻이다. 이스라엘을 위해 직접 싸워주시겠다는 것이다.

그렇다! 오래 전에 아브라함에게 이 땅을 주겠다는 그 약속을 성취시키기 위해 손수 싸우러 오신 것이다. 여리고 전투를 앞두고 이스라엘 군대를 위해, 이스라엘 군대와 함께 싸우기 위해 찾아오신 것이다. 그뿐 아니라 앞으로 계속될 숱한 가나안 정복전쟁에서 가나안 땅의 일곱 족속들과 친히 싸우기 위해 하늘에서 내려오신 것이다.

여호와 군대의 총사령관, 그의 명령은 위엄이 있었다. "신을 벗어라!" 신발은 세상의 온갖 오물이 묻어있는 것으로 곧 '죄악'을 상징한다. 따라서 지극히 거룩하신 하나님과 같은 공간에 있는 자로서 여호수아는 '신발'로 상징되는 '죄악'을 그대로 지닌 채 있어서는 안 되었다.

오래 전, 그러니까 대략 40여 년 전에 시내산(호렙산)의 불타는 떨기나무 가운데 강림하신 여호와 하나님께서 모세에게 출애굽의 사명을 주실 때(주전 1447년경), 가장 먼저 하신 말씀이 '네가 서 있는 곳은 거룩한 땅이니, 네 발에서 신을 벗어라!'는 명이었다. 그때도 모세는 신을 벗었고, 파라오와의 싸움에서 승리했다. 그 하나님이 다시 찾아오셔서 여호수아에게 "신을 벗어라!" 하고, 명하신 것이다.

이스라엘 백성들은 그동안 광야를 지나면서 뜨거운 햇빛과 모래바람, 오아시스를 찾지 못해 타는 갈증으로 고통을 많이 겪었지만 강력한 군대로 무장한 도시국가를 만난 적은 없었다. 광야에는 베두인들이 드문드문 촌락을 이루어 살기에 큰 도시국가는 없었다.

여리고 성읍은 처음으로 만난 강력한 장애물이다. 그래서 여호수아는 난관을 극복할 방법을 찾지 못해 전전긍긍하는 중에 여호와 군대의 총사령관을 만난 것이다. 이는 가나안 정복전쟁이 하나님께서 친히 개입하시는 싸움이라는 사실을 보여줌으로써 여호수아에게 굳센 믿음을 갖도록 하기 위해서다.

여호와 군대의 총사령관! 그는 이렇게 홀연히 등장해서 여호수아에게 "신을 벗어라!"고 명한 후에 홀연히 사라졌다. 비록 눈에서는 사라졌지만, 이제 숱한 전쟁을 치러야 할 이스라엘 군대 앞에서 그분은 모든 전쟁을 친히 주장하실 것이다. 그러니, 가나안 정복전쟁은 이겨놓고 시작하는 셈이다. 여호수아는 경외심에 젖어, 감격에 벅차, 그 자리에 한참이나 엎드려 있었다.

6
여리고성 함락

이스라엘 백성이 일시에 고함을 지르자
성벽이 와르르 무너지네
여리고성이 활활 타네
사람들이 정신없이 죽어나가네

이스라엘 군대가 여리고 성읍을 정복하다 (6:1-27)

가나안 땅은 동서(東西)의 폭이 매우 좁은 지역이다. 서쪽인 지중해 연안부터 동쪽인 요단강까지 그 폭이 좁다. 가나안 땅을 놓고 세로 선을 그어 보면 가나안의 지형은 네 지역으로 나뉜다. 지중해를 끼고 있는 서쪽으로 해안의 평야지대, 그 바로 옆에 중앙 산맥지대, 그 옆으로 갈릴리 호수와 요단강과 사해로 이어지는 요단 계곡이 나타난다. 가장 동쪽은 요단 동편의 고원지대인 길르앗 지역이다.

이중 하나님의 구원사역이 본격적으로 이루어질 무대는 요단강 서편 지역, 특히 가나안 중남부에 위치한 예루살렘 주변의 영토다. 여리고는 예루살렘에서 북동쪽으로 대략 30km 떨어진 가나안 중부의 관문이다. 이제 이스라엘 군대는 여리고를 상대로 가나안 땅에서 첫 전쟁을 시작하게 된다.

끼이익 끼익 쿵! 여리고 성문이 굳게 닫혔다. 이제 성문으로는 쥐새끼 한 마리도 드나들 수가 없다. 여리고 왕은 성문 봉쇄 작전을 펼쳤다.

이스라엘 군대와 정면으로 맞서 싸워서는 승산이 없다고 판단했기에 철통같은 방어 전략을 구사한 것이다. 요단강 동편에서 아모리 족속의 헤스본 왕과 바산 왕이 정면으로 맞서 싸웠다가 크게 패한 사실을 잘 알고 있었기 때문이다.

여리고 성읍은 요단강 서편 9km 정도, 사해 북편 12km 정도, 이스라엘 백성들이 진을 친 길갈에서는 서북쪽으로 3km가량의 지점에 위치한 오래된 성읍이다. 성읍 규모는 대략 8에이커(32㎢) 정도로 전체 가나안 성읍들의 중간 규모에 해당되지만, 그 비중은 무척 컸다.

요단 평원의 서부에 위치한 오아시스의 성읍인 여리고는 가나안 땅의 방어 거점으로 전략적 요충지이다. 요단강 동편에서 가나안 본토의 중부로 곧바로 연결되는 교통의 요로다. 이스라엘 군대는 반드시 여리고를 정복해야만 가나안 족속들의 남북 연합을 차단하고, 가나안 중심부로 곧장 치고 들어갈 수 있었다.

여리고 왕으로서는 자신의 성읍이 무너지면 가나안 땅의 허리가 꺾이게 되므로 무슨 수를 동원해서라도 여리고성을 사수해야만 했다. 그래서 가나안 지역의 모든 왕들도 숨죽이며 여리고 성읍에서 들려오는 정보에 시시각각 귀를 기울이고 있었다. 폭풍 전야와 같았다.

여리고 성읍! 이 성읍은 통상적인 군사 작전으로는 거의 공략이 불가능한 천연적인 요새와 방벽을 갖추고 있었다. 가파른 경사지의 정상에 자리한 데다 성벽은 이중으로 두껍게 둘러져 있었다. 성읍 밖으로는 거친 바위와 커다란 나무 등이 35도 각도로 거친 장애물을 형성하고 있었다. 섣불리 공격하다가는 사상자만 부지기수로 속출할 것이 뻔했다. 그 성읍엔 물과 양식도 풍부하여, 바깥출입이 차단되어도 몇 달은 거뜬히 견뎌낼 수 있었다. 그러다 보면 양식이 떨어진 침략군이 더는 견디지 못하고 먼저 물러가게 마련이었다.

여호수아의 지도력이 시험대에 오른 셈이었다. 가나안 땅에서 치르는 첫 전투에서 승리하지 못하면 군사들의 사기는 꺾이고, 그의 지도력은 땅에 떨어질 수밖에 없다. 그러면 속수무책으로 무너질 수밖에 없다. 여호수아는 땅에 엎드려 주께 간구하는 수밖에 달리 도리가 없었다.

"주님, 어찌해야 합니까? 성문을 열어야 전투가 될 텐데 여리고 성읍은 너무나 견고해서 창과 칼로는 무너뜨릴 수 없습니다. 오, 주님! 어찌해야…."

하나님의 응답을 오래 기다릴 필요가 없었다. 뜨거운 물 한 잔을 천천히 마실 시간도 채 지나지 않아, 하나님의 말씀이 여호수아에게 임했다.

"여호수아야, 강하고 담대해져서 너의 지도력을 보여야 한다! 여리고를 네 손에 넘겨주겠노라. 여리고 왕과 그의 군사들도 네 손에 다 넘겨주겠노라."

아! 여호수아가 크게 감격해서 두 손을 들고 여호와의 이름을 찬양하자, 하나님은 구체적인 작전을 하달하신다.

"무장한 이스라엘 군사들을 모두 동원하여 여리고 성읍 주위를 매일 한 바퀴씩 행진하여라. 엿새 동안 똑같이 그렇게 하여라."

"네에? 여리고 성읍 주위를 돌라고요?"

암만 생각해도 효율적인 전투방식은 아니다. 성읍을 빙 둘러싸는 포위 작전은 고대 전쟁에서 좋은 전략으로 통할 때가 적지 않았다. 성읍을 포위함으로써 양식이 떨어지면 항복을 받아내는 방식이다. 하지만 여리고 성읍을 빙빙 돌기만 하라니…. 모세가 이끌었던 군대도 몇 차례 전투를 했지만 이런 방식은 없었다. 여호수아는 일편단심으로 여호와께 순종하는 장수다. 순종 하나만으로 광야에서 죽지 않고 살아남은 2인 중의 한 사람이다. 이번에도 여호수아는 순종한다.

"여호수아야, 성읍을 돌 때 제사장들은 언약궤를 멘 채 앞장서고, 그 언약궤 앞에는 일곱 제사장들로 하여금 양의 뿔로 만든 나팔을 불며 행진하게 하여라. 함성은 안 된다. 침묵하여라. 그렇게 엿새 동안 매일 한 바퀴씩 돌도록 하여라!"

침묵을 유지하면서 성읍을 돌라…. 여호수아는 주님의 말씀을 되뇌어 보았다. 뭔가 그림이 그려졌다. 때로 침묵은 어떠한 함성보다도 위력이 있을 수 있다. 침묵 상태로 성읍을 도는 군사들의 행동은 적들에게 두려움을 안겨줄 것이다. 이스라엘이 그런 독특한 방식으로 여러 번 놀라운 기적을 만들어 냈던 사실을 익히 들었을 터였기 때문이다. 주님의 명령은 이어진다.

"이레째 되는 날에는 특별히 성읍을 일곱 바퀴 돌되, 다 돌고 나면 제사장들로 하여금 나팔을 한 번 길게 불도록 하여라. 그런 다음 이스라엘의 모든 군사들에게 일제히 함성을 지르게 하여라. 그러면 성벽이 와르르 무너질 것이니라. 그때 모두가 일어나, 여리고 성읍을 향해 돌격하도록 하여라."

여호수아는 제사장들을 불러모아 주님의 말씀을 그대로 전달한다.

"모두 여호와의 언약궤를 어깨에 메도록 하십시오. 일곱 제사장은 언약궤 앞의 선두에서 나팔을 불며 행진하십시오. 엿새 동안은 매일 여리고 성읍을 한 바퀴씩만 돌고, 마지막 이레째 되는 날에는 일곱 바퀴를 돌도록 하시오."

앞서 요단 강물에 믿음으로 발을 내딛고 큰 이적도 체험했던 제사장들이지만, 여호수아가 내놓은 전략은 아무래도 납득이 가지 않았다. 목숨을 걸어도 시원치 않을 판국인데, 여호수아의 전략은 골목 싸움 수준으로밖에 보이지 않았다. 그래서 조심스레 의중을 보인다.

"이 전략은… 다시 고려해 보시는 것이 어떻겠습니까? 장수들이 과연 받아들일까요?"

여호수아는 한 마디로 말을 자른다.

"주님의 명령이십니다!"

그 말 한 마디로 모든 것이 마무리되었다. 요단강에서 법궤를 메었던 제사장들은 출애굽 세대와는 달랐다. 그들은 대부분 광야에서 출생했고 순종만이 살길이라는 사실을 터득한 젊은 세대의 제사장들이었다. 이어 여호수아는 곧장 군사들에게 명령한다.

"언약궤를 멘 제사장들의 뒤를 따라 성읍 주위를 행진하시오. 무장한 호위병들은 언약궤를 보호하면서 앞장서서 행군하시오."

일곱 제사장들은 숫양 뿔로 만든 양각 나팔을 불면서 여리고 주위를 행진하고, 그 뒤를 언약궤를 멘 제사장들이 따랐다. 무장한 호위병들은 나팔을 부는 제사장들보다 앞서 갔고, 언약궤 뒤에는 후방 군대가 뒤따랐다. 여리고 성읍을 돌며 행군하는 동안, 나팔소리가 "뿌우! 뿌!" 요란하게 울려 퍼졌다.

제사장들이 여호와의 언약궤를 메고 군대 앞에서 행진한 사실에 주목하라. 언약궤 곧 법궤는 하나님의 임재와 동행의 상징물이다. 이는 여리고 정복 작전에 하나님께서 친히 앞장서서 지휘하신다는 것을 보여준다.

여리고 정복에 나선 첫 날, 여호수아가 모든 군사들에게 명령한다.

"누구도 함성을 지르지 마라. 목소리를 높이지도 마라. 내가 함성을 지르라고 할 때까지는 한 마디도 하지 마라. 그러다가 내가 함성을 지르라고 하면, 그때 모두가 일제히 함성을 지르도록 하라!"

이스라엘 군사들은 여호와의 언약궤를 앞세우고 여리고성을 한 바퀴 돌았다. 목숨을 내건 행위다. 앞장선 제사장들과 군사들은 여리고 성읍을 주시한다.

'이때 여리고 군사들이 문을 열고 나와서 갑자기 습격해 오면 우리는 모두 죽게 될 것이다….'

조바심이 났지만, 그들은 하나님의 약속을 믿었다. 지금껏 하나님은 이스라엘과 맺은 언약을 깨뜨린 적이 없었다. 제사장들과 군사들은 그런 하나님의 속성을 믿었다. 첫날의 행진이 무사히 끝나고, 모두들 길갈 진영으로 돌아갔다.

이튿날 아침, 여호수아는 일찍 일어났고 곧이어 제사장들도 여호와의 언약궤를 어깨에 멨다. 일곱 제사장들은 나팔을 불며 앞장서서 행진하고, 무장한 군사들이 호위하면서 나아갔다. 언약궤 뒤로는 후방 군대가 뒤따랐다. 나팔소리가 울려 퍼졌다.

둘째 날에도 성읍을 한 바퀴 행군한 다음, 길갈 진영으로 돌아왔다. 엿새 동안 매일 똑같이 행했다. 하나님께서 지시하신 대로였다.

"으잉? 핫핫핫. 저게 대체 뭐야? 그냥 빙빙 돌기만 하잖아! 아이고, 어지러워라. 백날 빙빙 돌아 봐라. 여리고 성읍이 끄떡이나 하나. 머저리 같은 것들! 핫핫핫!"

바짝 긴장한 채 성읍을 도는 이스라엘 군대의 행동을 가만 지켜보던 여리고 군사들은 사흘, 나흘이 지나고 닷새, 엿새가 되도록 아무런 일이 일어나지 않자, 마침내 마음 놓고 조롱하며 비웃기 시작한다. 그러나 하나님의 시간표에 따라 째깍째깍 여리고가 무너져 내릴 시각이 다가오고 있었다.

이레째 되는 날 동틀 무렵, 이스라엘 군대는 길갈 진영에서 나와 다른 날과 마찬가지로 여리고 성읍 주위를 돌기 시작했다. 하지만 그날은 여호수아의 명대로 일곱 바퀴를 돌았다.

"어랏? 거참, 이상하네. 오늘은 왜 한 바퀴만 돌지 않고 계속해서 도는 거지? 매일 돌다가 마침내 정신이 홱 돌아버린 거 아냐? 히히."

일곱째 날 일곱 바퀴를 돌았을 때, 그러니까 매일 하루에 한 바퀴씩 엿새 동안에 여섯 번에다, 일곱째 날의 일곱 바퀴까지 합하여 모두 13바퀴를 다 돌았을 때, 마침내 여호수아가 군사들에게 명령을 내렸다.

"자, 드디어 때가 왔다! 오늘은 주께서 이 성읍을 우리에게 주시는 날이다! 이 성읍과 이 성읍 안에 있는 모든 것들은 하나도 빠짐없이 주님께 바쳐질 것이다. 다만, 기생 라합과 그녀의 집안에 있는 사람들은 털끝 하나 건드리지 말고 전부 살려주어라. 우리의 정탐꾼들을 숨겨주었기 때문이다."

이어 여호수아는 이스라엘의 모든 군사들에게 단단히 경고한다.

"성읍의 모든 것들은 전부 주님께 바쳐졌다! 그러니 어느 것 하나라도 손을 댔다가는 죽음을 면치 못할 것이다. 그러니 절대로 손대지 마라. 그것들 중 어떤 것이라도 훔치면, 이스라엘 진영 전체가 파멸당할 수 있다! 명심하라!"

군사들은 힘차게 답하지만, 미덥지 않아 여호수아는 재차 강조한다.

"반드시 모두 불사르되, 불살라지지 않는 은과 금, 청동이나 철제 그릇은 주님께 바쳐질 것들이므로 빠짐없이 창고에 보관토록 하라."

그런 다음, 마침내 여호수아는 제사장들과 군사들에게 명령한다.

"자, 이제 제사장들은 나팔을 길게 불어라! 모든 군사들은 힘차게

▲ 여리고 성읍을 무너뜨린 이스라엘 군대

함성을 지르라!"

"뿌우! 뿌! 뿌우! 뿌우!" 제사장들이 힘차게 나팔을 불자, 그 나팔소리에 맞춰 침묵을 지키던 군사들이 일제히 함성을 내지른다.

"와! 와!"

바로 그때였다.

와르르! 와르르! 와르쿠궁, 쿵쾅! 이스라엘 군사들이 일제히 큰 소리로 함성을 지르자, 그토록 견고하던 여리고 성벽에 우지직 금이 가고 좌우로 기우뚱하더니, 순식간에 와르르 쿵쾅 무너져 내렸다. 강력한 지진이 발생한 것이다. 요단 계곡은 거대한 단층으로 이루어져 있다. 그래서 종종 지진이 일어나는 지진 다발지역이다. 훗날 여리고 성읍의 폐허를 찾아낸 성서 고고학계의 발굴 팀은 성읍이 무너질 때 리히터 규모 6.5 이상의 지진이 발생해서 붕괴되었다고 전한다.

"돌격! 모두 돌격하라!"

여호수아가 돌격 명령을 내리자, 이스라엘 군사들이 일제히 내달렸다. 무너진 성벽 안에서 여리고 왕과 군사들은 싸울 의지를 상실한 채 혼비백산, 허겁지겁 도망치기에 바빴다. 이스라엘 군사들은 성읍 안에 있는 남자들과 여자들, 젊은이와 노인, 가축 등 살아서 숨쉬고 있는 것들을 모조리 칼로 쳐 죽였다. 그렇게 해서 성읍의 모든 것들을 주님께 제물로 바쳤다.

가나안 정복전쟁에서 여리고 성읍은 특별했다. 그 성읍은 가나안 땅의 첫 제물로서, 온전히 주님께 바쳐진 '저주받은 물건'이다. 이런 물건을 히브리어로 '헤렘'이라 한다. '마땅히 파멸될 물건'이란 뜻이다.

소나 양 등의 동물을 제물로 잡아서 여호와께 바칠 때, 그 제물은 인간들에 의해 오염되어선 안 된다. 그 제물은 하나님께 바쳐진 '헤렘'이다. 이처럼 도무지 용납되지 못하고 하나님 앞에서 완전히 파멸되어 그 자취조차 남기지 말아야 하는 것이 '헤렘'이다. 저주받은 물건이 하나님께 온전히 바쳐지지 않으면, 그것은 도리어 하나님의 백성들을 오염시키기 때문이다.

하나님은 가나안 땅의 첫 성읍인 여리고의 주민들과 재물들과 가축들을 자신에게 온전히 바쳐야만 하는 '헤렘'으로 선언하셨다. 그런 의미에서 여리고 성읍의 모든 것들은 하나라도 유출되어서는 안 되고, 철저히 도륙하거나 불사름으로써 주님께 바쳐져야만 했다.

가나안 땅의 첫 제물(헤렘)인 여리고는 다른 어떤 성읍들보다 더욱 엄격히 구별되어 철저히 진멸되었다. 이 성읍의 사람과 짐승과 물건은 우상에게 바쳐졌거나 우상숭배와 관련된 것들로, 철저히 불살라지거나 파괴됨으로써 여호와께 바쳐져야 되는 가증한 것들이었다. 그것은 오랜 죄악에 대한 마땅한 죗값이었다.

그러기에 여리고를 비롯한 가나안 땅의 주민들과 가축들을 무자비하게 살육하는 행동은 단순히 잔인한 학살이 아니다. 가나안 땅의 모든 죄악 덩어리를 철저히 도려내서 하나님의 공의의 제단 위에 온전히 바친다는 종교적인 의미로 보아야 한다. 하나님께서 '헤렘'으로 선언하셨으면, 비록 사람의 눈에는 반인륜적으로 보일지라도 하나님 앞에서 그 일은 정당하다.

여호수아는 여리고 성읍 안에서 일어나는 아수라장의 광경을 바라보다가, 문득 여리고 성읍을 정탐하러 갔던 두 사람을 불렀다.

"들어라! 너희는 이전에 너희를 숨겨준 기생집으로 가라. 가서, 너희가 맹세한 대로, 그 여인과 그 여인의 집안에 속한 모든 이들을 다 구출하도록 하라."

두 정탐꾼은 곧장 기생 라합의 집으로 달려갔다. 라합의 집의 창문에는 눈에 잘 띠는 붉은 밧줄이 매달려 있었기에 멀리서도 쉽게 분간할 수 있었다. 라합은 정탐꾼들의 방문에 눈물이 날 정도로 반가웠다. 며칠 만에 다시 만난 사이였지만 이제는 사정이 완전히 달라졌다. 그때는 라합이 두 사람의 목숨을 쥐고 있었지만, 지금은 두 남자의 손에 라합과 그녀 집안의 생명이 달려 있었다.

"오, 약속대로 정말 와 주셨군요. 감사합니다."

"자, 시간이 촉박하니 어서 나를 따르도록 하시오!"

두 젊은이는 라합을 비롯하여 그녀의 부모형제들은 물론, 그녀의 집안에 딸린 모든 식솔들을 데리고 무사히 성 밖으로 나왔다. 그런 뒤 라합과 그녀의 식구들을 이스라엘 진영 바깥에 있는 한 장소에 머물게 했다.

라합과 그녀의 가족들이 이스라엘 진영 바깥에 머물러야 했던 이유는 이러하다. 그들은 가나안 땅에 거주했던 이방인으로서 우상숭배와 각종 죄악에 알게 모르게 물들어 있는 상태였다. 따라서 거룩하신 여호와께서 임재하고 계시는 성막, 그 성막이 있는 이스라엘 진영에 곧바로 들어올 수 없었다. 먼저 이방인의 부정으로부터 벗어나는 정결의식을 치러야 했다. 특히 남자들은 할례를 받기 위해 진영 밖에서 7일 동안 머물러 있어야 했다.

여리고 성읍을 정복한 이스라엘 군사들은 사람과 짐승은 모두 죽여 주님께 헤렘의 제물로 바쳤고, 그 성읍과 성읍 안에 있는 것들도 모조리 불살랐다. 칼로 벨 수 없거나 불로 태울 수 없는 금, 은, 동, 철 같은 금속은 여호와의 곳간 곧 성막에 보관되었다. 이것들은 완전히 녹여 정결하게 만든 다음에 재활용되었다.

그때에 여호수아가 주님께 맹세하면서 이렇게 말한다.

"보라, 장차 누구든지 여리고 성읍을 재건하겠다고 나서는 자는 주님께 저주를 받으리라. 이 성읍의 기초를 놓는 자는 자신의 맏아들을 잃을 것이고, 성문을 세우는 자는 막내아들을 잃을 것이다."

과연 그러했다. 후일에 여호수아의 저주는 실제로 실현되었다. 여호수아 때로부터 대략 550년이 흐른 북왕국 이스라엘의 아합 왕 때에 벧엘 사람 히엘에게 그런 일이 일어났다. 그는 여리고 성읍을 재건하기 위해 성읍의 터를 쌓다가 맏아들 아비람을 잃었고, 성문을 세울 때는 막내아들 스굽을 잃었다.

"와, 우리가 이겼다! 여호수아 만세, 하나님 만만세!"

이스라엘 군대는 여리고 성읍을 완전히 정복했다. 이스라엘 군대의 일방적인 대승이었다. 그날에 주께서 여호수아와 함께 하셨다. 그리하여 여호수아의 명성이 가나안 온 땅에 널리 퍼졌다. 가나안 지역의 모든 도시국가들은 충격을 받았고 큰 두려움에 빠졌다. 이스라엘은 첫 전투에서 크게 승리함으로써 가나안 정복전쟁에서 결정적인 승기를 잡은 것이다.

그렇다면 기생 라합은 이후 어찌 되었을까?

여리고 성읍의 기생 라합! 그녀는 극적으로 구출된 뒤 정결의식을 통해 이스라엘 공동체의 일원이 된다. 이후, 라합은 유다 지파의 한 족장인 살몬과 결혼하여 보아스를 낳는다. 그 보아스가 모압 여인 '룻'과 결혼하여 오벳을 낳고, 오벳이 이새를 낳고, 이새가 이스라엘의 성군 다윗을 낳는다.

한때 여리고 성읍의 미천한 기생이었던 라합은 이스라엘 역사상 최고의 성군인 다윗의 고조할머니가 된 것이다. 그녀가 메시아 예수의 족보에 그 이름이 오르게 되는 크나큰 영광을 누리게 된 것은, 듣고 믿은 대로 의심치 않고 행동했던 그녀의 순전한 믿음에 대한 하나님의 크나큰 보상이었다.

7
아이성 전투와 아간의 죄

여호수아는 아간의 자백을 받고
그가 훔친 것들을 불사르네
아간과 가족을 돌로 쳐 불태우고
그 자리에 돌무더기 쌓네

이스라엘 군대가 아이성 전투에서 패배하다 (7:1-9)

여리고 성읍은 처절하게 무너졌다. 가나안 땅 중부의 관문으로 요단강을 건너 진격해오는 어떤 공격에도 꿈쩍 없이 버티던 성벽이 어이없이 무너지고 만 것이다.

이스라엘 백성들도 놀랐다. 출애굽 당시부터 광야 40여 년 동안 다양한 기적들을 체험했지만, 그들의 눈앞에서 철옹성 같은 여리고 성읍이 엄청난 균열을 일으키며 와르르 무너지는 것을 목격한 것은 엄청난 충격을 안겨주었다. 홍해가 갈라지고 요단 강물이 끊어지는 이적 못지않았다. 땅이 요동치는 지진과 함께 성벽이 와장창, 와르르 쿵쾅 무너지는 거대한 굉음, 주민들의 아비규환 등은 지금껏 경험해보지 못한 무시무시한 공포를 불러일으켰다.

여리고 성읍에서 온전한 건물은 하나도 존재하지 않았다. 성곽 자체가 그대로 폭삭 주저앉고 말았으니 온전한 가옥이나 건물이 남아있을 리 없다. 이스라엘 군사들은 손 하나 까딱하지 않고 대승을 거두자

한껏 흥분되었다. 그래서 한 차례 폭풍 같은 정복과 진멸의 시간이 지나자, 무너진 여리고 성읍의 이곳저곳을 기웃거리며 구경하기도 했다. 때로는 값비싼 물건이 군사들의 시선을 사로잡기도 했다.

'아니, 이건? 아주 값비싼 물건이잖아! 불태우기엔 너무 아까운 걸….'

이스라엘 군사들 중 어떤 이가 여호수아의 엄명을 어기고 주님께 온전히 바쳐야 할 여리고 성읍의 물건에 그만 손을 대고 말았다. 여리고 성읍은 이스라엘이 가나안 정복전쟁에서 수확한 첫 열매였다. 따라서 그 첫 열매의 모든 것들은 하나님의 공의의 제단 위에 온전히 바쳐져야 했다. 이른바 '헤렘'(오직 주님께 바쳐져야 하는 저주의 물건)이었다. 이는 가증한 죄악 아래에 있었던 여리고 성읍의 모든 사람들과 가축들과 물건들을 하나님의 공의의 칼과 불로써 죽이고 불태워야 한다는 말이다.

'음음… 아무도 본 사람 없겠지….'

사악한 탐욕에 빠진 그 군사는 값비싼 물건을 슬쩍 훔친 뒤 자신의 장막 밑에 몰래 숨겨놓았다. 하나님은 그자에 대해 크게 진노하셨다.

'아, 아니! 저런 사악한 자가 있나…!'

이스라엘 군사들은 하나님께서 지금 어떤 마음 상태인지도 모르고, 강력한 여리고 성읍을 손쉽게 정복한 승리에 도취해 있었다. 여호수아는 곧이어 아이 성읍으로 정찰병을 보냈다.

아이 성읍은 여리고 성읍에서 북서쪽으로 16km 정도 떨어진 곳에 위치한 작은 성읍으로, 벧엘 동쪽의 벧아웬 근처에 있었다. 해발 800m 가량의 산지에 위치했는데 서쪽은 구릉지대였고, 북쪽은 골짜기를 이루고 있었다. 현재의 지명은 '엣텔'이다. 머잖아 정찰병들이 돌아와서 보고를 올린다.

"지도자님, 아이 성읍은 작고 허술합니다. 여리고 성읍에 비하면 아무것도 아닙니다. 군대 모두가 올라갈 필요도 없을 것 같습니다. 2~3천 명 정도면 충분히 정복할 수 있을 것입니다."

"그래, 잘 살펴보고 하는 소린가?"

"물론입니다! 아이 성읍은 작았고, 주민들의 수효도 얼마 되지 않았습니다. 굳이 우리 군대 전부가 애쓰고 수고할 필요가 없지 않겠습니까."

"하긴 여리고 성읍도 쉽게 정복했는데, 아이성쯤이야!"

여호수아는 지휘관 두서너 명을 불렀다.

"너희는 3천 명의 군사들을 이끌고 가라. 아이성을 공격하여 속히 취하도록 하라!"

이스라엘 군사 3천 명가량이 자신만만하게 출정했다. 여호수아는 승리에 취한 나머지 방심하고 있었다. 여리고 성읍에는 정탐꾼들을 보내고 자세히 정찰을 했고, 게다가 전투 전날에는 걱정으로 잠이 오지 않아 주님께 도움을 구하는 기도를 간절하게 드렸다. 그래서 여호와의 군대장관이 나타나서 승리를 확신시켜 주셨다.

그러나 이번에는 기도도 하지 않았다. 별다른 걱정도 하지 않았다. 굳이 도와 달라는 기도로 하나님을 번거롭게 할 필요가 없다고 생각했던 것일까? 소수의 군사들을 보내도 아이성을 쉽게 정복할 수 있을 것이라고 생각한 것이 실수였다.

여호수아를 비롯한 이스라엘의 지휘관들은 3천 명 정도의 군사들에게 아이성 공략을 맡기고, 자신들은 나머지 주력부대를 이끌고 다음 격전지로 진격하기 위한 작전 계획을 수립하고 있었다.

아, 그런데 이게 웬일인가! 예상과는 달리 이스라엘 군대는 패배하고 말았다. 이스라엘 군사들은 아이성의 군사들 앞에서 허겁지겁 도망치기에 바빴다.

"하하하! 보라, 이스라엘 군사들이 도망간다. 추격하랏! 한 놈도 놓치지 말고 추격하여 모조리 죽여라!"

아이성의 군사들은 사기가 크게 올랐다. 도망가는 이스라엘 군사들을 추격하여 36명가량을 칼로 쳐 죽였다. 그들은 성문 앞에서부터 스바림의 비탈길까지 추격하여 이스라엘 군사들을 사정없이 칼로 쳤다. 이스라엘 군사들은 제대로 싸워보지도 못한 채 속수무책으로 당했다.

"뭐, 뭐, 뭐라? 우리 군대가 져…, 졌다고? 그, 그게 정말이냐?"

패전 소식에 모두 심장이 얼어붙는 것 같았다. 출애굽 이후에 치른 전투에서 첫 패배였고, 일방적인 패배였다.

"오, 주님! 어찌하여 주의 군대가 패배하였나이까? 이제부터 대적들이 우리를 얕잡아보고 마구 달려들 터인데, 우린 어쩌면 좋단 말입니까? 오, 주여!"

여호수아는 옷을 북북 찢으며 크게 슬퍼했다. 저녁이 될 때까지 비통한 심정으로 여호와의 법궤 앞에 엎드린 채로 있었다. 이스라엘의 모든 장로들과 지휘관들도 옷을 찢고 머리에 먼지를 뒤집어쓴 채 통곡하며 슬퍼했다. 여호수아는 피를 토하는 심정으로 하나님께 두려운 현실을 아뢰었다.

"오, 주여! 이스라엘 군대가 대적들에게 쫓겨 도망쳐왔으니, 내가 뭐라 말할 수 있겠나이까. 이제 가나안 땅에 사는 모든 족속들이 득달같이 달려들어 우리를 에워싸고 쳐서, 우리 이름을 지상에서 없애려 할 것입니다. 그리 되면 주님의 위대하신 이름도 땅에 떨어질 텐데 주께서는 어찌하시렵니까. 오, 주여! 부디 우리를 보살펴주소서! 우리를 불쌍히 여기소서!"

아간의 범죄와 아골 골짜기 (7:10-26)

"여호수아야, 일어나라! 너는 지금 무엇 때문에 엎드려 있느냐?"

마침내 주께서 여호수아에게 말씀하신다.

"오, 주여! 아이성 전투에서 패했나이다. 도무지 질 수 없는 전투에서 패하고 말았나이다. 하지만 그 영문을 몰라 이렇게 엎드려 있나이다."

"그건… 이스라엘이 내게 죄를 저질렀기 때문이니라!"

하나님은 누구의 죄라고 드러내시지 않았다. 온 이스라엘이 죄를 지었다고만 말씀하셨다. 이스라엘은 공동체 사회다. 한 사람의 승리는 모두의 승리요, 한 사람의 잘못은 모두의 잘못이다. 그러기에 한 사람의 실패는 공동체 전체의 실패가 된다. 하나님은 그 점을 알려주신 것이다.

"너희들은 내가 지키라고 명한 것을 어겨, 내게 온전히 바쳐야 할 것을 몰래 차지하였다. 도둑질과 거짓말로 물건을 몰래 빼돌려 자기 소유물로 삼았느니라."

이제야 아이성 전투의 패배 원인이 분명히 밝혀졌다. 그것은 하나님의 엄명을 거역하고, 온전히 진멸시켜야 할 여리고 성읍의 물건을 몰래 훔친 범죄 때문이었다. 그것은 단순히 금은과 외투를 훔친 도적질로 끝나는 것이 아니다. 그것은 하나님께 전적으로 바쳐질 저주받은 물건, 곧 '헤렘'에 손을 대었기 때문이다. 하나님의 말씀은 계속 이어진다.

"그 죄로 인해 패했느니라. 너희가 내 명령을 어겨 스스로 파멸을 자초하였기에, 너희가 대적에게 등을 돌려 도망친 것이니라. 내가 진멸하라고 명한 것을 너희가 찾아내어 없애지 않는다면, 나는 너희와 함께하지 않겠노라."

"오, 주여. 그런 참람한 일이 어찌 우리 가운데 있었단 말입니까!"

"너는 내일 아침에 백성들을 지파별로 소집하여라. 내가 그중 한 사람을 범죄자로 가려 뽑겠노라. 그자가 숨긴 것을 찾아내어 모두 불사르도록 하라. 그자를 비롯하여 그자에게 속한 모든 자들도 모조리 처형하고 불살라라. 정녕 그자는 나의 명을 어기고 이스라엘 중에서 참람한 짓을 행한 자니라."

성읍의 물건을 훔친 자에 대해 그자는 물론 그자에게 속한 모든 것을 처형하고 불사르라니…. 여호수아는 순간 자기 귀를 의심했다. 죄에 비해 하나님의 심판이 너무 컸기 때문이다. 그렇다면 하나님은 왜 이토록 지나치게 심한 형벌로 다스리시는 것일까.

그때는 몰랐지만, 여호수아는 나중에 그 진실을 알게 된다. 하나님은 약속의 땅 가나안에 들어와서 처음 지은 죄에 대해 강하게 처단하심으로써 죄를 미워하는 하나님의 거룩한 심정을 보여주려 하신 것이다. 가나안 땅의 첫 성읍인 여리고를 철저히 진멸시킨 것처럼, 가나안 땅에서의 첫 죄에 대해 그만큼 철저하게 대처하신 것이다. 말하자면 일벌백계(一罰百戒)다.

이튿날 이른 아침, 여호수아는 온 이스라엘 백성을 불러 모았다. 그런 다음, 지파별로 제비를 뽑게 했다. 구약시대의 이스라엘은 하나님이 직접 통치하는 신정정치 아래에 있었고, 하나님께서 자신의 뜻을 드러내는 계시 도구로 제비뽑기가 사용되었다. 백성들도 제비뽑기의 결과가 온전히 하나님의 뜻에 의해 결정된다는 사실을 의심치 않고 믿었다.

"아앗! 유, 유다 지파!"

제비뽑기를 한 결과, 이스라엘 12지파 가운데 유다 지파가 뽑혔다.

"유다 지파의 사람들만 남고, 나머지 지파 사람들은 모두 제자리로 돌아가시오. 그리고 유다 지파는 각 가문별로 제비를 다시 뽑도록 하시오."

여호수아가 유다 지파를 가문별로 나오게 하여 제비를 다시 뽑게 하니, 그 지파 중에서 세라의 가문이 뽑혔다. 그런 다음, 세라의 가문에 속한 자들을 다시 나오게 하여 집안별로 제비를 뽑게 하니, 삽디 집안이 뽑혔다.

"자, 삽디 집안의 남자들은 모두 앞으로 나와 한 명씩 제비를 뽑도록 하시오!"

점점 좁혀져 마지막 순간이 이르렀다. 삽디 가문에 속한 남자들이 공포감에 벌벌 떨리는 손으로 제비를 천천히 뽑았다. 아직 범인에게는 스스로 자백하고 용서를 구할 기회가 있었다. 만일 그랬더라면, 긍휼의 하나님께서 선처를 베풀어 주셨을지도 모른다. 하지만 범인은 뻔뻔하고 가증스러웠다. 끝까지 하나님을 시험했다. 마지막 순간까지도 자백하지 않고 요행을 바라고 있었다. 자기 대신 다른 누군가가 걸리기를 은근히 기대하고 있었다.

'설마… 설마 내가 걸리겠어?'

바로 그자가 마침내 손을 넣어 제비를 뽑았다.

"아앗, 너… 넌, 아간!"

범인을 알리는 제비가 아간의 손에 들려 있었다. 유다 지파에 속하는 세라의 증손이며, 삽디의 손자이고, 갈미의 아들인 아간이 범인으로 뽑힌 것이다. 제비 뽑힌 아간은 벌벌 떨며 두 손으로 머리를 감싸 쥐며 뒷걸음쳤다. 그런 아간을 향해 여호수아가 호통을 치며 말한다.

"아간! 그대는 아무 것도 숨기지 말고 고하라. 그대가 한 일에 대해 모든 것을 아시는 전지전능하신 주 하나님께 아뢰고, 처분을 기다려라."

아간이 새파랗게 질린 채 체념한 듯 떨리는 목소리로 대답한다.

"제, 제가 물건이 탐이 나서 그만 몰래 훔쳤습니다. 제 장막 안의 땅 속에다 숨겨두었습니다. 제, 제발, 한번만 용서해 주십시오. 제발…!"

아간이 여리고 성읍에서 훔친 물건은 이러했다. 바빌로니아 산(産) 외투 한 벌, 200세겔(대략 2.28kg) 나가는 은덩이 한 개, 50세겔(570g) 나가는 금덩이 한 개.

"아, 그토록 엄히 경고하였건만, 하나님의 것을 훔치다니!"

아간과 그의 가족들은 밝히 드러난 죄 앞에서 벌벌 떨고 있었다. 여호수아는 세라의 후손인 갈미의 아들 아간을 비롯하여 아내와 자녀들, 그의 소 떼와 나귀들과 양들을 전부 이끌고 근처 골짜기로 갔다. 장막과 그 안의 소유물도 가져갔다. 온 백성들이 뒤따랐다. 골짜기에 이르자 여호수아가 명한다.

"처형하라!"

여호수아의 명이 떨어지자, 백성들은 아간에게 일제히 돌을 던졌다. 끌려간 가족과 가축에게도 돌을 던졌다. 처절한 비명이 골짜기에 울려 퍼졌다.

아간에게 속한 모든 소유물이 모조리 불살라졌다. 아간의 죄 때문에 그의 가족과 가축과 소유물까지 돌에 맞아 죽고 불살라지는 처형을 당한 것이다. 왜 어찌하여 아간의 죄로 인해 가족들까지 돌에 맞아 처형을 당했을까. 그렇다. 이스라엘 사회에서 연좌제는 적용되지 않았다. 하지만 이때 아간의 가족이 아간과 함께 처형당한 것은 필시 그들도 공범이었기 때문이리라.

아간이 물건을 훔쳐왔다는 것을 가족들은 알았을 텐데도, 그 사실을 알리지 않았다. 도리어 아버지를 도와 훔친 물건을 숨기는 일에 참여했거나, 적어도 시치미를 떼고 모른 척했다. 하나님의 명령을 두려워하지 않았던 아간의 태도는 아내와 자녀들에게 영향을 끼쳤고, 결국 그 죄로 인해 함께 처형당한 것이다. 이스라엘 공동체가 죄의 오염에서 벗어나 정결하게 되기 위해서는 아간에게 속한 모든 것들이 남김없이 진멸당해야 했다. 그래서 아간에게 속한 가축들과 소유물들까지 몽땅 불태워졌다.

아간과 그의 가족들과 가축들의 시체 위로 거대한 돌무더기가 쌓였다. 아간의 소유물을 몽땅 태우고 남은 재가 바람에 이리저리 흩날렸다. 흩날리는 그 재들은 장차 불타 없어질 것들, 세상에 속한 것들을 사랑했던 사람들의 비참하고 허무한 결말을 보여주는 것 같았다.

그제야 주께서 분노를 가라앉히셨다. 주님의 공의가 비로소 만족된 것이다. 이후로 아간과 그의 모든 것을 처형한 골짜기를 '아골 골짜기'라 불렀다. '괴로움(고통)의 골짜기'란 뜻이다. 유다의 북쪽 지역으로, 여리고 남쪽 16km 지점에 위치한다. 오늘날 아골 골짜기는 사해 서쪽 4.8km 지점에 위치한 '엘부케아'다.

8
아이성 정복과 율법 낭독

복병들에게 보내는 공격 신호로
여호수아가 단창을 번쩍 드네
이스라엘 군대는 아이성을 불사르고
추격하던 적군 물리치네

마침내 아이성을 정복하다 (8:1-29)

하나님께 온전히 바쳐야 할 여리고 성읍의 물건에 손댄 아간, 그와 그에게 속한 모든 것들을 처형하고 불사르고 난 뒤, 주님의 말씀이 여호수아에게 임했다. 아이성을 향해 다시 출정하라는 명령이다.

"두려워하지 마라! 너는 모든 군사를 이끌고 아이성으로 쳐들어가라. 내가 아이 왕과 그의 백성, 성읍, 영토를 너의 손에 전부 넘겨주겠노라."

"오 주님, 감사합니다!"

"명심하여라. 그 성을 정복하면 여리고 성읍에서 행한 것처럼 똑같이 행하여라. 하지만 이번에 아이성에서 노획한 전리품들은 너희가 갖도록 하여라."

하나님은 성읍 뒤쪽에 군사들을 매복하라는 작전 지시까지 내리셨다. 특별한 점은, 여리고 성읍과 달리 아이성의 물건들은 전리품으로 취하도록 허락하셨다는 사실이다. 여리고 성읍은 가나안 정복전쟁에서 취한 첫 승리의 열매로서 온전히 주님께 바쳐져야 했다. 하지만 아이성의 전리품들은 계속해서 정복 전쟁을 수행하려면 다시 활용할 필요성이 있었기 때문에 취하도록 허용된 것이다.

여호수아는 3만 명의 날랜 용사들을 가려 뽑아 밤중에 몰래 보냈다. 그들을 보내면서 지시했다. 하나님께서 내리신 지시였다.

"잘 들으라. 너희는 오늘밤 아이 성읍의 뒤쪽에 매복하도록 하라. 성에서 너무 멀지 않은 곳에 매복하되, 신호가 떨어지면 즉각 행동할 수 있도록 모두들 정신을 바짝 차리고 있어야 한다."

"넷! 잘 알겠습니다!"

"좋다! 위치로 출발하라!"

3만 명의 이스라엘 군사들은 정해준 장소로 가서 매복했다. 벧엘과 아이 사이, 곧 아이성의 서쪽이었다. 높은 돌산, 울창한 숲, 많은 바위들이 있어 매복 장소로 적합했다. 그날, 여호수아는 길갈 진영에서 백성들과 함께 잤다.

이튿날 이른 아침, 여호수아는 군사들을 점검한 다음 앞장서서 아이성을 향해 올라갔다. 이스라엘 주력 부대는 아이성 북쪽에 진을 펼쳤다. 이때 여호수아는 또 다른 5천 명을 뽑아 벧엘과 아이 사이, 곧 아이성의 또 다른 서쪽에 매복시켰다. 3만 명의 군사들은 지난밤부터 아이성 서쪽의 또 다른 곳에 계속 매복 중이다. 벧엘은 예루살렘 서쪽 19km 지점에 위치한 지역으로, 일찍이 이스라엘의 조상 아브라함과 야곱이 거주했던 매우 유서 깊은 성읍이다.

여호수아가 은밀하게 군사들을 배치하고 나니, 아이성의 북쪽에는 이스라엘 본대가 진을 펼치고, 그 성의 서쪽 두 곳에는 매복한 군사들이 각각 자리를 잡게 되었다. 여호수아는 아이 성읍 앞에 있는 골짜기로 들어가서 밤을 보냈다. 유능한 군사 전략가인 여호수아는 일부러 낮고 좁은 골짜기 사이로 들어감으로써 적군이 마음 놓고 공격해오도록 유인한 것이다.

“핫핫하! 저것들이 또 공격해 오네! 이번에도 혼쭐을 내주마!”

1차전의 승리로 아이 왕과 그의 군사들은 잔뜩 고무되어 있었다. 그동안 이스라엘 군대에게 잔뜩 겁을 집어먹고 있었는데, 막상 싸워보니 별것 아님을 알게 된 것이다. 그들은 이제 이스라엘 군대를 아주 깔보고 있었다.

“자, 오늘은 한 놈도 살려 보내지 말고 모조리 쳐 죽이자! 가나안 땅에서 이스라엘 군대를 깡그리 몰아내자. 모두 나를 따르라!”

아이 왕은 아침 일찍 서둘러 군대를 이끌고 성읍 밖으로 나와 싸울 채비를 갖추었다. 의기양양하게 성문을 열어젖히고 나와 아라바 앞까지 이르렀다. 지난번의 승리에 도취한 그들은 기고만장하여 적들이 매복해 있는 줄은 전혀 눈치 채지 못했다. 이스라엘 군대를 얕잡아 보고 크게 방심한 탓이다.

“핫핫핫! 여호수아야, 이번에는 네가 직접 군대를 끌고 나왔느냐? 오냐, 좋다! 지난번엔 맛보기로 혼을 내줬지만, 오늘은 모조리 없애 주마! 자, 덤벼라!”

▲ 아이 성읍과 치른 전투

이스라엘 군대는 숨을 죽였다. 얼핏 보면 잔뜩 겁을 집어먹은 모양새다. 실은 여호수아가 아무 대꾸도 하지 말도록 특별히 지시해 놓은 터였다. 사기가 떨어진 양 움찔움찔하는 듯한 이스라엘 군사들을 보자 더욱 사기가 오른 아이 왕은 거침없이 돌격 명령을 내렸다.

“아이성의 군사들이여! 지금 이스라엘 군대는 잔뜩 겁에 질려 있다. 겁쟁이 이스라엘 군사들을 모조리 쳐 죽여라. 모두 앞으로 돌격!"

아이 왕과 군사들은 앞뒤를 살피거나 가리지 않고 무조건 공격을 감행했다. 여호수아 군대는 대충 싸우는 척하다가 힘에 부친 듯 뒤돌아서서 광야 쪽을 향해 재빠르게 도망치기 시작했다.

"으핫핫핫! 보라, 이스라엘 놈들이 또 도망친다. 이번에는 한 놈도 살려 보내지 말고 모두 쳐 죽여라. 모두 추격, 추격하라!"

아이 왕과 군사들은 득의양양하여 앞뒤 가리지 않고 성읍에서 멀리 떨어진 곳까지 마냥 추격해 왔다. 여호수아의 유인 작전에 완벽하게 말려든 것이다. 성문은 활짝 열려 있었고 성읍은 비어 있었다. 그런 상태로 추격에 나서서 승리를 거머쥔 양 우쭐댔다. 여호수아의 매복 작전과 유인 작전은 적들의 그런 방심과 자만심을 이용한 전략이었다. 얼마나 도망갔을까? 마침내 주께서 여호수아에게 말씀하신다.

"자, 이제 돌아서서 네 손에 쥐고 있는 단창으로 아이성을 가리켜라. 내가 그 성을 네 손에 넘겨주겠노라."

여호수아는 즉시 몸을 돌이켜 근처 언덕 위에 올라가 단창으로 아이성을 가리켰다. 창은 공격용 무기다. '긴 창'은 찌르는 병기인데 비해 '단창'은 적을 향해 던지는 짧은 병기다. 때로는 창 끝 부분을 햇빛에 반사시켜 신호용으로도 사용되었다. 지금은 신호용이다.

번쩍! 아이성을 가리키는 단창의 편편한 부분이 햇빛에 강렬하게 반사되었다. 사전에 약속을 맞춘 공격 신호다. 그러자 아이 성읍 뒤편에서 매복한 채 상황을 유심히 지켜보던 지휘관이 햇빛에 번쩍거리는 여호수아의 단창 신호에 명령을 내린다.

"공격 신호가 떨어졌다! 자, 모두 일어나 아이성을 공격하라!"

밤새도록 성읍 뒤에 매복해 있던 3만 명의 이스라엘 군사들이 곧장 아이성을 향해 돌격해 갔다. 다른 곳에 매복 중이던 5천 명도 일제히 일어나 성읍 안으로 쳐들어갔다. 성문은 활짝 열려 있었고, 그 안에 군사들은 없었다. 정복은 그야말로 식은 죽 먹기였다.

이스라엘의 매복 군사들은 신속하게 아이성을 점령한 뒤 성읍에 불을 질렀다. 시뻘건 화염이 섞인 시커먼 연기가 하늘로 뭉클뭉클 치솟았다. 아이성의 군사들은 그 광경을 멀리서 보았다.

"아앗! 저긴 우리 성읍이다. 대체 저 연기는 무엇이냐?"

정신없이 이스라엘 군사들을 추격하던 아이성의 군사들이 뒤를 돌아보니, 자기들 성읍 쪽에서 시커먼 연기가 하늘로 뭉클뭉클 치솟고 있는 게 아닌가! 그제야 적들의 유인 작전에 말려들었다는 것을 알았다. 말머리를 급히 돌려 아이성으로 되돌아가려 했지만, 때는 이미 늦었다.

"어림없는 수작 마라! 어딜 되돌아가려느냐? 이제는 우리 칼을 받아랏!"

광야 쪽으로 도망치던 이스라엘 군사들이 갑자기 뒤돌아서서 반격을 가하기 시작했다. 성읍 앞쪽의 군사들과 성읍 뒤편의 매복 군사들은 사전에 군호를 짰다. 매복 군사들이 성읍을 차지한 뒤 불을 놓아 연기를 피워 올리는 것을 신호 삼아, 도망가던 이스라엘 군사들이 즉시 돌아서서 아이성 군사들을 공격하기로 했던 것이다. 작전이 착착 맞아 떨어지고 있었다. 성을 차지하여 불을 지른 군사들도 성 밖으로 달려 나가 아이성 군사들을 향해 돌진했다. 그리하여 아이 왕과 군사들은 앞뒤로 포위된 형국이 되고 말았다.

여호수아가 아이성을 정복하는 데 사용한 군사전략은 세 가지다. 매복 작전, 유인 작전, 협공 작전! 일찍이 출애굽 이후 광야에서 아말렉 족속을 물리친 바 있었던 여호수아는 탁월한 군사 전략가였다. 여호수아의 작전에 걸려든 아이 왕과 군사들은 우왕좌왕, 허둥지둥, 전의를 상실한 채 도망치기에 바빴다. 좌우는 골짜기요, 앞뒤는 이스라엘 군사들, 달리 도망칠 데가 없었다.

이스라엘 군사들은 아이 군사들을 추격하여 박살냈다. 아이성의 주민 1만 2천 명도 칼에 맞아 죽었다. 성읍이 진멸되었다. 하나님의 명령에 따른 것이다. 일찍이 하나님은 다른 민족들과는 달리 이스라엘 백성들에게 기업으로 주시는 가나안 땅의 족속들에 대해서는 어떤 타협도 하지 말고, 어떤 자비도 베풀지 말고, 전부 죽이라고 명하셨다. 호흡 있는 자들은 하나도 살려두지 말라고 지시하셨다. 왜 그랬을까?

그 이유는 분명하다. 가나안 땅에 만연된 우상숭배의 죄악으로부터 이스라엘 백성들을 순전하게 보호하기 위함이었다. 가나안 땅에 있는 모든 것들이 우상숭배의 죄악에 직접, 간접으로 오염되어 있었기에 그 땅에 속한 자들은 남녀노소를 막론하고 모조리 없애야 했다.

이런 의미에서 가나안 정복전쟁은 단순히 영토를 빼앗기 위한 침략전쟁이 아니다. 가나안 땅의 죄악을 말끔히 제거하고 청소하는 하나님의 거룩한 전쟁이다. 이른바 여호와의 성전(聖戰)이다.

여호수아는 적들이 진멸될 때까지 단창을 치켜든 손을 거두지 않았다. 이 같은 모습은, 승리는 하늘의 하나님께로부터 임한다는 사실을 생생하게 보여준다. 일찍이 모세도 광야에서 아말렉 족속과 싸울 때(주전 1446년경) 이스라엘 군대가 최종 승리를 거둘 때까지 하늘로 향한 두 손을 내리지 않았었다.

이스라엘 군사들은 주께서 지시하신 대로 아이 성읍 안에 있는 가축들과 물건들을 모두 전리품으로 차지하였다. 아이 왕이 끌려왔다. 시건방진 태도로 의기양양하던 모습은 사라지고 공포에 사로잡힌 채 초라한 몰골을 하고 있었다. 아이 왕은 사색이 된 채 부들부들 떨었다.

"제, 제발, 목숨만은…."

"닥쳐라! 너는 감히 이스라엘의 하나님 여호와를 조롱하고 능멸했다! 마땅히 그 죗값을 치러야 한다."

아이 왕은 처형되었다. 왕의 시체는 저녁이 될 때까지 나무에 매달아 두었다. 시체를 매장하지 않고 공중에 매달아둔 것은, 하나님의 군대를 대적하는 자의 비참한 말로를 보여줌으로써 가나안 땅의 모든 왕들에게 생생한 경고를 주기 위해서였다.

그날 해가 질 무렵, 여호수아는 아이 왕의 시체를 나무에서 끌어내려 성문 입구에 갖다 버리도록 명령했다. 율법에 따르면, 죄의 결과인 시체는 부정한 것이어서 하루 해가 지기 전에 처리해야 했다. 아이 왕의 시신은 성문 입구에 들짐승처럼 내버려졌고, 시신 위에 큰 돌무더기가 쌓였다. 이 소식을 전해들은 가나안 땅의 모든 왕들은 큰 두려움에 사로잡혔다. 그들은 감히 이스라엘 군대를 공격할 엄두를 내지 못했다.

에발산에서 율법을 낭독하다 (8:30-35)

여호수아 군대는 여리고성에 이어 아이성까지 정복함으로써 가나안 중부의 교두보를 확보했다. 이제 가나안 전역을 향한 본격적인 전투를 치러야 했다. 여호수아는 하나님께 대한 믿음을 더욱 굳건히 하는 가운데 군사들의 사기 진작을 위해 12지파의 결속을 강화할 필요를 느꼈다. 그래서 하나님의 말씀대로 행하기 위해 에발산으로 군대를 돌린다.

에발산은 아이성에서 북쪽으로 32km 떨어진 세겜 땅에 위치했다. 가나안 정복의 전략을 짜던 장수들은 먼 길을 급히 올라가야 하는 이유를 납득할 수 없었다. 그래서 장수 하나가 에발산으로의 행진에 의문을 품었다.

"지도자님, 지금 우리 군대가 가야 할 방향은 아래쪽입니다. 가나안 남부의 원주민들을 먼저 쳐야 승리를 이어갈 수 있습니다."

"그건 나도 잘 알고 있네. 내 생각도 자네와 같다네!"

"그런데 왜 군대의 말머리를 북쪽으로 돌리는 것입니까?"

여호수아는 잠시 장수의 얼굴을 바라보았다. 아이성 공격에 앞장섰던 용감한 장수다. 여호수아는 그의 충성심이 든든했다.

"장군, 가나안 전투는 우리의 전쟁이 아닐세. 이건 하나님께 속한 전쟁이라네. 그런 사실을 자네도 잘 알고 있겠지."

"그렇습니다! 하나님께서 앞서 나가 싸우시며 이기게 하시는 전쟁이라는 사실을 잘 알고 있습니다!"

"바로 그거라네! 그러기에 전략이나 무기도 필요하지만 필수적으로 하나님의 도움을 받아야 한다네! 저번에 자네도 보았잖은가? 아이성에서의 패배를 말일세. 군사력이나 전술전략에 앞서, 우리의 성결과 하나님의 규례를 준수하는 것이 급선무라네. 그래서 모세님께서 우리에게 명하셨던 율법을 상기시키기 위해 에발산으로 가려는 것일세."

"아, 그렇군요. 그 깊은 마음을 헤아리지 못했습니다. 제 생각이 짧았습니다."

그랬다. 지금 이스라엘에게 필요한 급선무는 군사들의 사기가 아니었다. 가나안 내륙으로 깊이 들어가는 일도 아니었다. 하나님께 대한 백성들의 성결과 순종이 급선무였다. 가나안 정복은 힘의 대결이 아니다. 하나님께서 주시겠다고 약속한 땅을 얻는 것은 당연한 일이다. 하나님은 그 땅을 분명히 주실 것이다. 문제는, 성결과 순종이 갖추어져질 때 하나님의 약속은 현실화된다.

여호수아는 이런 이유로 백성들에게 에발산에서의 언약을 상기시켜 줄 필요가 있음을 절감했다. 그렇게 함으로써 남아있는 가나안 정복전쟁을 하나님의 도우심으로 수월하게 치를 수 있게 될 것이다.

에발산은 아이성에서부터 북쪽으로 부지런히 올라가면 이틀 정도의 거리에 위치해 있다. 에발산에 이른 이스라엘 백성들은 그곳에서 이스라엘의 하나님 여호와를 위해 자연석으로 제단을 쌓았다.

앞서 모세는 에발산에 제단을 쌓을 때 다듬지 아니한 자연석으로 제단을 쌓으라고 명했다. 그 까닭은, 다른 이방 족속들처럼 정교한 제단에 마음을 빼앗기거나 혹은 제단 자체가 우상시되어 경배 대상이 되는 일이 없도록 사전에 방지하기 위해서였다.

이스라엘 백성들은 자연석으로 쌓은 제단 위에 번제물과 화목제물을 올려놓은 뒤 불살라 주님께 바쳤다. 여호수아는 백성들이 지켜보는 가운데 모세가 쓴 하나님의 율법을 그 돌 위에 새겼다.

"12지파는 언약궤를 중심으로 반씩 나뉘어 좌우에 서도록 하십시오."

이는 앞서 주의 종 모세가 이스라엘 백성들에게 명한 방식이다. 온 이스라엘 백성들은 본토인과 외국인을 가리지 않고 여호와의 언약궤 양편에 나누어 섰다. 그런 뒤 중앙에 언약궤를 메고 있는 제사장들을 마주보았다. 백성의 절반은 그리심산 앞에, 나머지 절반은 에발산 앞에 섰다. 여호수아는 모세의 율법 책에 기록된 대로 축복의 말씀과 저주의 말씀을 백성들 앞에서 낭독하기 시작했다.

"여호와께서는 너를 대적하기 위해 일어난 적군들을 네 앞에서 패하게 하시리라. 그들이 한 길로 너를 치러 들어왔다가 일곱 길로 도망하리라."

낭독이 끝나자, 백성들이 모두 "아멘!" 하고 대답했다.

"너희가 하늘의 별같이 많을지라도 네 하나님 여호와의 말씀을 청종하지 아니하면 남는 자가 얼마 되지 못할 것이라."

백성들이 역시 "아멘!"으로 화답했다. 이렇게 여호수아는 모세의 율법 책에 기록된 대로 복과 저주의 모든 말씀을 낭독했고, 하나의 낭독이 끝날 때마다 백성들은 "아멘!"하고 대답했다.

이 같은 율법의 낭독 의식이 주는 교훈은 분명하다. 복과 저주는 오직 하나님의 말씀에 대한 순종과 불순종 여부에 달려있음을 생생하게 알려주기 위함이다. 낭독 의식을 통해 이스라엘 백성들은 그 사실을 가슴속 깊이 명심해야 했다.

바람이 불어왔다. 하늘도 유난히 한 점 티 없이 맑고 푸르렀다. 낭독 의식을 통해 하나님의 율법을 하나하나 가슴속에 새기는 이스라엘 백성들의 마음도 맑아지는 느낌이었다. 하루가 짧게 흘러갔다.

9

기브온 사람들

여리고성과 아이성을 함락시키자
기브온 사람들이 꾀를 내네
해진 신, 떨어진 옷 입고
곰팡이 핀 빵과 함께 오네

기브온 사람들이 여호수아를 속이다 (9:1-14)

"으잉? 뭐라? 여리고 성읍에 이어 아이성도 함락되었다고?"

요단강 서쪽, 가나안 본토의 모든 왕들이 이스라엘 군대의 승리 소식을 전해 들었다. 야산 지대, 평원 지대, 레바논에 이르는 지중해 해안의 모든 가나안 왕들이 그 소식에 잔뜩 움츠러들고 바짝 긴장했다.

하나님께서 이스라엘의 3대 족장들(아브라함, 이삭, 야곱)에게 가나안 땅을 주기로 약속할 당시, 그 땅에 살았던 족속들은 '초기 가나안 원주민들'이다. 르바 족속, 엠 족속, 호리 족속, 수스 족속, 아낙 족속, 겐 족속, 그니스 족속, 그리고 갓몬 족속 등 여덟 족속이다.

그때로부터 대략 500여 년이 흐른 때, 여호수아가 요단강을 건너 가나안 정복전쟁을 수행할 당시에 살던 족속은 '후기 가나안 원주민들'이다. 헷 족속, 가나안 족속, 아모리 족속, 히위 족속, 여부스 족속, 브리스 족속, 기르가스 족속 등 일곱 족속이다. 이 일곱 족속의 왕들은 연합군을 형성하고 세력 결집에 나섰다. 하지만 기브온 성읍의 왕은 고민에 빠졌다.

"그래, 아무리 생각해도 다른 길이 없어. 우리는 이스라엘 백성들과 화친을 맺는 편이 좋겠어. 하지만 어떻게 화친을 맺는다? 듣자 하니, 그들은 가나안 족속들과는 어떤 화친조약도 맺지 않고 모조리 진멸한다는데…."

기브온은 예루살렘 북서쪽 10km 지점에 위치한 해발 722m의 성읍이다. 여러 작은 성읍들을 거느린 왕성(王城)으로, 그곳 주민들은 히위 족속이다. 기브온 왕은 알고 있었다. 이스라엘에 대항해서는 살아날 가망이 없다는 것을. 그래서 가나안 땅의 다른 왕들에게는 배신자 신세가 되겠지만, 모든 수단을 동원해서라도 이스라엘과 화친조약을 맺기로 작심했다. 그것이 자기 백성을 살리는 길이었다.

왕의 명을 받은 기브온 성읍의 신하들은 급히 화친의 사절단을 꾸렸다. 그들은 계략을 썼다. 돈과 음식을 넣어 운반할 낡은 여행용 가방과 터져서 기운 흔적이 역력한 해진 포도주 부대를 나귀에 실었다. 일부러 행색도 초라하게 꾸몄다. 또한 낡아서 여기저기 덧댄 신발을 신고, 낡고 닳은 옷을 걸쳤다. 마르고 곰팡이 핀 빵도 식량으로 준비했다. 아주 먼 데서 여행길에 오른 사절단처럼 위장한 것이다. 그런 뒤에 길을 떠났다.

기브온 성읍에서 이스라엘 군대가 주둔 중인 길갈까지는 걸어서 사흘 거리. 그런데 길을 떠날 때 입은 옷이 해어지고 준비한 음식물에 곰팡이가 피어날 정도라면, 최소한 한 달 정도 떨어진 먼 데서부터 왔다는 것을 의미한다. 그렇게 기브온 사절단은 아주 먼 나라에서 왔음을 연출하기 위해 그 같은 소도구들을 세심하게 갖췄던 것이다.

"잠깐, 그대들은 누구요?"

마침내 기브온 사절단이 이스라엘 진영에 이르렀다. 사절단은 자기 왕의 친서를 여호수아에게 전했다. 사절단을 바라보는 여호수아와 장로들의 시선이 곱지 않았다.

"보아 하니… 근처의 가나안 주민들 같은데, 어떻게 우리가 당신들과 화친 조약을 맺는단 말이오? 그건 우리 주 하나님의 뜻에 어긋나는 일이오."

그러자 기브온 사절단이 크게 손사래를 치며 말한다.

"아, 아니, 천만에요! 우리는 가나안 족속이 아닙니다. 당신들의 자자한 명성을 전해 듣고서, 멀리서부터 당신들과 화친조약을 맺으려 이곳까지 왔습니다. 정말입니다. 믿어 주십시오."

그래도 여호수아가 여전히 미심쩍은 듯 캐묻는다.

"당신들은 대체 누구요? 어디에서 온 사람들이오? 바른 대로 말하시오."

"저희가 어찌 거짓말을 하겠습니까? 우리는 이스라엘의 신 여호와께 대한 자자한 명성을 전해 듣고 먼 곳에서부터 왔습니다. 우리는 여호와께서 이집트에서 행하신 일들에 대해 잘 알고 있습니다. 요단강 동쪽 아모리 족속의 두 왕에게 행하신 일에 대해서도 잘 압니다. 그래서 당신들의 편이 되려고 이렇게 화친을 청하는 바입니다."

아모리 족속의 두 왕이라면 헤스본 왕 '시혼'과 바산 왕 '옥'을 말한다.

"그게 정말이렷다? 틀림없이 그러하느냐?"

"네, 네. 정말입니다요. 이 빵을 좀 보십시오. 우리가 길을 떠날 땐 따끈따끈했습니다. 그런데 지금은 마르고 곰팡이가 피어났습니다. 포도주를 담은 가죽 부대도 떠날 때는 새것이었지만, 이젠 낡아 터졌습니다. 옷과 신발도 먼 길을 오는 동안 다 닳아 버렸습니다."

이스라엘 장로들은 기브온 사절단의 음식을 취해 이리저리 살펴보았다.

"음…, 저들의 말이 맞는 것 같은데…. 가나안 땅 사람들이 아니고 멀리서 온 게 분명하군."

이때 여호수아와 장로들은 사절단의 진위 여부에 관해 마땅히 대제사장의 흉패 안에 들어있는 우림과 둠밈을 통해 여호와께 문의했어야 했다. 우림과 둠밈은 매끈한 돌로 된 한 쌍의 제비 도구인데, 대제사장이 국가의 중요한 일에 관해 하나님의 뜻을 물을 때 사용했다. 대제사장은 주머니 속에 들어 있는 우림과 둠밈 중 하나를 선택하여 '하라!' 혹은 '하지 마라!'로 하나님의 뜻을 판별했다. 이런 때에 활용하라고 우림과 둠밈이 있었다.

그러나 이때 여호수아와 장로들은 우림과 둠밈을 활용하지 않았다. 앞선 아이성 전투 때에도 하나님의 뜻을 물어보지 않고 공격했다가 실패했는데, 이번에도 기브온 사절단의 말만 믿고, 그들과 선뜻 화친조약을 맺고자 하였다. 사방이 온통 적들뿐인데, 이렇게 이스라엘 앞에 스스로 엎드려 화친조약을 청하는 사절단을 만나게 되니, 이게 웬일인가 싶어 반갑고 고마운 마음에 순간 방심했던 것이다.

이스라엘이 기브온 사람들과 화친 조약을 맺다(9:15-27)

"듣고 보니, 당신들은 먼 데서 온 사절단이 맞는 것 같소. 좋소! 당신들과 화친조약을 맺도록 하겠소."

"아, 네, 네! 고맙습니다! 고맙습니다!"

기브온 사절단은 머리 숙여 연신 감사를 표했다. 여호수아는 여호와의 이름으로 그 사절단과 화친조약을 맺고는 상호 평화롭게 지내기로 했다. 이스라엘의 장로들도 그 화친조약을 지키기로 여호와의 이름으로 맹세했다.

하지만 사흘 뒤, 황당한 일이 벌어졌다.

"무, 무엇이라고? 그 사절단이 먼 데서 온 자들이 아니고, 가나안 족속이라고? 그, 그게 정말이냐? 그럴 수가! 아, 큰일이로다."

여호수아와 장로들은 그들이 가까이에 살고 있는 가나안 족속이라는 말을 전해 듣고는 황망하지 않을 수 없었다. 여호수아는 당장 지시했다.

"너희는 어서 가서 사실을 정확하게 파악해 보도록 하라!"

이스라엘 조사단이 급히 길을 떠났다. 사흘째 되는 날, 이스라엘 진영을 방문했던 화친 사절단이 살고 있다는 기브온 성읍에 도착했다. 당시 기브온 성읍은 가나안 원주민인 히위 족속이 살고 있던 성읍으로, 주변에 그비라, 브에롯, 기럇여아림 같은 작은 성읍들을 거느리고 있는 큰 성읍이었다. 자초지종 사정을 알아보고 돌아온 이스라엘 조사단의 보고는 소문대로였다.

"그렇습니다. 그들은 먼 데 살고 있는 사람들이 아닙니다. 우리 가까운 데 살고 있는 가나안 땅의 히위 족속입니다."

"아, 큰일이로다. 이를 어쩌면 좋단 말이냐. 우리가 큰 실수를 저질렀도다."

여호수아와 이스라엘 장로들이 크게 탄식하는 데는 그만한 까닭이 있다. 하나님은 가나안 원주민들과는 어떤 조약도 맺지 말라고 엄히 명하셨다. 그런데 위장한 기브온 사절단에게 속아 '여호와의 이름으로' 맹세하면서 화친조약을 맺은 터라, 이제는 그 성읍을 공격할 수 없었다. 만일 화친조약을 깨뜨리고 공격한다면, 여호와의 거룩하신 이름이 이방인들 가운데 멸시를 당하고, 여호와의 신실하심이 크게 훼손당하기 때문이다.

이스라엘 사회에서 모든 맹세는 '여호와의 이름'으로 행해졌고, 모든 맹세는 여호와의 거룩한 이름을 훼손시키지 않기 위해 어떤 경우에라도 반드시 지켜야 했다.

이스라엘 백성들은 지도자들을 원망하였다.

"어쩌자고 자세히 알아보지도 않고 선불리 화친조약을 덜컥 맺었단 말이오? 그래, 이제는 어쩔 셈이오? 이 사태를 어떻게 하실 셈이냐구요!"

그러자 지도자들이 모두 나서서 양해를 구한다.

“우리가 경솔했소. 우리 실수를 용서해 주시구려. 하지만 우리가 여호와의 이름으로 이미 맹세했으므로, 그들을 공격해선 안 됩니다. 그들에게 한 맹세를 깨뜨리게 되면 도리어 여호와의 진노가 닥칠 터이니, 부득이 그들을 살려줄 도리밖에 없습니다. 참으로 미안하게 됐소이다.”

“여호와의 이름으로 맹세했으니 저들을 공격해선 안 된다는 사실은 우리도 잘 알고 있소. 그러니 어쩔 셈이냔 말이오? 그들이 가나안 원주민이란 사실을 뻔히 알면서도 그대로 살려두자는 말이오?”

“그래서… 깊이 고민해 보았는데, 좋은 방안이 하나 있소이다. 그들을 살려는 주되, 거짓말로 우리를 속였으므로 그 대가로 우리의 종으로 삼아 부려먹도록 합시다. 우리를 위해 장작을 패게 하고 물을 긷게 합시다.”

여호수아와 장로들은 기브온 주민들을 살려주기로 결정하고, 누구도 그들을 죽이지 못하게 했다. 기브온 주민들은 진멸당하기 직전에 구사일생으로 목숨을 구한 터라, 이스라엘의 어떤 요구라도 감지덕지 따르겠다는 서약을 했다. 그리하여 이때부터 히위 족속인 기브온 주민들은 이스라엘과 섞여 살게 되었다.

가만! 뭔가 아련한 기억이 떠오른다. 그렇다. 오래 전, 야곱의 딸 디나가 세겜 성읍의 추장에게 성폭행을 당했을 때, 야곱의 아들들이 세겜 성으로 몰려가서 저지른 일이다. 그들은 여호와 언약의 증표인 ‘할례’를 빙자하여 히위 족속인 세겜 성 사람들을 거짓말로 속이고 학살했었다!

그때로부터 대략 500년이 흐른 후, 이스라엘은 그 씨앗을 거둔다. 어떻게 보면, 히위 족속인 기브온 사람들의 생존은 그때의 잔혹한 일에 대한 하나님의 배상으로 볼 수도 있다.

그래서 기브온 성읍의 주민들은 진멸당하지 않고 이스라엘의 종이 되었다. 이스라엘 백성들은 그들을 장차 주께서 선택하실 예배 장소에 세워질 제단을 위해 장작 패고 물 긷는 성전의 종으로 삼았다. 개인의 종이 아니라 성전에 소속된 종이 되었다. 레위인들의 임무 중에서 가장 힘든 일은 제사용 장작을 패고 물을 길어오는 일이다. 계속해서 짐승을 죽이고, 제물을 번제로 불태우며, 짐승의 핏자국을 씻어내려면 많은 물이 필요했다. 이런 힘든 일이 기브온 주민들에게 떠넘겨진 것이다.

하나님께서도 자신의 거룩한 이름의 영광이 훼손되는 것을 방지하기 위해 이 사실을 인정해 주셨다. 그래서 후일 이스라엘의 사울 왕이 이때의 화친조약을 깨뜨리고 기브온 사람들을 학살하자, 하나님은 그 일에 대해 크게 진노하셨다. 그 결과, 3년 동안 극심한 기근이 이스라엘 땅에 임했다. 결국 기브온 사람들의 요구대로 사울의 후손들이 책임을 지고 처형당하자, 하나님은 진노를 푸시고 그 땅에 비를 내리셨다. 이 사건은 이때로부터 대략 430년이 흐른 먼 훗날에 일어난 일이다(주전 980년경).

비록 기브온 성읍의 사람들은 거짓말로 이스라엘과 화친조약을 맺었지만, 하나님께서는 자신의 전능하신 손길 아래로 피하여 들어온 그들을 외면하지 않으셨다. 그렇다고 해서 거짓말 행각을 벌인 그들의 잘못을 책하지 않고 선민으로 받아들일 수는 없었다. 그래서 가장 힘든 노동으로 그들의 잘못을 다스렸다. 하나님의 공의와 사랑을 동시에 보여주고 있다.

10

기브온 전투와 가나안 남부 정복

적군을 무찌를 때 해와 달도 멈추네
승리의 여호수아 군대는
막게다 동굴에 숨은 다섯 왕을
사로잡아 끌고 나오네

이스라엘이 아모리 족속의 5개 연합군을 격파하다 (10:1-15)

"뭐라? 뭐가 어쨌다고? 기브온 성읍이 이스라엘과 화친조약을 맺었다고? 그게 사실이렷다! 배신자들! 내 결코 가만두지 않으리라!"

예루살렘 왕 아도니세덱은 이를 갈았다. 승승장구하는 이스라엘에 맞서 가나안의 원주민들이 일치단결해서 싸워도 모자랄 판에, 기브온 성읍이 자신들을 배반하고 이스라엘 쪽으로 붙었기 때문이다. 예루살렘은 기브온에서 남쪽으로 10km 정도 떨어진 근거리에 위치했기에 단숨에 진격할 수 있는 거리였다.

예루살렘 왕 아도니세덱은 가나안 땅에서 주도권을 쥐고 있는 강력한 왕이었다. 그는 요단강을 건넌 이스라엘 군대가 거침없이 진격해오고 있는 과정을 낱낱이 보고받고 있었다. 그런 참에 기브온이 이스라엘과 화친조약을 맺고 한 통속이 되었다는 소식까지 들려온 것이다.

"에잇! 멍청이 같은 놈들! 싸워보지도 않고 지레 겁을 집어먹고 이스라엘에 굴복하다니…. 덩치 값도 못하는 머저리들!"

기브온 성읍은 여리고 성읍이나 아이 성읍보다 훨씬 컸다. 주변의 작은 성읍들을 여럿 거느리고 있었고, 그곳 주민들은 모두 용맹한 전사들이었다. 그런 용사들이 맞서 싸울 생각을 하지 않고, 성읍을 고스란히 이스라엘에게 헌납하다니! 예루살렘 왕 아도니세덱은 놀랐고 당황했으며 화가 치밀었다. 그만큼 불안하고 초조했다.

아도니세덱 왕은 헤브론 왕 호함, 야르뭇 왕 비람, 라기스 왕 야비아, 그리고 에글론 왕 드빌에게 급히 전갈을 보냈다. 다른 가나안 족속의 왕들도 잔뜩 긴장하고 불안해하던 차에 전갈을 받자마자 기다렸다는 듯이 즉시 응했다. 그리하여 아모리 족속은 연합군을 형성했다. 아모리 연합군을 형성한 다섯 왕은 예루살렘 왕, 헤브론 왕, 야르뭇 왕, 라기스 왕, 그리고 에글론 왕이다.

당시 가나안 땅에서는 큰 성읍들을 중심으로 독립적인 도시국가(성읍국가)의 정치 체계를 갖추고 있었다. 각 도시국가의 왕들은 다른 도시국가들과 때로는 전쟁을 치르고, 때로는 공동의 적을 맞아 연합했다. 이제 그들은 자신들을 위협하는 강력한 대적 이스라엘을 맞아 생존을 위해 급히 연합군을 형성한 것이다.

아모리 족속의 5개 연합군은 이번 공격을 주도한 아도니세덱을 총지휘관으로 삼은 뒤 기브온 성읍을 향해 진격했다. 셀 수 없을 만큼 많은 무리였다. 무수한 깃발들이 위협적으로 바람에 펄럭이고 있었다.

"아앗! 저, 저들은…. 아모리 족속의 다섯 왕이 이끄는 연합군이 아닌가! 참으로 큰일이다. 우리 힘으론 저들을 도무지 당해낼 수 없어. 빨리 이스라엘에 구원 군을 요청해야겠다."

5개 연합군의 공격에 위협을 느낀 기브온 왕은 급히 전령을 파송했다. 길갈에 진 치고 있는 이스라엘의 지도자 여호수아에게 전갈을 보낸 것이다.

“긴급히 전합니다. 아모리 족속의 다섯 왕들이 연합군을 형성하여 지금 우리 기브온 성읍을 치려고 성문 앞에 진을 쳤습니다. 상황이 아주 급박합니다. 우리 성읍이 큰 위기에 처했습니다. 당신의 종들을 외면하지 마십시오. 어서 우리에게로 달려와 우리를 구해 주십시오! 지체하지 말고 속히 우리를 도와주십시오. 일각이 급합니다. 빨리 구원군을 보내 주십시오!”

여호수아는 기브온 성읍이 위험한 상태에 빠져 있음을 직감했다. 촌각을 다툴 정도로 긴박한 사태임을 알았기에, 자신이 직접 이스라엘의 정예부대를 이끌고 즉시 길갈 진영을 떠나 기브온 성읍으로 출발했다.

'그래, 어쩌면 차라리 잘 됐다. 이번 기회에 다섯 왕을 궤멸시켜 가나안 중남부를 모조리 정복해야겠다.'

여호수아는 가나안 중남부 지역을 손쉽게 정복할 좋은 기회로 생각했다. 요새화된 다섯 개의 국가를 개별적으로 공격하는 것보다는 공개된 전쟁터에 모여든 다섯 왕을 일순간에 처리하는 것이 훨씬 수월하다고 판단한 것이다.

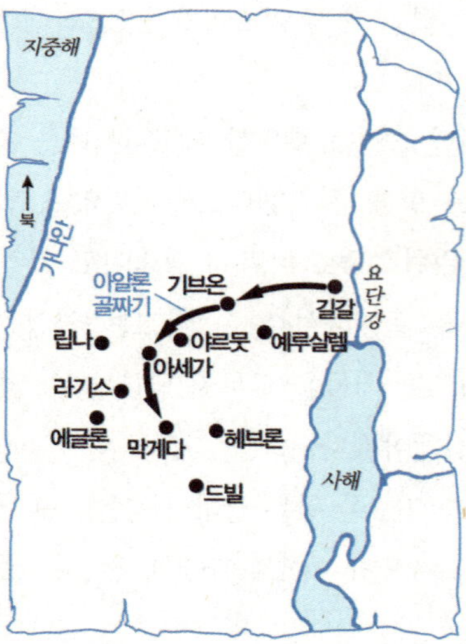

▲ 기브온 성읍을 위한 전투

길갈에서 기브온까지는 통상 사흘 길, 그런 사실을 감안하여 아모리 족속의 다섯 왕들은 3일 내에 기브온 성읍을 정복하려 했다. 그러나 그것은 실수였다! 탁월한 군사전략가인 여호수아는 그런 사실을 미리 감안하고는, 길갈에서부터 기브온에 이르기까지 쉬지 않고 밤낮으로 행군했다. 그리하여 이틀째가 되는 밤중에 기브온 성읍에 이르렀다.

그때 아모리 족속의 5개 연합군은 마음 놓고 자거나 쉬고 있었다. 다섯 왕들은 다음날에 펼칠 공격 작전을 의논하고 있었다. 이스라엘 군대가 오기 전에 기브온 성읍을 충분히 함락시킬 수 있다고 생각했기에 급할 것이 없었다. 그런 방심한 상태에 있을 때, 이스라엘 군대가 기습 공격을 감행했다. 전혀 예상치 못한 공격이었다. 5개 연합군은 우왕좌왕, 허겁지겁, 어리둥절, 속절없이 무너져 내렸다.

이때 만군의 여호와께서는 이스라엘 군대의 총지휘관이 되셔서 앞서 나가시며 아모리 족속의 다섯 왕들과 그들의 군사들을 큰 혼란에 빠뜨리셨다. 그들의 마음을 어지럽히시고, 간담을 녹게 하셨으며, 무기를 잡은 손을 덜덜 떨게 만드셨다. 그 결과, 5개 연합군은 세찬 물에 강둑 무너지듯 걷잡을 수 없이 와르르 무너져 내렸다.

이스라엘 군사들은 기브온에서부터 벧호론으로 올라가는 비탈길을 따라 적들을 추격했다. 이미 완전한 승기를 잡았으므로 사기가 충천했다. 그리하여 아세가와 막게다까지 계속 쫓아가서 아모리 족속의 군사들을 닥치는 대로 칼로 쳐 죽였다. 하나님도 하늘의 무기로 도우셨다. 가나안 정복전쟁은 하나님의 거룩한 전쟁이다. 그 전쟁은 일찍이 아브라함과 맺은 언약을 성취시켜 주기 위한 전쟁이었다.

아모리 족속의 5개 연합군 군사들이 벧호론에서 아세가에 이르는 내리막길로 도망치고 있을 때, 주께서는 하늘에서 큰 우박을 퍼부으셨다.

"아앗! 우박이다! 웬 우박이 이렇게나 크다니! 아, 아악!"

가나안은 강수량이 적은 곳이기에 우박이 아주 드물게 내린다. 대신에 간혹 내리는 우박은 다른 지방에 비해 유별나게 크다. 특별히 성경 속 이스라엘 역사에서 우박은 종종 하나님의 심판 도구로 등장한다.

크고 단단한 우박을 맞고 죽은 자들이 이스라엘 군사들의 칼에 찔려 죽은 자들보다 더 많았다. 길거리마다 시체가 즐비했다. 위에서 퍼붓고 뒤에서 달려드는 공격에 피할 길이 없었다. 이때 적장 가운데 하나가 소리쳤다.

"조금만 버텨라! 곧 해가 저문다. 그러면 이스라엘 군대의 추격에서 벗어날 수 있다. 다들 용기를 내라!"

아닌 게 아니라 해가 중천에서 기울기 시작했다. 어두워지면 이스라엘 군은 더 이상 추격을 계속할 수가 없다. 그러면 살아남은 자들은 성읍 안으로 들어가 성문을 굳게 걸어 잠근 채 저항할 것이다. 다섯 성읍의 연합군이라 죽은 자들도 많았지만, 살아남은 자들도 여전히 많았다. 성읍 안으로 들어간 적들은 그렇게 시간을 벌면서 전열을 가다듬은 뒤에 다시 싸우기 위해 나올 것이다.

"지도자님, 해가 기울어가고 있습니다. 이제 공격을 멈출까요? 계속 추격하다가는 도리어 어둠 가운데 반격을 당할까 염려됩니다."

"아니다! 추격을 멈추지 마라. 내가 이 일로 주님께 기도하겠다. 주님의 크신 손길을 의지해야겠다."

여호수아는 이스라엘의 모든 군사들이 지켜보는 가운데 하늘을 향해 두 손을 쭉 뻗친 채 주님께 간구하였다. 인류 역사상 전무후무한 위대한 기도다.

"주여, 저 하늘의 태양과 달이 멈추게 하소서!
태양아, 너는 기브온 위에 그대로 멈추어라!
달아, 너도 아얄론 골짜기 위에 그대로 멈추어라!"

힘찬 명령문으로 된 기도다. 그렇다고 여호수아가 해와 달에게 직접 명한 것은 아니다. 이방인들은 해와 달과 별을 신으로 섬기고 그것들에게

빌지만, 여호수아는 일월성신을 창조하신 하나님께 간구한 것이다.

그러자 놀라운 일이 벌어졌다. 여호수아의 기도가 끝나자마자 태양이 흠칫 놀란 듯 그 자리에 멈추었고, 달도 역시 그 자리에 뚝 멈추었다. 더 이상 태양이 서쪽으로 기울어지지 않은 것이다. 태양은 하늘에 멈춘 채 거의 온종일 지지 않고 그 상태로 계속 있었다. 날이 저물지 않자, 이스라엘 군사들은 계속해서 도망가는 적들을 추격했다. 그날에 이스라엘 군대는 아모리 족속의 연합군을 완전히 궤멸시켰다.

이런 사실은 후일 『야살의 책』에 그대로 기록되었다. 『야살의 책』은 국가적인 전쟁 영웅들의 업적이나 그들을 기리는 노래, 역사적인 특기 사항들을 모아놓은 고대 이스라엘의 시가집으로, 주전 8세기경에 최종 편집된 것이다.

태양과 달이 중천에 그대로 머문 놀라운 사실! 주께서 사람의 말을

▲ 태양이 그대로 멈추게 해 달라고 기도하는 여호수아

그렇게 들어주신 일은 이전에도 없었고 이후에도 없었다. 그야말로 전무후무한 사건이다. 이때 주께서는 분명 전능하신 능력으로 이스라엘을 위해 싸우셨다. 그렇다면 실제로 하늘의 태양이 오랫동안 중천에 그대로 멈추었을까? 이 물음에 대한 대답은 하나님께서 어떤 분이신지를 생각해보면 저절로 해결된다. 사실, 하나님은 아무것도 없는 데서 오직 말씀으로 태양과 달을 만드신 분이 아닌가! 그럴진대, 그런 태양과 달을 잠시 하늘에 멈추어 서게 하는 일쯤이야 아주 간단하지 않겠는가! 사람에겐 불가능이지만, 창조주 하나님에게는 조금도 어려운 일이 아니다. 의심치 말라!

"와, 우리의 승리다! 우리가 아모리 족속의 5개 연합군을 쳐부수었다!"

이스라엘 진영에 힘찬 승리의 함성이 울려 퍼졌다. 기브온 전투에서 놀라운 이적과 함께 일방적인 대승을 거둔 여호수아와 이스라엘 군사들! 그들은 보무도 당당하게 개선가를 부르며 길갈 진영으로 돌아왔다.

아모리 족속의 다섯 왕을 처형하다 (10:16-27)

왕들은 어찌 되었을까? 아모리 족속의 5개 연합군을 이끈 다섯 왕들은 도망치는 군사들 틈에 섞여 막게다에 있는 동굴로 숨어들었다. 그들은 동굴에 피신한 채 탈출할 기회를 엿보고 있었지만, 이내 발각되었다.

다섯 왕은 밧줄에 묶인 채 끌려 나왔다. 무수한 깃발을 나부끼며 수많은 연합군을 거느리고 기브온 성읍으로 진격해올 때의 교만하고 당당하던 모습은 온 데 간 데 없었다.

이스라엘의 지휘관들은 다섯 왕들의 목을 밟았다. 패한 왕들의 목을 발로 밟는 행위는 심히 야만적인 처사로 보이지만, 적국 패장의 목을 밟는 행위는 그 당시 중근동의 일반적인 전쟁 풍속이었다. 완전한 정복과 승리를 공식적으로 확인하는 상징으로서 그런 행동을 한 것이다.

여호수아의 가나안 정복전쟁은 하나님의 명령에 따라 죄악의 땅을 정화시키는 거룩한 전쟁이다. 곧 성전(聖戰)이다. 하나님은 우상숭배에 깊이 물든 가나안 족속들을 정화시키는 방법으로서 개종이 아니라 멸절시키는 방법을 택하셨다. 적장의 목을 밟는 행위는 그런 하나님의 의지를 공개적으로 천명하는 행위였다.

다섯 왕들의 시체는 해질 무렵까지 나무에 매달려 있었다. 시체를 나무에 매다는 행위는 수치를 더함과 동시에, 대항하는 적들에게 두려운 경고를 주기 위함이다. 해질 무렵, 여호수아가 다시금 명령한다.

"왕들의 시체를 나무에서 끌어내려, 그들이 숨었던 막게다 동굴에 던지도록 하라!"

이 명령은 율법에 따른 것이다. 모세의 정결 율법에 따르면, 죄의 결과인 시체는 부정한 것이므로 하루해를 넘겨서는 안 되었다. 시체가 썩어 땅을 오염시키는 일을 방지하기 위해, 하루해가 지기 전에 시체를 공중에서 끌어내려 땅에 매장해야 했다. 나무에서 끌어내려진 다섯 왕들은 동굴 안에 던져졌다. 동굴 입구는 큰 돌로 막아 버렸다.

이스라엘이 가나안 땅의 남부를 정복하다 (10:28-43)

아모리 족속의 다섯 왕을 처형한 날, 여호수아의 군대는 막게다 성읍을 점령했고 그곳의 주민들을 진멸시켰다. 생존자는 한 사람도 남겨두지 않았다. 남녀노소, 심지어 가축들까지 몰살하는 광경은 너무도 잔인하게 보이는 게 사실이다. 하지만 하나님은 자신의 거룩한 신정국가가 들어설 가나안 땅을 한 점 티 없이 깨끗하게 청소하기를 원하셨다.

당시 가나안 땅은 극도로 타락했다. 특히 바알과 아세라를 섬기는 가증한 우상숭배의 죄악이 깊이 뿌리박혀 있었다. 그런 우상숭배의 죄악과 문화는 언제든지 이스라엘 공동체를 오염시키고 파괴시킬 위험성이 농후했다. 그래서 하나님은 이스라엘이 우상숭배에 물들지 않도록 가나안 족속들을 아주 엄중하게 다루신 것이다.

이스라엘 군대의 가나안 정복전쟁은 계속되었다. 막게다를 점령한 뒤, 립나를 공격하고 거기에서 다시 라기스로 진격했다. 주께서는 라기스 성읍 역시 이스라엘 군대의 손에 넘겨주셨다. 성읍을 불사르고 주민들을 진멸했다. 게셀 왕 호람이 라기스 성읍을 도우려고 군대를 이끌고 올라왔지만 여호수아 군대에 궤멸당했다.

여호수아는 군사들을 이끌고 에글론 성읍으로 진격했다. 주께서는 에글론 성읍 역시 이스라엘 군대의 손에 넘겨주셨다. 주께서는 헤브론 성읍도 이스라엘 군대의 손에 넘겨주셨다. 드빌 성읍도 마찬가지였다.

이렇게 여호수아는 가나안 남부의 주요 성읍들과 지역들을 차례대로 점령했다. 산간지방과 네겝(가나안 남부의 광야지대), 서쪽 평지와 산비탈 지역을 모두 점령했고, 그곳의 왕들을 처단했다. 성읍을 점령한 군대는 여호와께서 명하신 대로 살아서 숨쉬는 것들을 모조리 진멸시켰다. 가나안 남부 지역을 모두 점령한 뒤, 이스라엘 군대는 길갈 본진으로 돌아왔다. 당당한 개선이었다.

11

메롬 전투

바닷가 모래알처럼 많은 병사로
하솔 성읍을 쳐서 불태우네
다른 성읍도 불태우지만
언덕배기 성읍들은 그냥 두네

이스라엘이 가나안 북부를 정복하다 (11:1-15)

'아, 참으로 큰일이로다…. 어떻게 해야 국면을 반전시킬 수 있을까‥?'

하솔 왕 야빈은 고민이 깊었다. 하솔은 가나안 북부에서 가장 크고 강력한 성읍이다. 갈릴리 바다에서 북쪽으로 16km, 훌레 호수에서 남서쪽으로 8km 지점에 위치했다. 여리고 성읍이 8에이커(32㎢), 므깃도 성읍이 14에이커(56평방㎢) 규모였는데 비해, 하솔은 무려 200에이커(800㎢)나 되었다. 가나안 북부에서는 가장 큰 성읍으로, 예루살렘에 비해 10배는 더 컸으며, 당시 성읍 인구만도 4만 명이 훌쩍 넘었다.

'그래, 모든 세력을 끌어 모아 일거에 이스라엘 군대를 쳐부수자!'

하솔 왕 야빈은 가나안 중부와 남부를 장악한 여호수아 군대의 승리 소식을 전해 듣고는, 급히 주변의 마돈 왕, 시므론 왕, 악삽 왕에게 전갈을 보냈다. 산악지대에 거주하는 가나안 북부의 왕들, 긴네롯(갈릴리) 남쪽의 아라바 지역과 서부 평지와 서쪽 돌 부근에 있는 고지대의 왕들에게도 전갈을 보냈다.

뿐만 아니라 가나안 동쪽과 서쪽의 여러 가나안 족속들, 아모리 족속, 헷 족속, 브리스 족속, 산간지방의 여부스 족속, 미스바 지역의 헤르몬산 밑에 거주하는 히위 족속의 왕들에게도 전갈을 두루 보냈다.

"보시오. 요단강을 건넌 이스라엘 군대가 현재 가나안 중부와 남부 지역을 완전히 장악했다고 하오. 머잖아 그들은 이곳 북부 지역까지 장악하려 공격해 올 것이 틀림없소. 그러므로 그 전에 우리가 연합해서 이스라엘 군대의 침공에 대비해야 할 것이오. 왕께서는 즉시 모든 군대를 이끌고 나에게로 나아오시오. 급히 서둘러 주시오."

가나안 북부 지역의 우두머리격인 하솔 왕 야빈, 그의 전갈을 받자 무적의 이스라엘 군대로 인해 위기의식을 느끼던 가나안 북부 지역의 다른 왕들은 군대와 말과 병거를 총출동시켜 하솔 성읍으로 집결했다. 이른바 가나안 왕들의 2차 동맹이다.

"음, 좋아! 이 정도면 이스라엘 군대쯤은 충분히 격파할 수 있겠어!"

하솔 왕 야빈은 만족스러운 웃음을 지었다. 가나안 북부 연합군이 바닷가의 모래알처럼, 들판의 메뚜기 떼처럼 거대한 군대를 형성했기 때문이다. 그들은 메롬 물가에 진을 쳤다. 이곳은 갈릴리 바다 서북쪽 15km 지점에 위치한, 교통과 군사의 요충지였다. 그런 연합군을 보고서, 여호수아가 이스라엘 군대의 모든 지휘관들에게 결연하게 말한다.

"겁먹지 마라! 가나안 땅을 정복하려면 어차피 치러야 할 싸움이다. 도리어 잘 됐다! 가나안 북부의 왕들이 다 모였으니, 한꺼번에 그들을 쳐부수어 이참에 정복전쟁을 끝내도록 하자. 분명 주께서 그들을 우리 손에 넘겨주실 것이다. 용기를 내라!"

가나안 정복전쟁의 성공 여부를 가늠하는 최대, 최후의 대결전이다. 이번 싸움에서 이스라엘이 승리하면 가나안 중부와 남부에 이어 북부 지역까지 장악하게 됨으로써 가나안 정복전쟁을 성공리에 마무리 짓게 된다. 대결전을 앞두고, 여호수아에게 주님의 말씀이 임한다.

"여호수아야, 하솔 왕 야빈과 그의 군대를 두려워하지 마라. 내일 이맘때, 내가 그들을 네 손에 넘겨주겠노라. 전쟁에서 승리하면, 너는 포획한 말들의 뒷발 힘줄을 모두 끊고, 그들의 병거를 모조리 불태워라."

전투에서 승리한 후에 노획한 말의 뒷발 힘줄을 끊게 하시고 병거를 모두 불태우게 하신 것은, 이스라엘로 하여금 강력한 전투 무기를 의지하거나 자랑하지 못하도록 하시기 위해서였다. 그 까닭은 분명하다. 오직 여호와 하나님만을 전적으로 의지하도록 하기 위함이었다.

"자, 모두 나를 따르라!"

여호수아는 군사들을 이끌고 힘차게 진격했다. 적들이 예상한 속도보다 훨씬 빨리 이동했다. 그리하여 대적들이 방심한 틈을 타서 불시에 메롬 물가의 진영으로 들이닥쳤다.

연합군이라는 게 대체적으로 그렇다. 급하게 모여 머리수만 와자지껄 많은 뿐, 지휘 체계나 조직력은 형편없는 경우가 많다. 가나안 북부 연합군도 그러했다. 북부 연합군은 갑작스런 이스라엘 군대의 습격에 어리둥절, 안절부절, 우왕좌왕! 어쩔 줄 몰라 했다.

여기저기서 지휘관들의 다급한 명령 소리만 어수선하게 들릴 뿐! 맞서 싸우라는 건지, 작전상 일시 후퇴하라는 건지,

▲ 하솔 연합군과의 메롬 물가 전투

명령이 제대로 전달되지 않았다. 상황이 불리하자, 연합군의 군사들은 너나 할 것 없이 "걸음아, 나 살려라!"하며 줄행랑을 쳤다. 그날, 주께서는 가나안 북부 연합군을 이스라엘 군대의 손에 고스란히 넘겨주셨다.

여호수아는 승리에 환호하는 이스라엘 군대를 이끌고 하솔로 직행했다. 이미 하솔을 지키는 군사들은 거의 없었기에 손쉽게 점령한 뒤, 하솔 왕 야빈을 사로잡아 칼로 쳐 죽였다. 그리고 하솔 성읍을 불살라 잿더미로 만들었다. 가나안 북부 지역에서 유독 하솔 성읍만 불태웠다. 그 까닭은, 하솔 성읍이 전쟁을 일으킨 시발점이었기 때문이다.

"자, 이제 우리를 막을 군대는 더 이상 없다! 계속 진격하라!"

여호수아 군대는 가나안 북부의 다른 성읍들을 손쉽게 점령했다. 성읍을 점령한 뒤에는 왕들을 죽였다. 그런 후에는 정복전쟁의 공식처럼 주의 종 모세가 명한 대로 성읍 주민들을 진멸했다. 하지만 하솔 성읍과는 달리 산이나 언덕 위에 세워진 성읍들은 불사르지 않았다. 그곳의 성읍들은 가나안 땅에 정착할 때 거주지로 활용하기 위해서였다. 살아 숨쉬는 사람은 한 명도 남겨두지 않고 모조리 칼로 쳐 죽였다. 그리고 성읍에 있는 가축들과 값진 물건들은 전리품으로 취했다.

가나안 정복전쟁을 수행할 때 여호수아는 하나님의 말씀에 전적으로 순종했다. 일찍이 주께서 모세에게 명하시고, 또 모세가 자신에게 명한 대로, 여호수아는 받은바 명령을 하나도 빠짐없이 그대로 다 이행했다.

그 결과, 여호수아가 이끄는 군대는 패배를 몰랐다. 교만해졌다가 허를 찔린 아이성 전투를 제외하곤, 연전연승이었다. 이스라엘 군대는 싸울수록 더 강해졌고 용맹을 떨쳤다. 어느새 패배를 모르는 무적의 군대가 되었다.

이스라엘이 차지한 가나안 지역 (11:16-23)

"자, 보라! 이제 가나안 땅은 우리 수중에 떨어졌다!"

가나안 땅의 북부를 정복함으로써 대규모 가나안 정복전쟁은 일단락된다. 여호수아는 오랜 기간 동안 가나안 땅의 숱한 왕들과 크고 작은 전투를 벌였다. 대략 7년 전쟁이다(주전 1406년~1400년경). 이 같은 기간은 갈렙의 나이를 통해 추산하여 계산된 것이다.

일찍이 갈렙이 가데스바네아에서 정탐꾼으로 뽑혀 가나안 땅을 탐지했을 때, 그의 나이 40세였다. 요단강 서편의 가나안 땅에서 대규모 전쟁이 마무리될 즈음에는 85세였다. 그 사이에 광야에서 방랑한 38년의 기간을 제외하면, 가나안 정복전쟁은 대략 7년 동안 이어진 셈이다.

가나안 정복전쟁을 통해 여호수아는 가나안 땅 전역을 전반적으로 점령했다. 이스라엘 군대는 먼저 가나안 땅의 중심부로 쳐들어가 여리고, 아이, 벧엘 등을 점령함으로써 가나안 지역을 남과 북으로 갈라놓았다. 이어 '기브온 전투'를 통해 가나안 남부 연합군을 물리친 후에 차례로 나머지 성읍들을 정복해 나갔다. 이후 전열을 가다듬은 뒤 '메롬 물가의 전투'를 통해 가나안 북부 연합군을 궤멸시켰다. 그런 후에 역시 가나안 북부의 나머지 성읍들과 지역들을 차례로 정복했다.

이 같은 여호수아의 군사전략은 적절했고 탁월했다. 여호수아는 타고난 군사 전략가였기에, 가나안 정복전쟁의 지도자로서 그야말로 안성맞춤이었다. 가나안 정복전쟁을 위해 하나님께서 미리 준비해 놓으시고 오래 연단시키신 비장의 장수였다.

이스라엘 군대는 가나안 땅의 산간지방, 네겝(남부 사막지대), 고센 지역 전체, 서부 평지, 아라바(요단강의 저지대) 등 가나안 중부와 남부의 산간지방과 평지를 다 점령했다. 남쪽으로는 세일 지방을 향해 솟아 있는 할락산에서부터 저 멀리 북쪽으로는 헤르몬산 아래의 레바논 골짜기에 있는 바알갓에 이르는 지역까지를 모두 점령했다. 여호수아는 점령한 지역의 모든 왕들을 사로잡아 칼로 쳐 죽였다. 이어 그곳 성읍의 주민들도 진멸했다.

가나안 땅의 모든 성읍들이 궤멸되는 가운데서도 기브온 성읍은 무사했다. 기브온 성읍에 사는 히위 족속은 비록 속임수를 사용했지만 이스라엘과 화친조약을 맺었기 때문이다.

"보라, 하나님의 도우심으로 이처럼 크고 견고한 가나안 땅의 모든 성읍들을 정복할 수 있었다! 또 거인 족속도 거뜬히 쳐부술 수 있었다! 주께서 그들을 우리 손에 넘겨주셨기 때문이다."

그랬다. 여호수아 군대는 가파른 산악지대에서 크고 견고한 성읍 안에 살고 있던 거인 족속, 곧 아낙 사람들까지 정복했다. 헤브론과 드빌과 아납 성읍에 살던 아낙 사람들, 남부의 유다 산지와 북부의 이스라엘 산지에 살고 있던 아낙 사람들까지 모두 쳐부수었다. 오래전 출애굽 세대의 이스라엘 백성들이 그토록 두려워하던 아낙 족속이다. 하지만 이제는 아낙 족속을 찾아볼 수 없게 되었다. 다만 지중해 해변 쪽인 가사, 가드, 아스돗에만 소수가 남아 있을 뿐이었다.

이스라엘 백성들이 요단강을 건너 가나안 정복전쟁을 치른 지 7년째 되던 해, 곧 출애굽 47년째 되던 해(주전 1400년경), 마침내 그 땅을 정복했다. 일찍이 주께서 이스라엘의 조상들에게 주시겠다고 약속하신 땅, 젖과 꿀이 흐르는 약속의 땅 가나안의 전역을 대부분 점령했다. 그리하여 가나안 땅에서는 비로소 전쟁이 그쳤다.

그렇다고 해서 가나안 땅에서 모든 전쟁이 완전히 멈추었다는 것은 아니다. 전체적인 국면에서 이스라엘이 가나안 땅의 주도권을 확보했으므로 국가 단위의 대규모 정복전쟁이 일단락되었다는 의미일 뿐이다. 실제로는 아직도 가나안 땅 구석구석에는 정복하지 못한 가나안 족속들이 나름대로 버티며 거주하고 있었다. 그렇기 때문에 이후 가나안 땅을 분배받을 이스라엘 각 지파들은 자기 기업의 땅 안에 거주하는 가나안 족속을 쫓아내거나 진멸하는 국지적인 싸움을 계속 치러야만 했다.

12
이스라엘이 정복한 31명의 왕

요단강 서편 지역에서 치른
7년 정복전쟁에서 여호수아 군대는 가나안
땅의 중부와 남부에서 16왕을,
가나안 땅 북부에서 15왕을 정복했네

모세가 정복한 요단강 동편 지역과 왕들 (12:1-6)

"보라, 우리가 이겼다! 주님의 도우심으로 우리가 가나안 땅을 차지했다!"

마침내 7년에 걸친 가나안 정복전쟁이 이스라엘 군대의 승리로 마무리되었다. 일찍이 모세는 요단강을 건너기 전에 해가 떠오르는 요단강 동쪽, 곧 아르논 골짜기에서부터 헤르몬산에 이르기까지 아라바(요단강 저지대)의 동부지역 전체를 포함한 땅을 차지한 뒤 그 지역의 왕들을 진멸시켰다.

요단강 동편에서 모세가 정복한 지역과 진멸한 왕들은 아모리 족속의 두 왕인 시혼(Sihon)과 옥(Og)이다. 아모리 족속의 한 부족을 이끌던 시혼은 요단강 동편에서 남쪽 왕국을 통치하던 왕이고, 왕국의 수도는 '헤스본'이다. 그가 다스렸던 지역은 아르논 골짜기와 인접한 아로엘에서부터 그 골짜기 중간과 암몬 자손과의 경계인 얍복강까지다. 여기에는 길르앗 지역의 절반이 포함된다. 시혼 왕은 또 긴네롯(갈릴리) 바다에서부터 아라바의 바다 곧 사해(염해)에 이르기까지, 또 벧여시못에서 남쪽으로 비스가산 기슭에 이르는 동부 아라바 지역도 다스렸다.

바산 왕 '옥'은 요단강 동편에서 아모리 족속의 북쪽 왕국을 통치하던 왕이다. 왕국의 수도는 '에드레이.' 옥은 거인 족속인 르바 족속의 마지막 생존자였다. 그가 다스린 지역은 헤르몬산과 살르가와 바산 땅 전체, 그술 족속과 마아가 족속과의 경계지역에 이르기까지, 또 길르앗 지역의 절반과 헤스본 왕 시혼의 땅과 인접한 지역까지다.

이처럼 아모리 족속의 두 왕(시혼, 옥)은 요단강 동편에서 남쪽 지역과 북쪽 지역을 나누어 다스리던 강력한 왕들이었다. 하지만 주의 종 모세는 두 왕과 싸워 그들을 죽이고 그 땅을 차지한 뒤에 르우벤 지파, 갓 지파, 므낫세 반(半) 지파에게 분배해 주었다.

이때 모세는 요단강 서편에서 치를 가나안 정복전쟁에서 두 지파가 선봉에 서서 싸워야 한다는 조건 하에 이미 정복한 요단강 동편 지역의 땅을 두 지파에게 미리 분배하였다. 이때 모세는 므낫세 지파의 절반, 곧 므낫세 반(半) 지파에게도 그 땅의 일정 지역을 분배해 주었는데, 그 까닭은 그 땅을 정복하는 싸움에서 그들의 공이 컸기 때문이다.

여호수아가 정복한 요단강 서편 지역과 왕들 (12:7-24)

주의 종 모세는 하나님의 뜻에 따라 요단강을 건너지 못하고 요단강 동편의 모압 땅에서 임종을 맞았다. 그때 그의 나이 120세(주전 1407년경). 그리하여 모세의 후계자인 여호수아가 이스라엘 백성들을 이끌고 요단강을 건너 서편 지역에서 가나안 정복전쟁을 치렀다.

가나안 정복전쟁은 대략 7년에 걸쳐 이루어졌다. 그 전쟁은 하나님의 적극적인 도우심으로 이스라엘의 일방적인 승리로 마무리되었다. 요단강을 건넌 여호수아 군대는 먼저 가나안 중부로 치고 들어가 그곳을 점령한 뒤, 이어 가나안 남부와 북부를 차례로 정복함으로써 가나안 전역을 장악할 수 있었다. 그리하여 이스라엘은 요단강 서쪽 지역의 대부분을 차지하였다.

이스라엘 백성들이 차지한 요단강 서편 지역은 이러했다. 북으로는 레바논 골짜기의 바알갓에서부터 남으로는 세일 쪽으로 올라가는 곳에 있는 할락산에 이르는 지역이다. 그 땅은 산악지대, 서부의 야산지대, 아라바(요단강 저지대), 경사지, 네겝(남방의 광야지대) 등으로 이루어졌다.

요단강 서편 지역에는 헷 족속, 가나안 족속, 아모리 족속, 히위 족속, 여부스 족속, 브리스 족속, 그리고 기르가스 족속 등 일곱 원주민 족속들이 살고 있었다. 여호수아 군대는 이들 일곱 원주민 족속들을 쳐 죽이거나 몰아내어 그 땅을 차지하였다.

요단강 서편 지역에서 그곳의 도시국가를 다스렸던 가나안 땅의 왕들은 모두 31명이었다. 즉 여리고 왕, 벧엘 근처의 아이 왕, 예루살렘 왕, 헤브론 왕, 야르뭇 왕, 라기스 왕, 에글론 왕, 게셀 왕, 드빌 왕, 게델 왕, 호르마 왕, 아랏 왕, 립나 왕, 아둘람 왕, 막게다 왕, 벧엘 왕, 답부아 왕, 헤벨 왕, 아벡 왕, 랏사론 왕, 마돈 왕, 하솔 왕, 시므론 왕, 악삽 왕, 다아낙 왕, 므깃도 왕, 게데스 왕, 갈멜의 욕느암 왕, 돌 언덕의 돌 왕, 길갈의 고임 왕, 그리고 디르사 왕.

여호수아 군대는 요단강 서편 지역에서 치른 7년 정복전쟁에서 이들 31명의 왕들을 모두 정복했다. 가나안 땅의 중부와 남부에서 열여섯 왕을, 가나안 땅의 북부에서 열다섯 왕을 정복했다. 이들 왕들은 이집트의 파라오처럼 통일된 나라의 통치자들이 아니었다. 각각의 성읍을 중심으로 지역적인 도시국가를 이끄는 소왕(小王)들, 즉 성읍 군주들이었다.

요단강 서편 지역에서 여호수아가 정복한 왕들의 목록이 구체적으로 소개된 까닭은 이러하다. 즉, 가나안 땅을 주시겠다던 하나님의 약속이 역사 속에서 구체적으로 성취되었음을 보여주기 위해서다. 또한 땅 위의 모든 왕들을 그 발아래 굴복시키시는 하나님의 위대한 능력을 찬양하기 위해서다.

그렇다! 하나님은 강하고 전능하신 여호와시다. 그 전능하신 여호와 하나님께서 이스라엘의 조상인 아브라함에게 가나안 땅을 주겠다고 약속하셨고, 때가 이르자 친히 가나안 족속들과 싸우셔서 그 땅을 빼앗아 이스라엘 백성들의 손에 넘겨주셨고, 이스라엘은 하나님에게서 가나안 땅을 건네받았다! 그러기에 가나안 정복전쟁에서 승리의 주인공은 '만군의 여호와'이시다! 이스라엘 백성들은 이 점을 가슴속 깊이 새겨야 했다.

13
요단 동편 땅의 분배

담대하던 여호수아도 늙어
블레셋과 그술은 손에 못 넣네
블레셋에는 가사, 아스돗, 아스글론,
가드, 에그론 성에 다섯 왕이 있네

아직 정복하지 못한 가나안의 땅들 (13:1-7)

가나안 정복전쟁을 치른 지 어언 7년. 대규모 전쟁은 마무리되었다. 요단강을 건넌 여호수아와 이스라엘 백성들은 7여 년에 걸친 정복전쟁을 연전연승으로 장식함으로써 가나안 땅 전역을 전반적으로 장악하게 되었다.

그래도 그 땅에는 잔존 세력이 여전히 남아 있었다. 자기들 땅에서 쫓겨난 가나안 족속들은 산악지대, 골짜기, 변방, 촌락 등으로 숨어들어 그곳의 원주민들과 합류했다. 따라서 여호수아 군대의 손길이 미치지 못하는 가나안 땅 구석구석에는 여전히 가나안 족속들이 호시탐탐 반격을 준비하며 활개치고 있었다.

'흐흠··· 잔존 세력들까지 완전히 소탕해야 될 터인데····'

여호수아는 그 일이 마음에 걸렸다. 이스라엘이 아직 정복하지 못한 가나안 땅의 남은 지역들을 살펴보면 크게 세 지역으로 구분된다.

- 가나안 땅 남서부에 위치한 지중해 연안의 블레셋 지역.

▲ 아직 정복하지 못한 땅들

- 갈릴리 동부 연안의 그술 지역.

- 시돈과 하살에난 중심의 레바논 지역.

이스라엘은 가나안 땅 전체에 대한 지배권은 장악했지만, 아직도 정복해야 할 곳들이 부분적으로 많이 남아 있었다. 그 땅들까지 여호수아가 모두 정복하기에는 무리였다. 나이 들어 늙었고, 시간마저 촉박했다. 언제까지 전쟁만 치르고 있을 수는 없었다. 정복한 가나안 땅을 이스라엘 12지파들에게 분배해주어 그들의 정착생활을 돕는 일이 더 급선무였다. 그래서 주께서도 여호수아에게 지시를 내린다.

"여호수아야, 이제 너는 정복한 가나안 땅을 이스라엘의 아홉 지파와 므낫세 지파의 절반에게 분배해 주도록 하여라."

여호수아에게 마지막 사명이 주어진다. 이미 정복한 땅을 이스라엘 각 지파들에게 분배해주는 일이다. 이스라엘 12지파 중 요단강 서편에서 땅을 분배해 줄 대상은 아홉 지파 반이다. 두 지파 반은 이미 요단강 동쪽 지역에서 모세에 의해 기업의 땅을 분배받았기 때문이다.

모세의 후계자로서 여호수아에게 주어진 구속사적 사명과 책임은 가나안 땅의 정복과 분배였다. 그런데 일단 가나안 땅의 정복은 이루어졌다. 이제 남은 사명은 그 땅의 분배다. 40년 광야생활과 7년 정복전쟁을 거치는 동안, 이제 여호수아의 나이가 100세를 넘었다. 뒤를 이를 후계자도 없었다.

이런 상황에서 여호수아는 주님의 명령에 따라 서둘러 가나안 땅을 분배하기 시작한다. 아직 정복하지 못한 땅은 그 땅을 분배받은 각 지파가 자기들 기업 안에 있는 남은 대적들을 내쫓고 기업의 땅을 확장해 나가기를 바랐다. 무엇보다도 가나안 땅을 주시겠다는 하나님의 약속이 확실했기 때문에, 여호수아는 완전한 정복 이전이라도 기꺼이 그 땅을 분배해줄 수 있었다.

앞서 두 지파 반에게 분배된 요단강 동편의 땅 (13:8-14)

이스라엘은 12지파로 이루어진 지파 공동체다. 두 지파 반(半), 곧 르우벤 지파, 갓 지파, 므낫세 반 지파는 다른 지파들에 앞서 요단강 동편 지역에서 모세에게 기업의 땅을 분배받았다.

모세가 요단강 동편에서 두 지파 반에게 분배해 준 기업의 땅은 이러하다. 아르논 골짜기와 접하고 있는 아로엘에서부터 그 골짜기 가운데에 있는 성읍들, 메드바에서부터 디본에 이르기까지의 모든 평원지대, 헤스본을 다스렸던 아모리 족속의 왕 시혼의 모든 성읍들, 곧 암몬 족속과의 경계에 이르는 땅, 길르앗 및 그술 족속과 마아갓 족속이 사는 지역, 그리고 헤르몬산 전체와 살르가에 이르는 바산 땅 전체, 곧 아스다롯과 에드레이를 다스렸던 바산 왕 옥의 영토 전체다. 때에 이스라엘 백성들이 그술 족속과 마아갓 족속을 쫓아내지 않

▲ 요단강 동쪽의 지파들

았기에, 그들은 이스라엘과 섞여 살았다.

모세는 하나님의 명령에 따라 레위 지파에게는 기업의 땅을 나눠주지 않았다. 레위 지파는 특별히 하나님께 구별된 지파로서 오직 성전 봉사의 일에만 전념해야 했기 때문이다. 대신에 레위 지파는 이스라엘 백성들이 하나님께 바치는 십일조와 각종 헌물로 생계를 유지했다.

하나님께서 레위 지파에게 약속하신 것처럼, 이스라엘의 다른 지파들이 하나님께 바치는 십일조와 각종 헌물과 희생제물이 레위 지파의 몫으로 돌려졌다. 레위 지파는 비록 기업의 땅은 분배받지 않았지만, 자신들에게 주어지는 그러한 몫을 자신들의 기업으로 물려받은 셈이 되었다.

요단강 동편에서 르우벤 지파가 분배받은 땅 (13:15-23)

모세는 생전에 요단강 동편에서 두 지파 반에게 기업의 땅을 분배하였다. 땅을 분배하면서 신신당부했다.

"르우벤 지파의 족장은 잘 들으시오. 요단 동편 지역도 하나님께서 우리에게 주신 땅이오. 그러니 비록 요단강 동쪽에서 살아간다고 해도, 부디 이 땅에서 하나님의 말씀대로 살아가는 올바른 믿음생활로 번영하도록 하시오!"

르우벤 지파는 사해(死海) 동편 지역을 기업의 땅으로 분배받았다. 요단 강가를 그 서편 경계로 하여 남쪽으로는 아르논 골짜기, 북쪽으로는 시혼 왕국의 수도였던 헤스본과 그 주변 촌락을 경계로 하는 지역이다.

일전에 모세는 이런 지역들에 살면서 아모리 족속의 시혼 왕과 동맹을 맺고 있던 자들, 곧 미디안의 족장들인 에위, 레겜, 술, 훌, 레바를 진멸시켰다. 당시 이스라엘 군사들이 미디안 족속과 전투를 벌여 그들을 궤멸시킬 때, 그들 중에 섞여 있던 발람도 칼로 쳐 죽였다. 그는 당대의 유명한 점쟁이로, 이스라엘 백성들에게 심각한 해악을 입혔기 때문이다.

재물을 탐하여 모압 족속과 미디안 족속을 위해 악한 꾀를 내어 이스라엘을 음란한 우상숭배의 제전에 끌어들인 사악한 인물이었다.

요단강 동편에서 갓 지파가 분배받은 땅 (13:24-28)

모세는 요단강 동편에서 르우벤 지파에 이어 갓 지파에게도 기업의 땅을 분배해 주었다. 그래서 르우벤 지파와 마찬가지로 갓 지파 역시 요단강 동편의 땅에 정착했다. 모세는 축복과 함께 땅을 분배해 주었다.

"갓 지파의 족장은 잘 들으시오. 야곱 조상의 축복에서도 나타나듯, 그대의 지파는 참으로 용맹스럽소. 그러니 분배받은 땅을 잘 지키고 확장시켜 더욱 번창해나가도록 하시오!"

갓 지파는 길르앗 남부지역인 요단의 계곡지대를 기업의 땅으로 분배받았다. 요단강을 서편 경계로 하여, 동으로는 랍바 앞의 아로엘까지, 북으로는 얍복강 위의 긴네렛(갈릴리) 바다까지, 남으로는 르우벤 지파의 북쪽 경계에 접하는 지역이다.

이후 갓 지파는 요단강 동편 지역에 살면서 여러 차례 동방 족속으로부터 침략을 받았다. 하지만 그들은 그때마다 침략자들을 성공적으로 격퇴시킴으로써 자기 지파에게 분배된 땅을 잘 지켜냈다. 일찍이 갓 지파를 향해 발한 야곱의 유언 축복을 기억하라. "갓은 이방 군대의 추격을 받겠지만, 도리어 그들을 추격하리라!"

요단강 동편에서 므낫세 반 지파가 분배받은 땅 (13:29-33)

7년 전, 생전의 모세가 요단강 동편에서 르우벤 지파와 갓 지파에게 기업의 땅을 분배할 때, 므낫세 지파의 절반에게도 기업의 땅을 분배해 주었다. 그곳의 땅을 정복하는 일에 므낫세 지파가 괄목할 만한 공로를 세웠기 때문이다. 땅을 분배하면서 모세가 므낫세 반 지파를 축복했다.

"그대 지파는 위대한 총리 요셉의 장남 후손들이오. 그러니 자부심을 갖고 이곳 요단강 동편 지역에서 굳세게 살아가고 날로 번성하도록 하시오. 비록 그대 지파의 인구가 많아 요단강 양편으로 나누어져 살아가겠지만, 어느 쪽에 있든지 하나님께 대한 믿음이 변질되어선 안 될 것이오!"

므낫세 지파의 절반은 요단강 동편의 땅 중에서 얍복강 북쪽에 위치한 북부 길르앗, 곧 바산 지역을 기업의 땅으로 분배받았다. 마하나임에서부터 바산의 전 지역, 곧 바산 왕 옥(Og)의 왕국 전체와 바산 지역에 있는 야일의 주거지인 60개의 성읍들, 길르앗 지역의 절반, 바산 왕 옥의 왕국에 속하는 중요한 두 성읍인 아스다롯과 에드레이다. 이상의 성읍들이 므낫세의 아들인 마길의 자손들이 각 가문에 따라 분배받은 땅이었다.

요단강 동편 땅을 분배할 때도 모세는 레위 지파에게는 기업의 땅을 분배해 주지 않았다. 레위 지파는 하나님의 성소를 돌보는 일, 곧 종교적인 직무에만 전념하는 대신에 다른 지파들이 하나님께 바치는 십일조와 각양 헌물을 하나님께로부터 분깃으로 돌려받아 생계를 유지해야 하는 지파였기 때문이다. 이처럼 레위 지파의 생계 수단은 하나님께 있었다.

14
갈렙의 몫

여호수아는 갈렙을 축복하고
그의 믿음대로 헤브론을 주네
갈렙이 아낙 족속의 땅 차지 후
이후로는 전쟁 없이 사네

요단강 서편의 땅을 분배하다 (14:1-5)

"자, 이제부터 아홉 지파 반을 대상으로 요단강 서편의 땅을 분배하는 일을 시작하겠습니다!"

요단강 서편의 땅을 분배하는 일이 본격적으로 시작되었다. 이스라엘 12지파 가운데 두 지파 반은 이미 요단 동편 지역에서 자신들의 땅을 분배받았기에 이번의 분배 대상에서는 제외되었다. 또한 레위 지파는 성막 일에 전념하는 대신에 하나님(즉, 하나님께 바쳐진 십일조와 각종 헌물들)을 기업으로 분배받았기 때문에 역시 제외되었다.

기업의 땅을 분배하는 방식은 일찍이 주께서 모세를 통해 지시하신 대로 '제비뽑기'에 의해 이루어졌다. 제비뽑기의 방식을 통해 기업의 땅을 분배한 이유는, 당시 이스라엘은 신정국가로서 하나님의 직접적인 통치 아래에 있었기 때문이다. 그런 배경 하에서 제비뽑기는 하나님의 뜻을 묻는 방식이었다. 인간적인 생각이나 편견을 배제하고 오직 하나님의 주권에 의지하는 방식이었다.

거듭 말하지만, 하나님의 성막 일에 전념해야 하는 레위 지파에게는 기업의 땅이 분배되지 않았다. 그 대신, 그들에게는 살림살이를 하며 살아갈 성읍과 가축을 칠 목초지는 주어졌다. 그래서 레위 지파는 48개의 성읍과 그 주변의 들판을 부여받았다. 기업의 땅을 분배받은 12지파들에게서 다시 42개의 성읍과 거기에 도피성 6개를 포함하여, 도합 48개의 성읍을 재분배받은 것이다.

갈렙이 헤브론을 기업의 땅으로 분배받다 (14:6-15)

기억하는가? 그 이름, 갈렙! 출애굽했던 제1세대 성인들 중에서 여호수아와 더불어 유일하게 가나안 땅을 발로 밟은 인물. 그도 세월의 흐름을 비껴갈 수는 없었지만, 여전히 변함없는 믿음을 지니고 있었다. 아니, 그의 신앙은 젊었을 때보다도 더욱 성숙해져 있었다.

갈렙은 이스라엘 온 백성을 책임지는 자리가 아니었기에 활동이 자유로웠고, 그만큼 젊게 보였다. 나이도 여호수아보다는 아래이다. 하루는 갈렙이 여호수아를 찾아왔다. 오후의 해가 기울고 있을 때였다.

"오, 갈렙! 어서 오시오. 그래, 어쩐 일이시오?"

여호수아는 길갈 장막으로 자신을 찾아온 갈렙을 무척 반갑게 맞는다. 45년 전, 둘은 정탐꾼 동기였다. 출애굽 제2년째 되던 해(주전 1445년경), 모세가 가데스바네아에서 12정탐꾼을 파송할 때 갈렙은 유다 지파를, 여호수아는 에브라임 지파를 대표했다. 가나안 땅을 탐지하고 돌아온 뒤, 다른 10명의 정탐꾼들은 불신앙적인 보고로 백성들을 낙담시켰다. 그러나 갈렙과 여호수아는 믿음의 보고로 하나님의 뜻에 순종했다.

그 결과, 하나님의 뜻을 거역한 20세 이상의 남자들이 40년 광야유랑 도중에 전부 죽어갈 때, 두 사람은 끝까지 살아남았다. 여호수아가 갈렙을 특별하게 생각하고 반갑게 맞은 이유도 그 때문이다.

"땅 분배와 관련해서 드릴 말씀이 있습니다. 일찍이 저와 지도자님에 대해 가데스바네아에서 주께서 모세에게 하신 말씀을 잘 알고 계실 것입니다."

"그럼요, 잘 알다마다요. 내가 어찌 그 일을 잊을 수 있겠소."

여호수아가 감회에 젖은 듯 지그시 눈을 감는다. 갈렙은 정말 대단한 믿음의 소유자였고, 고맙기 한량없는 사람이다. 젊었을 때나 나이 든 지금이나 일편단심으로 하나님께 순종하고, 모세의 후계자가 된 자신에게 변함없이 충성을 다했다. 그러기에 여호수아의 눈에는 고마움을 넘어 존경심이 서려 있다.

"지도자님, 주의 종 모세가 이 몸을 가나안 땅에 정탐꾼으로 파송했을 당시와 별 다름없이 85세가 된 지금도 저는 여전히 건장하고 힘이 넘칩니다. 그래서 집 안팎에서 활동하는 것은 물론이고, 싸움터에 나가더라도 전혀 문제 될 게 없습니다."

"그렇소. 정말로 그렇게 보이는구려. 그대는 여전히 강건한 듯하오."

"그러니 지도자님, 저에게 헤브론 산악지대를 기업의 땅으로 주십시오. 거기에는 거인 족속의 후예인 아낙 족속이 살고 있고, 성읍들은 아주 크고 요새화되어 있습니다. 하지만 주께서 저를 도우실 것이므로, 제가 그들을 능히 쫓아낼 수 있습니다."

아낙 족속은 헤브론 성읍을 중심 터전으로 삼아 가나안 남부의 산간지대에 거주하고 있는 거인 족속이다. 신체가 장대하고 힘이 셌기에 일찍부터 이스라엘 백성들에게는 큰 두려움의 대상이었다. 하지만 지금, 85세의 갈렙은 그들을 쫓아내고 헤브론 산악지대를 차지하겠다며 그 땅을 요구하고 있는 것이다.

사실, 갈렙은 가나안의 어떤 땅이라도 먼저 차지할 우선권이 있었다. 그건 평생 온전한 길을 걸어온 위대한 전사에 대한 예우이며, 일찍이 하나님과 모세도 보장해준 바가 있었다. 그래서 갈렙은 가나안에서 자신의 발로 밟는 땅은 어디든지 먼저 요구할 특권이 있었다. 그럼에도 그는 안전하고 기름진 땅이 아니라, 척박하고 정복하기 힘든 땅을 요구하고 있는 것이다. 과연 개척자 정신을 가진 믿음의 용사다웠다.

"아니, 헤브론 지대를 말이오? 그대가 아무리 정정하다지만 결코 적은 나이가 아닌데…. 그토록 정복하기 힘든 지역을…. 정말 괜찮겠소?"

"네, 괜찮습니다. 전혀 염려하지 않으셔도 됩니다. 분명 주께서 이 몸을 도와 그 땅을 능히 차지하게 해주실 것입니다."

"아! 참으로 고맙소이다! 이렇게 앞장서서 본을 보여주시니, 나는 그대가 정녕 고마울 따름이오. 주께서 그대를 도와 분명 아낙 족속을 쳐부수고 그 땅을 차지하게 해주실 것이오."

갈렙의 두 손을 덥석 잡는 여호수아, 진심으로 고마움을 표한다. 거인 족속의 후예인 아낙 족속이 버티고 있는 헤브론 산악지대! 그곳은 모두가 기피하는 지역이었기에 갈렙의 자발적인 지원이 아주 큰 힘이 되었다. 여호수아는 기꺼이 여분네의 아들 갈렙을 축복하고, 헤브론 산악지대를 갈렙 가문에게 기업의 땅으로 분배해 주었다.

이후에 그니스 사람 갈렙은 아낙 족속을 쳐부수고 헤브론 산악지대를 차지하여 자기 가문의 기업의 땅으로 삼았다. 헤브론의 옛 이름은 '기럇-아르바.' 아낙 사람들 중 가장 위대한 인물인 '아르바'의 이름을 딴 것이다. 헤브론은 가나안에서 땅이 비옥하고 높은 고지로 전망이 좋았다. 그래서 일찍이 그곳의 상수리나무 숲속에 아브라함이 장막을 세웠었다. 또한 그곳에는 이스라엘의 3대 조상인 아브라함 부부(아브라함, 사라), 이삭 부부(이삭, 리브가), 야곱 부부(야곱, 라헬)가 묻혀있는 곳이다.

때는 출애굽 제47년째가 되던 해(주전 1400년경). 그러니까 이스라엘 백성들이 요단강을 건너 가나안 땅 길갈에 처음 진을 친 때가 출애굽 41년째인 주전 1406년 정월이었으므로, 대략 7년의 세월이 흐른 때다. 대규모 가나안 정복전쟁이 그치고, 마침내 이스라엘 백성들에게 평화로운 일상의 삶이 찾아들었다.

15
유다 지파가 분배받다

유다 지파가 차지한 여러 성읍은
남쪽 끝 에돔 가까운 여러 마을
저지대와 지중해에 이르기까지
여러 성읍에 딸린 여러 마을

유다 지파가 분배받은 기업의 땅 (15:1-12)

“자, 이제부터 기업의 땅 분배를 위해 아홉 지파 반을 대상으로 제비뽑기를 실시하겠소. 먼저 유다 지파가 나와 제비를 뽑으시오.”

땅 분배의 총책임자는 여호수아. 여기에 종교 책임자인 대제사장 엘르아살과 각 지파의 우두머리들이 참여했다. 이는 땅 분배가 공평하고 공정하게 이루어졌음을 보여준다. 땅 분배를 하면서 여호수아는 유다 지파의 지도자들에게 신신당부한다.

“그대들 유다 지파는 대대로 왕의 지파가 될 것이오. 그러니 모든 면에서 품위를 지키며 살아가도록 하시오.”

유다 지파는 수효가 아주 많았다. 제비뽑기의 결과, 유다 지파는 사해 옆의 광활한 땅을 분배받았다. 각 가문별로 그 지역 내에서 동서남북 사방의 땅을 분배받았다. 동쪽으로는 사해(염해), 서쪽으로는 대해(지중해), 남쪽으로는 이집트 시내까지 이르는 지역이고, 북쪽으로는 요단강의 북쪽 끝부분에서 르우벤 지파, 베냐민 지파, 단 지파와 경계를 이루는 지점까지다.

갈렙이 헤브론과 드빌을 정복하여 차지하다 (15:13-19)

갈렙은 가문의 지도자들을 모아 헤브론 정복에 관한 전략을 설명한다.

"우리는 헤브론 산악지대를 기업으로 분배받았소. 그 성읍이 견고하고 주민들은 거인 족속의 후손답게 장대하지만, 주께서 우리를 도우실 터이니 우리가 능히 쳐부수고 그곳을 차지할 수 있소. 내가 앞장서겠소!"

"대족장님! 우리가 싸우러 올라가겠습니다! 건강을 생각하소서!"

"아니오, 걱정들 마시오! 이제 내 나이가 올해로 85세이지만, 여전히 정정하오. 얼마든지 전쟁을 치를 수 있소. 모두 나를 따라 우리의 기업인 헤브론 산악지대를 차지하러 올라갑시다!"

갈렙은 유다 지파의 군사들을 거느리고 헤브론으로 진격한다. 헤브론의 옛 이름은 기럇 아르바. '아르바'는 헤브론 산지에 살고 있는 아낙 족속의 조상이다. 아낙 족속은 거인 족속의 후손으로, 신장이 컸고 체격이 아주 건장했다. 그래서 두려움의 대상이었다. 오래전(주전 1445년경, 출애굽 2년 5월경), 이스라엘 백성들도 이들이 두려워서 가나안 정복을 포기했었다. 그 일로 하나님의 진노를 사서 40년 광야 유랑의 징벌을 받지 않았던가!

갈렙의 군대는 헤브론 산지에서 아낙 족속인 세새와 아히만과 달매를 쳐부수었다. 이들 세 사람은 아낙 족속을 이끄는 강력한 지도자들이었다. 갈렙은 헤브론 산악지대를 정복하는 것으로 만족하지 않고, 더 나아가 드빌에 있는 가나안 족속을 치러 올라갔다. 드빌은 본래 '기럇세벨'이라 불리던 곳이다. 이때 갈렙이 가문의 군사들에게 말한다.

"기럇세벨 성읍이 눈앞에 있다. 누가 먼저 올라가 저 성읍을 정복하겠느냐? 기럇세벨을 공격하여 먼저 점령하는 자에게는 내 딸 악사를 주겠다!"

고대세계의 가부장적 제도 아래에서 부권(父權)의 권한은 거의 절대적이었다. 시집가지 않은 딸은 아버지의 소유로 취급되었다. 이런 배경하에서 지도자는 전쟁에서 큰 공로를 세운 장수에게 자신의 딸을 하사하는 일이 적지 않았다.

기럇세벨(드빌)을 정복한 자는 '옷니엘'이었다. 그는 갈렙의 동생인 그나스의 아들로, 갈렙에겐 조카가 된다. 옷니엘은 이름난 용사로서 여호수아 사후에는 이스라엘의 첫 사사가 되어 메소포타미아 왕 구산리사다임의 8년 압제에서 자기 동족을 구출하였다.

"하하하! 옷니엘, 네가 결국 해냈구나!"

갈렙은 자기 딸 악사를 옷니엘과 결혼시켰다. 악사가 출가하던 날, 나귀를 타고 집을 떠나기 전에 아버지에게 요청한다.

"아버지, 아버지께서는 우리 부부에게 메마른 네겝 지역의 땅을 주셨으니, 몇 개의 샘을 제게 주셨으면 합니다."

본래 네겝 지역은 가나안 남방의 광활한 광야지대를 일컫는데, 대체로 거칠고 메마른 땅이다. 갈렙이 딸에게 지참금 형식으로 하사한 땅은 드빌(기럇세벨) 근처의 거칠고 황량한 벌판이다. 농사를 짓고 살려면 밭에 물을 댈 수 있는 샘이 필수적이었다. 그래서 악사는 아버지에게 샘을 요구한 것이다.

"오, 그래? 생각해 보니 그렇구나. 그런 데서 살아가려면 당연히 샘이 있어야겠지. 걱정 마라. 네게 두 개의 샘을 주마. 딸아, 어딜 가든 하나님을 잘 섬기고 남편과 함께 행복하게 살아가려무나."

갈렙은 출가하는 딸을 축복하면서 그 지역의 윗샘과 아랫샘을 선물로 주었다. 이로써 악사와 옷니엘 부부는 높은 지대의 밭과 낮은 지대의 밭에 골고루 물을 댈 수 있는 좋은 조건을 갖출 수 있었다.

유다 지파가 분배받은 기업의 성읍들 (15:20-63)

유다 지파는 요단강 서편의 땅 분배에서 가장 먼저 제비를 뽑아 기업의 땅을 분배받았다. 유다 지파가 분배받은 기업의 땅은 그 지리적인 특성상 크게 네 구역으로 구분될 수 있다.

① **제1구역**: 브엘세바를 중심으로 에돔의 경계에 근접해 있는 남쪽의 네겝 지역
② **제2구역**: 유다 산지 서쪽의 블레셋 땅과 지중해 연안 쪽으로 뻗어 나가는 평지 지역
③ **제3구역**: 서쪽으로는 유다 평지요 동쪽으로는 유다 광야 사이에 위치한 곳으로, 곧 헤브론을 중심으로 하는 산악지대
④ **제4구역**: 사해(염해) 서안에 위치하고 있는 광야지대.

제1구역. 이곳에 있는 성읍들에는 주변에 여러 개의 마을이 딸려있었다. 에돔 경계에 근접해 있는 남쪽의 네겝 지역은 이집트로 향하는 광야와 팔레스타인 남부의 평지 사이에 위치하고 있었다. 이 지역은 넓은 목초지로 이루어져 있어, 가축 떼를 방목하기에 적합한 땅이었다. 이 지역에 있는 성읍들은 모두 36개로, 그 성읍들의 이름은 이러하다.

갑스엘, 에델, 야굴, 기나, 디모나, 아다다, 게데스, 하솔, 잇난, 십, 델렘, 브알롯, 하솔 하닷다, 그리욧 헤스론 곧 하솔, 아맘, 세마, 몰라다, 하살갓다, 헤스몬, 벧벨렛, 하살 수알, 브엘세바, 비스요댜, 바알라, 이임, 에셈, 엘돌랏, 그실, 홀마, 시글락, 맛만나, 산산나, 르바옷, 실힘, 아인, 림몬.

제2구역. 유다 산지와 지중해 연안 사이에 위치해 있는 평지 지역으로 비옥한 토양과 울창한 숲과 아름다운 꽃, 뛰어난 자연경관으로 유명하다.

모두 43개의 성읍이 있었다. 그 성읍들의 이름은 이러하다.

에스다올, 소라, 아스나, 사노아, 엔 간님, 답부아, 에남, 야르뭇, 아둘람, 소고, 아세가, 사아라임, 아디다임, 그데라, 그데로다임, 스난, 하다사, 믹달갓, 딜르안, 미스베, 욕드엘, 라기스, 보스갓, 에글론, 갑본, 라맘, 기들리스, 그데롯, 벧다곤, 나아마, 막게다, 립나, 에델, 아산, 입다, 아스나, 느십, 그일라, 악십, 마레사, 에그론, 아스돗, 가사.

제3구역. 평균 고도가 해발 900m 이상이고, 대부분 석회석 산악지형으로 이루어져 있었다. 하지만 유다 산지는 우리가 흔히 생각하는 불모의 산지와는 달리, 각종 나무와 숲과 골짜기를 낀 과수원들이 많아 온갖 풍성한 과일들이 산출되었다. 특히 유다 산지는 포도와 올리브 농장으로 유명했다. 이 지역에는 모두 38개의 성읍이 있었다. 그 성읍들의 이름은 이러하다.

사밀, 얏딜, 소고, 단나, 기럇 산나 곧 드빌, 아납, 에스드모, 아님, 고센, 홀론, 길로, 아랍, 두마, 에산, 야님, 벧 답부아, 아베가, 훔다, 기럇 아르바 곧 헤브론, 시올, 마온, 나발과 아비가일이 살았던 성읍 갈멜, 십, 윳다, 이스르엘, 욕드암, 사노아, 가인, 기브아, 딤나, 할훌, 벧술 그돌, 마아랏, 벧 아놋, 엘드곤, 기럇 바알 곧 기럇 여아림, 랍바.

제4구역. 이곳은 광야(사막) 지대다. 염해(鹽海)로도 불리는 사해(死海)의 서편에서 남북으로 이어지며 대부분 식물이 살 수 없는 거칠고 황량한 땅이다. 일부 지역에서는 샘을 중심으로 사람들이 더러 거주하기도 했다. 훗날 이 지역은 세례 요한이 금식과 금욕생활을 통해 메시아 예수의 길을 예비한 장소로 유명하다. 이 지역에 모두 6개의 성읍이 있었다.

벧-아라바, 밋딘, 스가가, 닙산, 소금 성읍(염성), 엔게디.

당시 예루살렘 성읍에는 여부스 족속이 거주하고 있었다. 유다 지파는 자기 기업의 근방에 살던 여부스 사람들을 쫓아내지 못했다. 그래서 여부스 사람들은 유다 지파의 사람들과 함께 예루살렘 성읍에서 섞여 살고 있었다. 여부스 족속을 쫓아내지 못한 까닭은, 그들을 반드시 쫓아내겠다는 적극적인 의지가 없었기 때문이다.

이처럼 유다 지파뿐만 아니라 다른 이스라엘 지파들도 하나님의 말씀에 순종하여 가나안 족속을 철저히 쫓아내는 대신에, 함께 살아가는 타협의 길을 택했다. 그 결과, 후일에 이스라엘 백성들은 우상을 숭배하는 가나안 족속들의 가증한 죄악에 물들 수밖에 없었다.

이스라엘 12지파의
땅분배
● 성읍
○ 성읍
(확실치 않음)
▲ 산봉우리
아람
헤르몬산
바르발강
이욘
두로
리타니강
단
벧-아낫
게데스
훌레
호수
이론
하솔
아셀
메롬
납달리
동쪽 므낫세
악고
가불
가버나움
아벡
미살
갈릴리
바다
나할랄
한나돈
림몬
락갓
골란
아스다롯
갈멜산
악삽
함맛
스불론
헬갓
기슬롯
압느엘
다브랏
사릿
다볼
다볼산
엔핫다
아르묵 강
욕느암
로데발
므깃도
수넴
엔돌
에드레이
돌
잇사갈
야르뭇
지중해
이스르엘
다아낙
라못-길르앗
벧산
엔-간님
도단
이블르암
서쪽 므낫세
야베스-길르앗
소고
요단강
디르사
그라사
사본
에발산
마하나임
브누엘
세겜
비라돈
그리심산
숙곳
얍복강
야르곤강
야노아
아벡
답부아
암몬
가드-림몬
욥바
실로
갓
에브라임
오브라
야셀
여훗
벧엘
웟
브네브락
암만
짓다임
벧호론
미스바
나아란
길갈
벧니므라
단
사알빔
기브온
그비라
라마
아벨
얍느엘
게셀
여리고
싯딤
바알랏
아얄론
기럇
깁브돈
그살론
아둠밈
헤스본
여아림
예루살렘
벧-호글라
에그론
아스돗
소라
에스다올
베냐민
느보산
메드바
딤나
벧세메스
베들레헴
가드
드고아
아스글론
그데못
벧술
마레사
사해
라기스
르우벤
헤브론
야하스
에글론
디본
유다
엔게디
아로엘
옷다
아르논강
에스드모
그랄
시글락
얏딜
브둘
아산
아랏
모압
갑스엘
브엘세바
호르마
길하레셋
하살-수알
바알라
시므온
엘돌랏
에셈

16

요셉 지파가 분배받다

요셉 지파가 제비뽑아
가나안 중심부 땅을 얻네
그들의 몫인 땅의 경계는
요단 강과 지중해까지

요셉 지파가 분배받은 기업의 땅 (16:1-4)

“자, 다음은 요셉 지파가 제비를 뽑을 차례요. 요셉 지파의 족장들은 앞으로 나와 제비를 뽑으시오.”

유다 지파 다음으로 요셉 지파가 제비를 뽑았다. 요셉 지파는 12지파 중 실질적인 장자 지파로 인정받아 레위 지파가 빠진 몫까지 차지함으로써 두 몫의 기업을 분배받았다. 요셉의 두 아들인 므낫세와 에브라임의 후손이 각각 독립된 지파가 되어 기업 분배를 위한 제비뽑기에 참여한 것이다.

여호수아는 요셉 지파에 대한 조상 야곱의 축복 예언을 상기시키는 것도 잊지 않았다. 야곱은 눈에 넣어도 아프지 않을 요셉에 대하여, 특히 그가 이집트의 총리가 되어 집안을 기근의 위험에서 건져낸 공로에 걸맞은 풍성한 축복을 베풀었다.

“요셉은 무성한 가지 곧 샘 곁의 무성한 가지라. 그 가지가 담을 넘었도

다. … 네 아버지의 하나님께서 네게 복을 주실 것이라. 위로 하늘의 복과 아래로 깊은 샘의 복과 젖먹이는 복과 태의 복이리로다. … 이 같은 축복이 요셉의 머리로 돌아오며 그 형제 중 뛰어난 자의 정수리로 돌아오리로다."

풍성한 축복이다. 그 축복에 맞게 요셉 지파가 제비뽑기를 통해 분배받은 땅은 여리고의 요단에서부터 여리고 샘 동편에 이르고, 광야를 거쳐 벧엘 산간지방에 이르렀다. 또 벧엘(루스)에서부터 아렉 사람의 영토인 아다롯을 거쳐, 서쪽으로 야블렛 족속의 영토로 내려가다가 아래쪽 벧호론을 지나 게셀에 이르고 지중해에서 끝났다.

요셉 지파가 차지한 땅은 가나안의 중앙 지역이다. 동쪽으로는 요단 강, 서쪽으로는 지중해, 남쪽으로는 단 지파와 베냐민 지파의 경계, 그리고 북쪽으로는 아셀 지파, 스불론 지파, 잇사갈 지파와 경계를 이루었다.

에브라임 지파가 분배받은 기업의 땅 (16:5-10)

에브라임 지파는 여호수아가 소속된 지파다. 40여 년 전에 여호수아는 에브라임 지파를 대표해서 정탐꾼으로 뽑혔고, 끝내는 모세의 후계자가 되었다.

"에브라임 지파여! 그대들 지파는 가나안 땅에서 가장 큰 무리를 이룰 것이오. 땅도 넓고 인구수도 많을 것이오. 하지만 크다고 다 좋은 것은 아니오. 크게 되면 위험한 일도 더 많을 수 있음을 항상 명심하도록 하시오."

여호수아는 에브라임 지파의 몫으로 요단 서편의 땅을 분배했다. 요셉 자손 중 에브라임 지파가 분배받은 기업의 사방 경계는 이러하다. 동쪽으로는 요단강, 서쪽으로는 단 지파의 경계, 남쪽으로 베냐민 지파의 경계, 그리고 동북쪽으로는 므낫세 지파의 경계다.

에브라임 지파가 분배받은 기업의 땅 중에는 므낫세 지파의 몫에서 따로 떼어놓은 성읍들과 그 성읍들에 딸린 마을들도 있었다. 이는 에브라임 지파가 므낫세 지파에게서 몇 개의 성읍들과 거기에 딸린 마을들을 더 얻었다는 의미이다. 이로 보아, 이스라엘 12지파는 기업의 땅을 모두 분배받은 후에 미흡한 부분이 있으면 지파들 간에 세심하게 서로 조정했음을 알 수 있다.

그러나 에브라임 지파는 분배받은 자신들의 땅에서 게셀 지역에 살고 있던 가나안 족속을 적극적으로 쫓아내지 않았다. 그들을 종으로 부려먹기 위해서였다. 그래서 게셀 지역의 가나안 원주민들은 에브라임 지파와 섞여 살면서 그들을 위해 힘든 일을 해야 했다.

이처럼 이스라엘 각 지파들은 "가나안 족속들을 진멸하라!"는 하나님의 말씀에 전적으로 순종하지 않고, 자신들의 세상적인 유익과 편의를 추구했다. 이 같은 상황은 다른 지파들도 마찬가지였다. 이러한 불순종이 마침내 그들에게 덫이 되고 올무가 되어, 이스라엘 백성들은 점차 타락하여 가나안 땅의 우상숭배에 물들게 된다.

17

므낫세 반 지파가 분배받다

마길은 므낫세의 맏아들
길르앗의 아버지이며 큰 용사
요셉의 아들 므낫세의 자손은
그들 몫의 땅을 분배받네

므낫세 반 지파가 요단강 서쪽에서 분배받은 기업의 땅(17:1-13)

므낫세 지파! 이스라엘 12지파 중 므낫세 지파는 특이하게도 각각 절반씩 나누어져 요단강의 동쪽과 서쪽에서 기업의 땅을 분배받았다. 므낫세 지파 중 절반은 앞서 모세에 의해 요단강 동쪽 지역에서 기업의 땅을 분배받았으므로, 요단강 서편 지역에서 제비를 뽑은 므낫세 지파는 나머지 절반의 사람들이다.

므낫세 지파는 여덟 가문으로 구성되었다. 므낫세의 아들인 마길의 가문, 마길의 아들인 길르앗 가문, 길르앗의 여섯 아들들(아비에셀, 헬렉, 아스리엘, 세겜, 헤벨, 스미다)로 구성된 나머지 여섯 가문이다. 여호수아가 당부한다.

"그대들 지파 중 절반은 이미 요단강 동편에서 기업의 땅을 분배받았소. 이제 남은 절반이 요단강 서편에서 기업의 땅을 분배받을 것이오. 비록 지파의 절반이지만, 요셉의 장남 후손임을 자랑스럽게 여기며 살아야 하오."

"네, 저희는 한시도 요셉 총리의 장남 집안이라는 사실을 잊은 적이 없습니다."

"잊어서는 안 되는 것이 또 있소! 요단강 동쪽에 있는 그대들 반절 지파와 비록 몸을 떨어져 있더라도 마음까지 나뉘어선 절대로 안 된다는 것이오."

여호수아는 그렇게 당부한 후에야 므낫세 반(半) 지파에게 요단강 서편의 땅을 분배해 주었다. 마길 가문과 길르앗 가문은 요단강 동편에 위치한 바산 지역과 길르앗 지방의 북쪽 절반의 땅을 이미 분배받았다. 이스라엘이 요단강 동편의 땅을 정복할 때 두 가문이 큰 공로를 세웠기에, 그에 대한 보상으로 모세가 다른 지파들보다 앞서 기업의 땅을 분배해 준 것이다. 따라서 요단강 서편의 땅 분배에는 므낫세 지파 중 남은 자손인 나머지 여섯 가문만 참여했다.

므낫세 지파에 대한 기업의 땅을 분배할 때 하나의 에피소드가 있다. 민수기 27장에 나오는 얘기다. 므낫세 지파 중에 '슬로브핫'이라는 인물이 있었는데, 그의 고조는 므낫세, 증조는 마길, 조부는 길르앗, 아버지는 헤겔이다. 그에게는 아들이 없었고 딸만 다섯이었다. 딸들의 이름은 말라, 노아, 호글라, 밀가, 디르사. 그녀들은 집안에 남자가 없다는 이유로 가나안 땅에서 분배받을 땅 자체가 아예 없었고, 아버지로부터 물려받은 땅조차도 친척에게 넘겨주어야 하는 입장에 처하게 되었다.

본래 이스라엘 사회에서 가나안 땅의 상속은 아들에게만 국한되었다. 딸은 시집가면 다른 지파나 가문에 소속되기 때문이다. 이런 이유로 슬로브핫 집안은 분깃(몫)을 상속할 수 없어 땅은 물론 이름조차도 지파와 가문 중에서 끊길 참이었다. 그러자 다섯 딸들은 그 부당성에 대해 의문을 품었다.

"언니, 우리 아버지가 돌아가셨다고 땅이 한 평도 없다니, 이게 말이

돼?"

"그래, 여기 좀 봐. 큰집과 작은집에는 모두 땅이 분배되었어. 그러나 우리 아버지는 이름조차 없어!"

다섯 딸들의 아버지는 광야에서 죽었다. 그래서 아버지에게 분배되어야 하는 땅이 큰집이나 작은집으로 넘어가게 생겼다.

"아버지는 광야에서 특별한 죄에 대한 심판으로 돌아가신 게 아니라 노환으로 세상을 떠나셨어. 그러니 우리도 마땅히 아버지에게 분배된 몫의 땅을 상속받아야 해. 여자들은 사람도 아니란 말이야?"

"그래, 맞아! 우리도 아버지의 땅을 우리에게 분배해 달라고 요구해야 해! 그래야 아버지가 편히 쉴 수 있을 거야."

슬로브핫의 딸들은 아버지의 권리를 놓쳐서는 안 된다고 의견을 모았다. 그래서 아버지의 권리를 찾기 위해 적극적으로 나섰다. 모세와 여러 지도자들, 그리고 회중들 앞으로 나아가, 딸들도 기업의 몫을 분배받게 해달라고 당당하게 청원했다. 모세는 그 청원을 하나님께 문의했고, 하나님은 슬로브핫 딸들의 말이 옳다면서 아버지 몫의 땅을 그녀들에게 분배해 주도록 허락하셨다. 그렇게 해서 모세는 하나님의 뜻을 좇아 '여자 상속 특례법'을 만들어, 아들이 없는 경우에는 예외적으로 딸들이 기업을 상속받을 수 있도록 했다.

이제 요단강 서편 지역에서 므낫세 반 지파에게 기업의 땅을 분배할 때가 이르자, 슬로브핫의 딸들은 땅 분배의 책임자들에게 나아와 예전의 그 사실을 일깨우면서 자신들의 몫을 주장한다.

"존경하는 지도자님들, 일찍이 주께서는 광야에서 모세에게 이르시기를 '남자들과 마찬가지로, 여자들에게도 기업의 땅을 분배해 주어라.' 하셨습니다. 이제 청하오니, 우리에게도 우리 집안의 몫을 분배해 주십시오. 우리 아버지 슬로브핫의 집안은 남자가 한 명도 없이 우리 여자들만 있습니다."

여호수아와 지도자들은 광야에서 제정된 '여자 상속 특례법'에 관해 잘 알고 있었다. 그렇기에 딸들에게도 제비뽑기의 기회를 주어 기업의 땅을 분배해 주었다. 그리하여 슬로브핫의 딸들은 아버지의 형제들과 함께 가문의 몫을 상속받았다. 딸들로 인해 아버지의 명예, 아버지의 이름, 아버지의 땅이 회복되는 순간이다. 이때 여호수아가 슬로브핫의 딸들에게 당부한다.

"너희가 꼭 명심해야 할 것을 다시 한 번 강조하겠다. 너희는 오직 므낫세 지파의 남자들에게만 시집가야 한다. 다른 지파로는 시집갈 수 없다."

"염려마세요. 저희는 므낫세 지파의 남자들에게 시집가겠어요."

일전에 모세가 광야에서 여자 상속 특례법을 만들 때 그런 조항이 있었다. 한 집안에 남자가 없고 여자만 있을 경우에는 여자에게도 기업을 상속해 주되, 기업의 땅을 상속받은 여자는 오직 자기 지파의 남자들에게 시집을 가야 한다는 규정이다.

그 이유는 분명하다. 조상 대대로 상속되는 기업의 땅이 한 지파에서 다른 지파로 옮겨지는 일을 방지하기 위해서이다. 만일 기업의 땅을 상속받은 여자가 다른 지파로 시집갈 경우에는 그녀의 땅이 남자 지파에게로 옮겨지게 된다. 하지만 같은 지파의 남자에게 시집갈 경우에는 여전히 같은 지파 내에 기업의 땅이 있을 것이므로 아무런 문제가 되지 않는다.

이렇게 해서 여호수아는 요단강 서편에서 므낫세 지파의 남은 절반에게 기업의 땅을 분배하였다. 므낫세 지파의 남은 절반이 요단강 서편에서 분배받은 땅의 사방 경계는 이러하다. 동쪽으로는 갈릴리 호수의 남쪽 끝에서 요단강의 계곡 지대까지, 서쪽으로는 지중해 연안까지, 남쪽으로는 가나 시내를 따라 답부아 땅까지, 그리고 북쪽으로는 아셀 지파, 스불론 지파, 잇사갈 지파와 접경을 이루는 곳까지이다.

이후 요단강 서편의 므낫세 반 지파는 잇사갈 지파와 아셀 지파의 영토 안에서도 자신들의 소유지를 가졌다. 벧스안, 이블르암, 돌, 엔돌, 다아낙, 므깃도 등이 그런 성읍들이다. 물론, 이들 성읍에 딸린 주변의 마을들도 므낫세 반 지파의 몫이었다. 이런 사실은, 땅 분배 작업이 완료된 후에 각 지파들 간에 나름대로 약간의 조정이 있었음을 보여준다.

다른 지파들처럼 므낫세 반 지파도 자신들이 분배받은 영토 안에 있는 가나안 족속들을 쫓아내지 않았다. 그래서 가나안 족속들은 그 땅에서 붙박이처럼 살아갔다. 결과는, 앞서 모세가 경고한 대로 그들 가나안 족속들이 우상숭배의 덫과 올무가 되고 말았다.

요셉 지파가 기업의 땅을 더 요구하다 (17:14-18)

어느 날, 요단강 서편 지역에서 땅을 분배받은 요셉 자손들이 여호수아에게로 나왔다.

"지도자님, 우리는 다른 지파들에 비해 수효가 아주 많습니다. 그래서 분배받은 땅만으로는 살아가기에 부족합니다. 좀 더 분배해 주실 수 없겠습니까?"

"뭐라고요? 분배받은 땅이 부족하다고요? 그것 참…."

여호수아가 난감한 표정을 짓는다. 광야 40년째 되던 해(주전 1407년경), 모압 평지에서 20세 이상으로 싸움에 나갈 만한 장정들의 수효를 조사했다. 에브라임 지파가 3만 2,500명, 므낫세 지파가 5만 2,700명, 도합 8만 5,200명이다. 당시 다른 지파들에 비해 가장 많은 수효였다. 그러니 요셉 자손의 이의 제기는 논리적으로는 그럴 듯해 보인다.

하지만 사실은 그렇지 않다. 요셉 자손이 두 지파로 구성되었지만, 므낫세 지파의 절반은 요단강 동편 지역에서 이미 땅을 분배받았다. 따라서 요단강 서편의 요셉 자손의 인구는 채 6만 명이 되지 않았다. 이 수효는 유다 지파의 7만 6,500명, 단 지파의 6만 4,400명, 잇사갈 지파의 6만 4,300명, 스불론 지파의 6만 500명에 비해 더 많은 수효가 아니다. 뿐만 아니다. 요셉 자손이 분배받은 땅은 가나안 땅의 중심부로서 비옥한 양질의 옥토다. 그렇다면 요셉 자손의 이의 제기는 지나친 욕심에서 비롯된 그릇된 불만임을 알 수 있다.

요셉 자손의 요청을 듣고서 한참 동안 난감해하던 여호수아가 무언가를 결심한 듯 단호하게 말한다.

"무슨 말인지 잘 알겠소. 그대들이 분배받은 에브라임 산악지대로 충분하지 않다면, 지금의 지경에서 땅을 더 정복하여 뻗어나가시오. 그대들이 분배받은 지경에는 브리스 족속과 르바임 족속의 삼림지대가 있지 않소! 그리로 올라가 그들을 몰아내고 그 땅을 차지하도록 하시오. 기업의 땅을 더욱 개척하고 개간하여 확장해나가란 말이외다."

"하지만… 지도자님…."

"무슨 말이 또 하고 싶은 것이오?"

"지도자님도 알다시피, 그곳 산악지대는 가파르고 험난합니다. 또한 그들 가나안 족속들의 성읍은 크고 견고합니다. 심지어 그곳 평지에 사는 벧스안 사람들과 그 주변의 마을들은 물론이고, 이스르엘 골짜기에 사는 가나안 사람들에게는 철로 만든 병거까지 있습니다. 우리는 무기도 변변찮은데, 어찌 그들을 몰아낼 수 있겠습니까."

"거 무슨 마음 약한 소릴 하는 것이오. 그대들 입으로 수효가 많다고 하지 않았소. 수효가 많다는 것은 그만큼 강하다는 뜻이 아니오? 그러니 용기를 내시오! 그 산악지대도 그대들의 것이오. 힘이 미치는 곳까지 당당하게 치고 올라가, 그 땅을 차지하고 개간하여 그대들의 소유로 삼도록 하시오. 더 이상은 말하지 마시오!"

'아고고, 본전도 못 찾겠네….'

요셉 자손은 뜨끔했다. 틀린 말이 하나도 없었기 때문이다. 그런 그들에게 여호수아는 격려의 말도 아끼지 않는다.

"형제들이여, 가나안 사람들의 철제 병거를 조금도 두려워하지 마시오. 전능하신 주님을 굳게 믿고 싸우면, 반드시 가나안 족속을 쫓아낼 수 있을 것이오. 지레 겁먹지 마시오. 두려워하지 말고, 힘을 내서 꼭 정복하도록 하시오!"

구구절절 옳은 소리다. 요셉 지파 지도자들은 머쓱한 표정을 짓는다.

"지도자님, 우리 생각이 짧았습니다. 말씀하신 대로, 우리가 우리 지경 내에 살고 있는 가나안 족속들을 전부 쫓아내고 그 땅을 차지하도록 하겠습니다."

여호수아는 후계자 없이 죽었다. 그래서 여호수아 사후에 이스라엘 12지파 전체를 이끄는 강력한 지도자가 없었다. 모세와 여호수아의 지도력은 각 지파의 족장(우두머리)에게 인계되었다. 따라서 이스라엘의 각 지파들은 지파의 족장을 중심으로 하나님의 도우심을 믿고 분배받은 기업의 땅에서 그곳에 거주하는 가나안 족속들을 쫓아내는 전쟁을 지파별로 치러야 했다.

18
베냐민 지파가 분배받다

가나안 땅 지도를 본 여호수아는
실로에서 땅을 분배하네
주 하나님 앞에서 제비뽑기로
땅 없는 일곱 지파에 나눠 주네

실로에서 땅 분배를 실시하다 (18:1-10)

"이제 길갈 진영을 거두어 실로로 옮기도록 합시다."

출애굽 제41년(주전 1406년경) 정월 10일에 요단강을 건넌 뒤, 이스라엘 백성들이 가나안 땅에서 처음으로 진영을 이룬 곳은 '길갈'이다. 요단강 언덕으로부터 서쪽으로 8km가량 떨어진 곳이다.

여호수아는 길갈에다 성막을 세우고, 그곳을 교두보와 전초기지 삼아 가나안 정복전쟁을 치렀다. 대략 6~7년 동안의 정복전쟁을 통해 이스라엘은 가나안 땅에 대한 전반적인 주도권을 장악했다. 그 뒤 여호수아는 하나님의 명령에 따라 길갈에서 이스라엘 지파들을 대상으로 땅 분배작업을 실시했다.

그런데 가나안 땅의 기업에 대한 나머지 지파들의 소극적인 태도와 무관심으로 인해 땅 분배 작업에 애로가 있었다. 또한 땅 분배 과정에서 요셉 자손의 항의도 있었다. 이에 여호수아는 이스라엘의 진영을 옮겨 다시 한 번 이스라엘 백성들의 신앙 전열을 가다듬은 뒤 땅 분배를 마무리 지으려 했다. 그리하여 이스라엘 진영은 길갈에서 실로로 옮겨졌다. 실로로 옮긴 이유는, 그곳이 가나안 땅의 중심부에 위치하고 있었기 때문이다.

이스라엘 온 회중은 실로에다 회막을 세웠다. 회막은 '만남의 장막'이란 뜻이다. 하나님께서 중보자인 제사장을 통해 이스라엘 백성들과 만나는 곳인 '성막'을 가리킨다.

"자, 계속 이어서 땅 분배를 실시하겠소."

새로 옮긴 실로 진영의 회막 앞에서 다시금 땅 분배가 시작되었다. 때에 일곱 지파(베냐민 지파, 시므온 지파, 스불론 지파, 잇사갈 지파, 아셀 지파, 납달리 지파, 단 지파)는 아직도 기업의 땅을 분배받지 못한 상태였다. 그래서 여호수아가 그들 지파들에게 말한다.

"그대들은 주 하나님께서 주신 땅을 아직껏 분배받지 못했소. 그럼에도 왜 적극적으로 땅을 요구하지도 않고, 그 땅을 차지하려고 나가려 하지 않는 것이오? 언제까지 머뭇거리며 미적거리고 있을 것이오?"

일곱 지파가 기업의 땅에 대해 적극적이지 않았던 이유는, 40년 동안의 광야생활과 7년 동안의 정복전쟁으로 말미암아 지칠 대로 지쳐 있었기 때문이다. 그래서 그들은 새로운 땅을 얻어 힘들게 개척하기보다는 현재 상태를 유지하며 함께 모여 편히 살기를 원했다.

또한 대규모 정복전쟁이 완료되긴 했지만, 가나안 땅 도처에는 여전히 가나안 족속의 패잔병들이 완강하게 저항하고 있어 항상 위협이 되었다. 여호수아에게 꾸지람 섞인 권고를 들은 일곱 지파는 어색한 변명을 늘어놓는다.

"어… 그게 말입니다… 우리 지파들이 서로 흩어져 살기보다는 지금처럼 이렇게 함께 모여 사는 것도 괜찮을 듯해서…."

"아니, 그게 대체 무슨 말이오? 하나님께서 주신 약속의 땅을 포기하겠다는 말이오? 그건 안 되오! 가나안 땅 전역을 완전히 우리의 것으로 만들어야만 하오."

"그거야, 당연히 그래야 하겠지요. 하지만…."

"자, 그렇다면 다른 말은 하지 말고, 각 지파에서 세 사람씩을 선출하도록 하시오. 그들을 가나안 전역에 보내어 지도를 그려 오게 하겠소. 그런 다음에 아직 분배되지 아니한 땅을 일곱 구역으로 나누어 분배하겠소. 유다 지파는 이미 남쪽의 땅을 분배받았고, 요셉의 자손들도 북쪽의 땅을 이미 분배받았으니, 그들은 그대로 유지하면 될 것이오."

"네, 알겠습니다. 지도자님의 말씀에 순종하겠습니다. 우리도 기업의 땅을 분배받아 그 땅을 개간하여 거기에 거주하도록 하겠습니다."

"그리고… 레위 지파는 분배받을 땅이 없소. 레위 지파는 주님의 성막에서 전적으로 봉직하는 것이 그들의 기업이기 때문이오. 그리고 르우벤 지파, 갓 지파, 므낫세 반 지파 역시 주의 종 모세가 요단강 동쪽에서 이미 땅을 분배해 주었으므로 이곳 요단강 서편의 땅 분배에서는 제외될 것이오."

땅을 분배받을 일곱 지파에서 각각 세 사람씩, 모두 21명의 사람들이 땅의 형편을 살피러 떠나기 직전에 여호수아 앞에 모여 섰다. 여호수아가 지시한다.

"여러분, 가나안 땅을 두루 살펴보고 그 모양과 형편을 상세히 그려 지도를 만드시오. 그런 뒤 내게로 다시 돌아오면, 이곳 실로에서 주께서 보시는 가운데 제비를 뽑아 그대들에게 땅을 분배하도록 하겠소. 주께서 그대들과 함께 하시기를 빌겠소."

여러 날 후, 그들은 임무를 마치고 돌아왔다. 가나안 땅을 두루두루 살핀 다음, 그 지역을 일곱 구역으로 나누어 성읍과 마을 이름들이 적힌 지도를 만들어 실로의 진영에 있는 여호수아에게로 돌아온 것이다.

여호수아는 지도를 받아들고 흡족해했다. 그는 회막(성막) 앞에서 제비를 뽑아 일곱 지파에게 땅을 나누어주었다. 당시 이스라엘 백성들은 제비뽑기가 전적으로 하나님의 주관 하에 있다는 사실을 누구도 의심치 않고 믿음으로 받아들였다.

그렇다면 제비뽑기는 어떤 방식으로 진행되었을까? 유대 랍비들의 전통적인 견해에 따르면, 제비뽑기에는 두 개의 항아리가 사용되었다. 한 항아리에는 지파의 명칭을 기록한 쪽지가, 다른 항아리에는 기업의 땅이 적혀 있는 쪽지가 담겨 있었다. 먼저 지파의 명칭이 담겨 있는 항아리에서 제비를 뽑은 후, 다음으로 기업의 땅이 적혀 있는 항아리에서 제비를 뽑아, 이 둘로 지파와 기업의 땅을 연결시켜 결정했다고 한다.

베냐민 지파가 분배받은 기업의 땅 (18:11-28)

아직 기업의 땅을 분배받지 못한 지파는 일곱 지파, 그 지파들 중 실로에서 가장 먼저 땅을 분배받기 위해 제비를 뽑은 지파는 베냐민 지파였다. 제비를 뽑은 결과, 베냐민 지파에게 할당된 땅은 유다 지파와 요셉 자손의 지파(에브라임 지파, 요단강 서편의 므낫세 반 지파) 사이에 있었다. 여호수아가 베냐민 지파 족장들과 지도자들을 부른다.

"우리 조상 야곱께서 유언의 축복을 베푸실 때, 그대 베냐민 지파에게 뭐라고 했소?"

"네, 축복하시기를 '베냐민은 물어뜯는 이리라. 아침에는 빼앗은 것을 먹고 저녁에는 움킨 것을 나누리로다.' 하였습니다."

"그렇소! 그 유언의 축복대로 그대 지파 사람들은 '물어뜯는 이리'처럼 용맹한 용사로 살아왔소. 용맹함이 그대 지파의 무기요. 그러니 하나님께서 주신 기업의 땅을 잘 지키고, 그 안에 살고 있는 가나안 원주민들은 철저히 뿌리 뽑도록 하시오!"

베냐민 지파에게 분배된 기업의 땅은 이러하다. 동쪽으로는 요단강까지, 서쪽으로는 벧호론에서 기럇여아림에 이르는 길로 단 지파의 동쪽 경계와 맞닿았다. 남쪽으로는 유다 지파의 북부 경계와 맞닿았으며,

북쪽으로는 에브라임 지파의 남쪽 경계와 맞닿고 있는 지역이었다.

이 지역은 대체로 산악지대이고, 약간은 사막 지대이며, 일부는 여리고와 예루살렘 근처의 비옥한 땅이다. 베냐민 지파에게 할당된 그 땅의 특징은 이러하다.

우선, 가나안 땅의 남북을 잇는 전략상의 주요 도로상에 위치해 있었다. 그래서인지 역사적으로 분쟁이 많이 발생했다. 따라서 베냐민 지파는 호전적인 성격을 띠게 되는데, 이것은 오래전에 베냐민 지파를 '물어뜯는 사나운 이리'에 비유한 야곱의 예언과 잘 부합된다.

다음으로, 이스라엘의 강력한 두 지파인 유다 지파와 요셉 지파 사이에 위치하고 있다. 또한 하나님의 성전이 있는 예루살렘 곁에 위치하게 됨으로써 베냐민 지파를 향한 모세의 예언과 잘 부합된다. 일찍이 모세는 베냐민 지파를 향해 "항상 주님 곁에서 평안히 살게 하소서." 하고 예언했었다.

베냐민 지파에게 분배된 지역에는 모두 26개의 성읍이 있었다. 그중 벧엘, 여리고, 기브온, 라마, 여부스(예루살렘), 기부앗(기브아) 등은 역사적으로 유명한 곳이다. 베냐민 지파가 각 가문별로 차지한 26개의 성읍은 이러하다.

여리고, 벧 호글라, 에멕 그시스, 벧 아라바, 스마라임, 벧엘, 아윔, 바라, 오브라, 그발 암모니, 오브니, 게바, 기브온, 라마, 브에롯, 미스베, 그비라, 모사, 레겜, 이르브엘, 다랄라, 셀라, 엘렙, 여부스 곧 예루살렘, 기부앗, 기랏. 그리고 이들 26개의 성읍에 각각 딸린 여러 마을들.

고대의 성읍에는 그 주변에 여러 마을이 딸려 있었다. 마을 주민들의 편의와 안전 때문이다. 성읍 바깥에 살고 있는 주민들은 일상적으로 들판에서 밭일을 하곤 했기 때문에, 적의 공격에 매우 취약했다. 그래서 적이 침입해오면, 마을 주민들은 자신들의 집을 포기하고는 성벽이 있는 성읍 안으로 재빨리 피신했다.

19

남은 여섯 지파가 분배받다

여섯 지파가 땅을 분배받네
시므온, 스불론, 잇사갈, 납달리,
아셀, 단 지파 족장 대표가
제비뽑아 땅을 나누네

시므온 지파가 분배받은 기업의 땅 (19:1-9)

베냐민 지파에 이어, 실로에서 두 번째로 제비를 뽑은 지파는 시므온 지파였다. 그들 지파는 독특하게도 유다 지파의 기업 가운데서 땅을 분배받았다. 그 까닭은, 유다 지파에게 분배된 땅과 성읍들이 필요 이상으로 크고 많았기 때문이다. 유다 지파는 인구에 비해 너무 넓은 땅을 차지했고, 반면 시므온 지파는 가장 인구수가 적었다. 이는 일찍이 선포된 야곱의 예언이 성취된 셈이었다. 여호수아는 그 사실을 상기시킨다.

"시므온 지파, 우리 조상 야곱의 예언에, 그대 지파는 이스라엘 중에서 나뉘며 흩어지게 될 것이라고 하였소. 그러니 그대들은 어떤 일정한 지역보다는 이스라엘 가운데 여러 지방으로 분산되어 살게 될 것이오."

과연 그러했다. 야곱의 예언대로 시므온 지파는 유다 지파 가운데 흩어졌고, 레위 지파는 이스라엘 12지파 가운데 흩어졌다. 이렇게 시므온 지파의 기업은 유다 지파의 땅 안에 있게 되었다. 시므온 지파가 차지한 기업의 땅에는 모두 18개의 성읍이 있었다. 그 성읍들의 이름은 이러하다.

브엘세바 곧 세바, 몰라다, 하살 수알, 발라, 에셈, 엘돌랏, 브둘, 호르마, 시글락, 벧 말가봇, 하살수사, 벧 르바옷, 사루헨, 아인, 림몬, 에델, 아산, 그리고 멀리 남방의 라마 곧 바알랏 브엘.

시므온 지파에게 분배된 성읍의 대부분은 네겝 지역(가나안 땅 남부의 넓은 광야지대)에 위치해 있었고, 몇 개의 성읍들만이 세펠라 지역(지중해 연안 쪽의 비탈진 평원지대)에 위치해 있었다. 시므온 지파가 분배받은 성읍들 중에서 대표적인 성읍들은 브엘세바, 호르마, 시글락, 아인 등이다.

스불론 지파가 분배받은 기업의 땅 (19:10-16)

"자, 다음은 스불론 지파가 제비를 뽑을 차례요."

베냐민 지파, 시므온 지파에 이어, 실로의 회막 앞에서 스불론 지파가 세 번째로 제비를 뽑아 각 가문별로 기업의 땅을 할당받았다. 스불론 지파의 기업은 갈릴리 호수 서편에 위치했다. 스불론 지파의 기업 안에는 12개의 성읍이 있었는데, 그 이름은 다음과 같다.

사릿, 답베셋, 욕느암, 야비아, 가드 헤벨, 림몬, 한나돈, 갓닷, 나할랄, 시므론, 이달라, 베들레헴(메시아 예수가 태어나신 유다 지파 내의 베들레헴과는 다른 곳으로, 나사렛 북서쪽 10km 지점에 위치한 곳). 이들 성읍 중 주요 성읍은 욕느암, 가드헤벨, 베들레헴이다.

스불론 지파의 기업은 서쪽과 북서쪽으로는 아셀 지파와 경계를 이루고 있었고, 남쪽과 남동쪽으로는 므낫세 지파 및 잇사갈 지파와 경계를 이루었다. 또 북쪽과 북동쪽으로는 납달리 지파와 그 경계가 맞닿아 있었다.

이렇게 스불론 지파는 직접 해변에 거주하지 않고 가나안 땅의 북부 내륙 지방에 위치하고 있었다. 하지만 동쪽으로는 갈릴리 바다, 서쪽으로는 지중해와 근접해 있어, 상업과 어업을 주된 생업으로 삼았다. 이는 스불론 지파에 대한 야곱의 예언대로였다. 일찍이, 그러니까 지금부터 대략 450여 년 전에 야곱은 임종을 앞두고 12아들을 축복할 때 스불론에 대해서는 이런 예언 축복을 했다.

"스불론은 해변에 거주하리니, 그곳은 배를 매는 해변이라. 그의 경계가 시돈까지 이르리로다."

잇사갈 지파가 분배받은 기업의 땅 (19:17-23)

베냐민 지파, 시므온 지파, 스불론 지파에 이어, 실로의 회막 앞에서 네 번째로 제비를 뽑은 지파는 잇사갈 지파였다. 제비를 뽑아, 잇사갈 지파는 각 가문별로 기업의 땅을 할당받았다.

잇사갈 지파가 분배받은 기업의 땅에는 기손 강, 이스르엘 골짜기, 에스드렐론 평야 등을 포함한 비옥한 농지들이 많았다. 그래서 향후 이스라엘 전역에 공급되는 농산물의 많은 분량이 이 지역에서 생산되었다. 이를 위해 잇사갈 지파는 고된 농사일을 했다. 일찍이 야곱은 잇사갈을 향해 이런 축복 예언을 했다.

"잇사갈은 양의 우리 사이에 꿇어앉은 건장한 나귀로다. 그는 쉴 곳을 보고 좋게 여기며, 토지를 보고 아름답게 여기고, 어깨를 아래로 내려 무거운 짐을 메고 압제 아래에서 섬기리로다."

건장한 나귀는 골격이 좋은 나귀를 말한다. 잇사갈 지파가 튼튼하고 힘이 세지만, 우직하고 단순하여 다른 면에서는 두각을 나타내지 못하고, 힘든 노동일과 농사일에 전념하게 될 것이라는 예언이다.

과연 야곱의 예언대로였다. 잇사갈의 후손인 잇사갈 지파는 이스라엘 역사상 상류 지배계층을 형성하지 못하고 낮은 계층이 되어 육체적인 고역과 납세의 의무에 시달리며 살게 된다.

잇사갈 지파가 분배받은 기업의 땅 안에는 모두 16개의 성읍과 거기에 딸린 여러 마을이 있었다. 그 16개 성읍의 이름은 이러하다.

이스르엘, 그술롯, 수넴, 하바라임, 시온, 아나하랏, 랍빗, 기시온, 에베스, 레멧, 엔 간님, 엔핫다, 벧 바세스, 다볼, 사하수마, 벧 세메스.

아셀 지파가 분배받은 기업의 땅 (19:24-31)

베냐민 지파, 시므온 지파, 스불론 지파, 잇사갈 지파에 이어, 실로의 회막 앞에서 다섯 번째로 제비를 뽑은 지파는 아셀 지파였다. 제비를 뽑아, 아셀 지파는 각 가문별로 기업의 땅을 할당받았다.

할당받은 땅은, 남쪽의 갈멜산에서부터 북쪽으로 두로와 시돈에 이르는 지중해 연안의 비옥한 땅이었다. 그래서 이후 아셀 지파는 이스라엘 내에서 각종 품질 좋은 농산물을 생산하였다. 후일 솔로몬 왕은 여기서 생산되는 곡물로 두로 왕 히람에게 양식을 공급한 일이 있다.

여호수아는 아셀 지파가 뽑은 땅을 보고 감탄사를 발한다.

"오, 보시오! 그대 조상 아셀을 향하여 발한 우리 조상 야곱의 축복 예언이 이렇게도 정확한 것을! 그대들은 그 예언을 기억하고 있소?"

일찍이 야곱은 아셀을 향해 이런 축복을 했었다.

"아셀에게서 생산되는 먹거리들은 기름진 것이라. 그가 왕의 수라상을 차리리로다."

"우리가 어찌 잊을 수 있겠습니까?"

"그렇소! 그 예언처럼 그대들이 차지한 땅은 매우 기름지다오. 그러니 그대들 지파는 땅에서 각종 소산물을 풍성히 수확하고, 왕의 식탁에 오를 기름진 음식을 장만하는 지파가 될 것이오."

아셀 지파가 분배받은 기업의 땅 안에는 모두 22개의 성읍과 거기에 딸린 여러 마을들이 있었다. 그 성읍들의 이름은 이러하다.

헬갓, 할리, 베덴, 악삽, 알람멜렉, 아맛, 미살, 시홀 림낫, 벧다곤, 벧에멕, 느이엘, 에브론, 르홉, 함몬, 가나, 시돈, 라마, 두로, 악십, 움마, 아벡, 르홉.

납달리 지파가 분배받은 기업의 땅 (19:32-39)

"어디 보자…. 그렇지! 다음으로 제비 뽑을 지파는 납달리 지파요! 지파의 족장과 지도자들은 앞으로 나오시오."

베냐민 지파, 시므온 지파, 스불론 지파, 잇사갈 지파, 아셀 지파에 이어 실로에서 여섯 번째로 제비를 뽑은 지파는 납달리 지파였다. 제비를 뽑아, 납달리 지파는 각 가문별로 기업의 땅을 할당받았다.

오래 전, 그러니까 대략 450여 년 전에 납달리 지파에 대해 야곱은 축복하며 예언하기를 "납달리는 놓인 암사슴이라. 아름다운 소리를 발하는도다." 라고 하였다.

이처럼 납달리 지파는 두 가지 축복을 받았다. 풀어놓은 사슴처럼 외부의 공격으로부터 스스로를 방어하는 데 매우 민첩하고 날렵하며 능숙한 자들이 될 것이라는 것과 아름다운 소리를 내는 예능의 재질이 있으리라는 것이다. 이는 얼마 후에 가나안 왕 야빈의 군대가 이스라엘을 침략했을 때, 납달리 지파가 그들을 성공적으로 격퇴함으로써 야곱의 예언이 실제로 성취되었음을 보여준다.

납달리 지파가 분배받은 기업의 땅은 가나안 땅의 맨 북단 지역이었다. 남동쪽으로는 갈릴리 바다를 접한 채 북쪽으로는 라이스 지역에 이르는 비교적 비옥한 지대를 기업의 땅으로 분배받았다. 납달리 지파가 분배받은 기업의 땅 가운데 가버나움 지역이나 벳새다 마을은 훗날 메시아 예수의 공생애 사역의 활동 중심지로 유명하다.

납달리 지파가 분배받은 기업의 땅 안에는 모두 19개의 성읍과 거기에 딸린 여러 마을들이 있었다. 특히 이스라엘의 최북단에 위치한 납달리 지파의 북쪽 성읍들은 대부분 요새화된 견고한 성읍들로 이루어졌다. 이런 성읍들은 주변이 튼튼한 벽으로 잘 둘러싸여 있었고, 대개 가파른 언덕 위에 세워졌다. 그래서 적군의 공격으로부터 효과적으로 방어할 수 있었다. 납달리 지파가 차지한 19개 성읍들의 이름은 이러하다.

헬렙, 훅곡, 싯딤, 세르, 함맛, 락갓, 긴네렛, 아다마, 라마, 하솔, 게데스, 에드레이, 엔 하솔, 이론, 믹다렐, 호렘, 벧 아낫, 벧 세메스.

단 지파가 분배받은 기업의 땅 (19:40-48)

베냐민 지파, 시므온 지파, 스불론 지파, 잇사갈 지파, 아셀 지파, 납달리 지파에 이어, 실로에서 마지막 일곱 번째로 제비를 뽑은 지파는 단 지파였다. 그들 지파가 분배받은 기업의 땅은 이러했다. 즉, 동쪽으로는 베냐민 지파와 경계를 이루고, 서쪽으로는 블레셋 족속, 남쪽으로는 유다 지파, 그리고 북쪽으로는 에브라임 지파와 경계를 이루고 있었다.

이스라엘 12지파 가운데 유다 지파 다음으로 인구가 많은 단 지파는 강력한 블레셋 족속과 국경을 마주함으로써 이스라엘의 방패 구실을 하였다. 단 지파가 분배받은 기업의 땅 안에는 모두 18개의 성읍과 거기에 딸린 여러 마을들이 있었다. 그 성읍들의 이름은 이러하다.

소라, 에스다올, 이르세메스, 사알랍빈, 아얄론, 이들라, 엘론, 딤나, 에그론, 엘드게, 깁브돈, 바알랏, 여훗, 브네 브락, 가드림몬, 메얄곤, 락곤, 욥바.

단 지파의 기업과 관련해서는 중요한 사건이 있다. 훗날, 여호수아 죽고 사사들이 다스리던 시절에 단 지파의 지도자들이 모여 의논했다.

"보세요, 아무리 생각해도 우리의 정착지를 다른 데로 옮겨야겠어요. 우리가 분배받은 땅은 우리 지파의 사람들이 살아가기엔 너무 좁아요."

"맞습니다. 게다가 우리 지파의 기업 안에는 강력한 블레셋 족속과 아모리 족속까지 완강하게 버티고 있으니, 우리 후손들이 안정적으로 살아가기가 무척 어렵겠어요."

단 지파는 자신들이 분배받은 기업의 땅에서 계속 살아가기가 어렵게 되자 멀리 북쪽으로 이동했다. 이스라엘 최북단에 위치한 '레셈'까지 올라가서는, 그곳 주민들을 공격하여 칼로 무찌르고 점령했다. 그런 다음에 레셈에 정착하여 살면서 단 지파 사람들은 자기 조상의 이름을 따라 그곳을 '단'이라 고쳐 불렀다. 레셈은 또한 그 이전에는 '라이스'로 불리기도 했다.

이처럼 단 지파가 처음 분배받은 기업의 땅을 떠나, 멀리 북쪽의 레셈(라이스)까지 올라가 그곳에 거주한 이유는 인구수에 비해 기업의 땅이 너무 좁았기 때문이다. 그들은 인구가 이스라엘 12지파 가운데 유다 지파 다음으로 많았지만, 분배받은 땅은 베냐민 지파와 지중해 사이의 좁은 지역이었다. 그래서 그들에겐 더 넓은 정착지가 필요했던 것이다.

이 같은 단 지파의 이주 사건은 여호수아가 죽은 뒤 '사사'(士師)라고 불리던 이스라엘의 지도자들이 다스리던 시대 곧 사사 시대(주전 1390-1050년경)에 일어난 일로, 사사기 18장에 구체적으로 언급되어 있다.

여호수아가 분배받은 기업의 땅 (19:49-51)

"지도자님, 모든 지파들이 기업의 땅을 다 분배받았습니다. 이제는 지도자님도 기업의 땅을 분배받아야 하지 않겠습니까. 어디를 원하십니까? 말씀만 하십시오. 그곳이 어디든지 우리가 기꺼이 내어드리겠습니다.”

갈렙과 마찬가지로, 여호수아 역시 제비뽑기 없이 원하는 성읍을 얼마든지 요구할 권리가 있었다. 오래 전(출애굽 제2년, 주전 1445년경) 가데스바네아에서 있었던 일 때문이다. 그때 갈렙과 여호수아는 신실하게 믿음의 보고를 한 대가로, 주께로부터 약속의 땅 가나안에서 그들이 요구하는 기업을 먼저 할당받을 수 있는 특권을 부여받았다.

“허허, 그러면… 에브라임 산악지대에 있는 딤낫세라를 가져도 되겠소?”

“아니? 그곳은 작고 낡은 성읍이 아닙니까? 가나안 땅에는 그보다 크고 비옥하며 견고한 성읍들도 아주 많은데, 어찌 그런 보잘것없는 곳을….”

“허허허, 괜찮소. 괜찮아요. 이제부터라도 그 성읍을 크고 견고하게 만들어 가면 되지 않겠소. 그러니 괘념치 말고, 그곳을 나의 분깃으로 분배해 주면 좋겠소이다.”

“아, 그래도 어찌… 그런 초라한 데를…. 지도자님은 가나안 정복전쟁을 승리로 이끄신 분이신데….”

“허허허, 정말로 괜찮소. 이 몸은 그곳만으로도 충분히 만족하오. 자, 자, 더 이상 망설이지 말고 그곳을 내게 주도록 하고, 이제 가나안 땅 분배작업을 최종 마무리하도록 합시다.”

“정 그러시다면 그리하겠습니다만…, 만일 살아가면서 좁고 불편하시면 언제든지 말씀만 하십시오. 더 크고 기름지고 좋은 데를 기꺼이 내어드리겠습니다.”

이스라엘 백성들은 일찍이 주께서 명하신 대로 자신들의 지도자 여호수아에게 에브라임 산악지대에 위치한 작은 성읍, 딤낫세라를 분배해 주었다. 이후, 여호수아 가문은 그 성읍을 중건하고는 거기에 정착하여 살았다. 그곳은 세겜에서 서남쪽으로 11km 떨어진 곳에 위치했다. 오늘날의 유적지는 예루살렘에서 북쪽으로 7시간 거리에 있는 '키르벳 티브네'이다.

이로써 가나안 땅의 분배 작업이 모두 끝났다. 눈의 아들 여호수아, 대제사장 엘르아살, 그리고 이스라엘 12지파의 우두머리(족장)들은 실로에 있는 회막 앞에서, 곧 주 하나님 앞에서, 주께서 명하신 대로 제비뽑기를 통해 이스라엘 각 지파들에게 기업의 땅을 분배해 주었다.

가나안 땅 분배작업이 최종 완료된 때는 출애굽 제47년째 되던 해(주전 1400년경)로, 이스라엘 백성들이 요단강을 건너 가나안 땅에 들어온 지 7년째 되던 해였다. 여호수아가 이끄는 이스라엘 군대는 7년 동안의 가나안 정복전쟁을 통해 가나안 땅 전역을 전반적으로 장악했다.

그런 뒤에 곧바로 지도자 여호수아, 대제사장 엘르아살, 그리고 이스라엘 12지파의 우두머리들이 모여, 그들의 주도하에 하나님의 뜻을 좇아 제비뽑기를 통해 그 땅을 이스라엘 각 지파들에게 분배해 주었다.

20
도피성

도피성은 잠시 피하는 곳
살인죄를 지은 자와
실수로 사람을 죽인 자도
보복당해 죽기 전에 피해라

이스라엘의 도피성 제도 (20:1-9)

이스라엘 12지파에 대한 땅 분배가 최종 완료된 뒤, 주께서 여호수아를 부르신다.

"여호수아야, 일전에 내가 모세에게 지시한 대로 너는 이제 '도피성'을 지정하여라. 그래서 실수로 사람을 죽인 자는 누구든지 그리로 도피하게 하여라. 도피성으로 피신한 자는 피의 보복을 당하지 않도록 보호해 주어야 한다."

이스라엘 사회에 '도피성 제도'를 마련하라는 명령이다. 그동안에는 '고엘 제도'가 있었다. 히브리어 '고엘'은 '무르는 자', '갚아주는 자'란 뜻이다. 형제나 친척을 그의 얽매임, 억울함, 어려움 등에서 무르고 갚아줄 책임과 권리가 있는 자를 가리킨다. 그래서 누군가가 죽임을 당하면 가까운 친족, 즉 고엘은 죽은 자를 대신하여 살인자에게 피의 복수를 감행했는데, 이는 사회적으로 용납되었다. 그러니까 도피성 제도는 이 같은 고엘 제도의 보완책이다.

‘도피성’이란 실수로 사람을 죽인 자가 정당한 재판을 받을 때까지 피의 보복을 피해 그 생명을 보전하도록 마련된 은신처이다. 재판 결과, 과실치사가 인정되면 그는 당대의 대제사장이 죽을 때까지 도피성에서 안전하게 살아갈 수 있었다. 그리고 대제사장이 죽으면, 집으로 돌아가 예전처럼 살아가는 것이 허용되었다. 속죄 사역을 담당하는 대제사장의 죽음은 도피성에 피신한 살인자의 죽음을 대신하는 것으로 간주되어, 비로소 그의 피값이 온전히 지불되었다고 판단했기 때문이다.

“네, 주님. 명하신 대로 이행하겠나이다.”

하나님의 명령은 즉시 이행되었다. 요단강 서편에 세 곳의 도피성이 지정되었다. 그 세 곳은, 납달리 지파의 산악지대에 있는 갈릴리의 게데스, 에브라임 지파의 산악지대에 있는 세겜, 유다 지파의 산악지대에 있는 기럇아르바 곧 헤브론이다. 요단강 동편에도 세 곳의 도피성을 지정하였다. 르우벤 지파의 고원 위에 있는 베셀, 갓 지파 내의 길르앗라못, 므낫세 반 지파 내의 골란(바산-골란)이다.

이처럼 도피성은 모두 여섯 곳이다. 요단강을 중심으로 강의 서편과 동편에 각각 3개씩, 적당한 거리를 두고 마련되었다. 이는 실수로 사람을 죽인 자가 어디에서든 가까운 도피성으로 쉽게 피신할 수 있도록 하기 위해서다.

▲ 요단강 동편과 서편의 6개 도피성

도피성을 만든 목적은 분명했다. 이스라엘 사회는 살인죄를 엄하게 다룬다. “눈에는 눈, 이에는 이”라는 동해보복법이 있는

데, 이에 근거하여 "피에는 피로!"라는 법이 있다. 이 법은, 살인한 자는 죽음으로써 자기 죄에 대한 값을 치러야 한다는 말이다. 이 법의 요지는 '살인하지 말라!'는 것이다. 십계명 중 제6계명이다. 그런데 문제는, 고의가 아니라 실수로 범하는 살인의 경우다.

이런 경우, 그 살인자 곧 과실치사자는 가까운 도피성으로 달아나야 했다. 이때 고의로 살인을 저지르고 목숨을 부지하고자 도피성을 악용하는 자들도 있었다. 그런 자들을 막기 위해 살인을 저지른 자는 도피성 입구에서 그 성읍에 사는 장로들에게 왜 자신이 도피성으로 피신해왔는지 그 사유를 구체적으로 말해야 했다. 장로들은 사연을 듣고 합당하다고 판단되면 도피성으로 받아들인 뒤 정식 재판을 받도록 했다.

이처럼 도피성을 만든 목적은 실수로 사람을 죽인 자들의 목숨을 살리는 것이요, 원수를 갚는다는 명분하에 불필요한 살인의 악순환을 방지하기 위한 것이다. 신명기 율법은, 도피성으로 가는 도로를 넓게 만들고 잘 관리하여 살인자가 쉽게 도피하도록 명하고 있다.

유대인의 전승에 의하면, 도피성으로 가는 길은 너비가 14m가량,

▲ 피의 보복자를 피해 도피성으로!

그리고 가는 길의 곳곳마다 '도피성'이라는 표지판을 크게 세워놓았다고 한다. 도피성은 또한 이스라엘 본토인들은 물론이고, 이스라엘 사회에 함께 거주하는 외국인들까지도 보호하는 장소였다.

이 같은 도피성 제도 속에는 은혜롭고 놀라운 구원의 코드가 숨겨져 있다. 인류의 조상 아담과 하와의 타락 이후 본질상 죄성(罪性)을 갖고 태어나는 모든 인류는 알게 모르게 율법을 어긴다. 아니, 부득불 어길 수밖에 없다. 완전한 자는 존재하지 않기 때문이다. 따라서 누구도 율법의 정죄를 피해갈 수 없다.

음흉한 사탄은 이런 점을 악용한다. 율법의 정죄라는 무시무시한 칼로 인류를 죽이려 달려든다. 부지중 실수로 살인한 자를 무섭게 추격하는 피의 보복자로부터 목숨을 부지하기 위해서는 도피성으로 피신해야 한다. 우리가 피신해야 할 도피성은 '메시아 예수'다. 하나님께서 아주 오래전부터 마련해놓으신 인류의 도피성, 곧 구원의 코드가 메시아 예수다.

그래서 후일 이 땅에 오신 메시아 예수는 오직 자신에게 나아오는 길이야말로 생명과 구원의 길임을 강조하시면서 "수고하고 무거운 짐을 진 사람들은 다 내게로 오라. 내가 너희를 편히 쉬게 하리라." 하고 말씀하셨다. 쉬게 한다는 말은 피난처가 되어주시겠다는 말이다. 사탄에게 쫓기는 모든 인생들에게 구원의 피난처, 곧 생명의 도피성이 되어 주시겠다는 은혜로운 구원의 초청이다.

그렇다. 사람이 율법의 정죄를 피해 구원과 영생을 얻을 수 있는 도피성은 메시아 예수뿐이다. 죄짓고 도망가는 인류를 악착같이 뒤쫓는 피의 보복자 곧 사탄이 휘두르는 정죄의 칼을 피해 자신의 생명을 건질 수 있는 유일한 장소도 메시아 예수의 품속뿐이다. 바로 이 같은 구속사 진리가, 은혜로운 구원의 코드가, 구약시대의 도피성 제도 속에는 깃들어 있는 것이다.

21

레위 지파의 기업

각 지파는 레위 자손이 살아갈 수 있도록
성읍을 나누어 주어라
레위 자손이 살 여러 성읍 주시고
가축을 먹일 풀밭도 주시네

레위 지파의 사람들이 차지한 성읍들 (21:1-7)

"지도자님과 대제사장님, 그리고 여러 지파의 족장님들! 우리가 이렇게 찾아온 것은…."

가나안 땅 실로에서 이스라엘 12지파에게 땅 분배를 완료하고, 도피성 6곳의 지정도 모두 끝냈을 즈음, 레위 지파 각 가문의 지도자들이 여호수아와 대제사장 엘르아살, 그리고 이스라엘 다른 지파들의 우두머리들을 찾아와서 말한다.

"일전에 주께서는 모세를 통해 우리 레위인들이 거주할 성읍과 가축을 먹일 목초지를 내어주라고 명하셨습니다. 이제 이스라엘 각 지파들의 땅 분배가 완료되었으니, 그중에서 우리의 몫을 떼어주시기 바랍니다."

"그건 당연한 요구요. 그대들의 요구대로, 우리가 기꺼이 내어드리도록 하리다."

여호수아는 레위 지파의 지도자들에게 최대한의 예의를 갖추며 말했다. 그들은 여호와의 성막에서 전적으로 봉사하는 성별된 지파의 지도자들이었다. 이스라엘 각 지파는 주께서 모세를 통해 명하신 대로 자신들이 분배받은 기업의 땅 중에서 일정량의 성읍들과 목초지를 떼어 레위 지파의 사람들에게 내주었다. 그 이유는 분명하다.

이스라엘 12지파 중 성막 봉사의 일을 전담한 레위 지파에게는 기업의 땅이 분배되지 않았다. 하지만 그들에게도 가족과 함께 거주할 최소한의 성읍과 가축을 먹일 성읍 주변의 목초지가 필요했다. 그래서 이미 분배된 다른 지파의 성읍들 중에서 일부를 구별하여 레위 지파에게 재분배해야 했다. 레위 지파에게 재분배된 성읍은 도피성 6개를 포함하여, 모두 48개의 성읍이었다.

레위 지파는 야곱의 셋째 아들인 레위의 후손으로, 레위의 세 아들을 조상으로 삼아 세 가문으로 구성되었다. 게르손 가문, 고핫 가문, 므라리 가문이다. 이 세 가문 중 특별히 '고핫 가문'이 또 선택되어, 그 가문 중에서 '아론 집안'이 다시금 선택되어 제사장 집안으로 성별되었다.

레위 지파의 세 가문 중 고핫 가문이 가장 먼저 제비를 뽑았다. 고핫 가문 중에서도 제사장 집안인 아론의 자손이 먼저 뽑았다. 그 결과, 아론 집안에게는 유다 지파, 시므온 지파, 베냐민 지파의 몫 가운데서 13개의 성읍과 그 주변의 목초지가 할당되었다.

그 다음으로 아론의 가족을 뺀 고핫의 남은 가족들이 제비를 뽑았다. 그들에게는 각 가족별로 에브라임 지파, 단 지파, 므낫세 반 지파의 몫 가운데서 10개의 성읍과 그 주변의 목초지가 할당되었다.

고핫 가문 다음으로 게르손 가문의 지도자들이 제비를 뽑았다. 각 가족별로 잇사갈 지파, 아셀 지파, 납달리 지파, 요단강 동편의 바산에 있는 므낫세 반 지파의 몫 가운데서 13개의 성읍이 할당되었다.

고핫 가문, 게르손 가문에 이어 마지막으로 므라리 가문이 제비를 뽑았다. 그 결과, 각 가족별로 르우벤 지파, 갓 지파, 스불론 지파의 몫 가운데서 12개의 성읍이 할당되었다.

레위 지파 사람들도 만족감을 표시했다. 그들에게 분배된 성읍의 총 수효는 아론의 자손들 13성읍, 고핫 자손들 10성읍, 게르손의 자손들 13성읍, 므라리의 자손들이 12성읍, 그래서 도합 48성읍이다. 그 48개의 성읍 중에는 6개의 도피성과 성읍 주변의 목초지도 포함되었다. 살펴보면, 한 지파 당 평균 4개씩의 성읍을 레위 지파의 몫으로 내어놓은 셈이다.

레위 지파 중 아론의 자손이 차지한 성읍들 (21:8-19)

이스라엘 12지파를 대신해서 전적으로 하나님의 성막(성전) 일을 하도록 구별 받은 레위 지파, 그중에서도 고핫 가문에 속하는 아론의 자손들, 이들은 특별히 '제사장 집안'으로 구별 받았다. 성막 혹은 성전에서 하나님께 대한 제사의 집례는 오직 아론의 자손인 제사장들만이 감당할 수 있었다. 나머지 레위 지파는 일반 레위인으로서 제사장들을 도와 성전에서 봉사했다. 그래서 레위 지파 중 아론의 집안이 가장 먼저 제비를 뽑아 성읍을 분배받았다.

그 결과, 아론의 집안은 모두 13개의 성읍과 그 주변의 목초지를 분배받았다. 유다 지파의 몫(기업) 중에서는 살인자의 도피성인 '헤브론'을 비롯해서 립나, 얏딜, 에스드모아, 홀론, 드빌, 윳다, 벧 세메스 등 8개 성읍과 거기에 딸린 목초지를 분배받았다.

"오, 헤브론!"

제비를 뽑은 결과, 헤브론이 당첨되자 모두 탄성을 내질렀다. 헤브론(옛 이름은 기럇아르바)은 가나안 땅의 거인 족속인 아낙 사람들이 살고 있었던 난공불락의 유명한 성읍이었다. 결국 유다 지파의 용사인 갈렙이 그 성읍을 정복하였는데, 그렇게 힘들게 취한 소중한 성읍일지라도 제비뽑기를 통해 아론 자손에게 할당되자, 갈렙은 기꺼이 그 성읍을 내어주었다.

성읍과 그 주변의 목초지는 레위 지파에게 내어주었을지라도, 성읍에 딸린 밭들과 촌락들은 여전히 갈렙의 소유였다. 그리고 이는 레위 지파에게 재할당된 다른 모든 성읍들에도 똑같이 적용되었다.

시므온 지파의 몫 중에서는 아인. 이렇게 시므온 지파에게서는 1개 성읍과 거기에 딸린 목초지를 분배받았다. 베냐민 지파의 몫 중에서는 기브온, 게바, 아나돗, 알몬 등 4개의 성읍과 거기에 딸린 목초지를 분배받았다.

제비를 뽑은 결과, 이렇게 아론의 자손인 제사장들의 몫으로 모두 13개의 성읍과 거기에 딸린 목초지가 할당되었다. 유다 지파에게서 8개의 성읍, 베냐민 지파에게서 4개의 성읍, 그리고 시므온 지파에게서 1개의 성읍을 각각 할당받았다. 그중 도피성은 유다 지파에게서 할당받은 '헤브론'이다.

레위 지파 중 고핫의 남은 가족이 차지한 성읍들 (21:20-26)

"레위 지파의 고핫 가문 중에서 아론의 자손을 제외한 나머지 레위인들이 제비를 뽑으시오."

고핫 가문의 남은 레위인들에게는 10개의 성읍이 할당되었다. 에브라임 지파에게서 4개 성읍, 단 지파에서 4개 성읍, 그리고 요단강 서편에 자리잡은 므낫세 반(半) 지파에게서 2개 성읍을 각각 할당받았다. 그중 도피성은 에브라임 지파에게서 할당받은 '세겜'이다. 이들 성읍들을 살펴보면 이러하다.

에브라임 지파에게서 할당받은 성읍들은 에브라임 산간지방의 도피성인 세겜을 비롯해서 게셀, 깁사임, 벧호론 등 4개 성읍과 거기에 딸린 목초지. 단 지파에게서 할당받은 성읍들은 엘드게, 깁브돈, 아얄론, 가드림몬 등 4개 성읍과 거기에 딸린 목초지. 므낫세 반 지파에게서 할당받은 성읍들은 다아낙, 가드림몬 등 2개 성읍과 거기에 딸린 목초지.

성읍에 딸린 목초지는 성읍 동서남북의 사방 주변에 있는 들판으로, 가축 떼를 먹일 수 있는 풀이 있는 곳이다. 레위인들은 성읍과 더불어 성읍 주변에 있는 들판도 할당받았다.

율법에 따르면, 성읍 주변에 딸린 목초지는 성벽에서부터 동서남북으로 사면 2,000규빗(대략 900m) 내의 지역이다. 이 같은 사실은, 레위 사람들도 일정량의 가축을 자신들의 소유로 지니고 있었음을 의미한다.

레위 지파 중 게르손 가문이 차지한 성읍들 (21:27-33)

레위 지파 중 게르손 가문의 레위인들에게는 모두 13개의 성읍이 할당되었다. 요단강 동편에 자리잡은 므낫세 반(半) 지파에게서 2개 성읍, 잇사갈 지파에게서 4개 성읍, 아셀 지파에게서 4개 성읍, 그리고 납달리 지파에게서 3개 성읍을 각각 할당받았다.

그중 도피성은 므낫세 반 지파에게서 할당받은 '바산 골란'과 납달리 지파에게서 할당받은 '게데스'다. 이들 성읍들을 살펴보면 이러하다.

요단강 동편에 자리잡은 므낫세 반 지파에게서 할당받은 성읍들은 도피성인 바산 골란, 브에스드라 등 2개 성읍과 거기에 딸린 목초지. 잇사갈 지파에게서는 할당받은 성읍들은 기시온, 다브랏, 야르뭇, 엔간님 등 4개 성읍과 거기에 딸린 목초지.

아셀 지파에게서 할당받은 성읍들은 미살, 압돈, 헬갓, 르홉 등 4개 성읍과 거기에 딸린 목초지. 납달리 지파에게서 할당받은 성읍들은 도피성인 갈릴리의 게데스를 비롯해서 함못돌, 가르단 등 3개 성읍과 거기에 딸린 목초지.

레위 지파 중 므라리 가문이 차지한 성읍들 (21:34-42)

레위 지파 중 므라리 가문의 레위인에게는 모두 12개의 성읍이 할당되었다. 스불론 지파에게서 4개 성읍, 르우벤 지파에게서 4개 성읍, 갓 지파에게서 4개 성읍을 할당받았다. 그중 도피성은 르우벤 지파에게서 할당받은 '베셀'과 갓 지파에게서 할당받은 '길르앗라못'이다. 이들 성읍들을 살펴보면 이러하다.

스불론 지파에게서 할당받은 성읍들은 욕느암, 가르다, 딤나, 나할랄 등 4개 성읍과 거기에 딸린 목초지. 르우벤 지파에게서 할당받은 성읍들은 도피성인 베셀을 비롯해서 야하스, 그데못, 므바앗 등 4개 성읍과 거기에 딸린 목초지.

갓 지파에게서 할당받은 성읍들은 도피성인 길르앗라못을 비롯해서 마하나임, 헤스본, 야셀 등 4개 성읍과 거기에 딸린 목초지.

여호수아는 오랜 땅 분배 작업에도 기운이 흘러넘쳤다. 하나님께서 오래전에 약속하신 땅, 젖과 꿀이 흐르는 가나안 땅을 이스라엘 12지파와 레위 지파에게 분배하는 일은 그에게 특별히 주어진 큰 사명이요 특권이자 복이었다. 사실 이 같은 일은 출애굽의 위대한 지도자 모세가 해야 할 영광스럽고 위대한 일이었다. 그런데 그 일이 자신에게 주어졌으니, 여호수아는 황송하기도 하고 뿌듯하기도 했다.

제비뽑기를 통해 레위 지파의 세 가문(고핫 가문, 게르손 가문, 므라리 가문)에게 필요한 성읍들과 거기에 딸린 목초지를 할당한 것을 끝으로, 가나안 땅에 대한 모든 기업의 분배가 모두 마무리되었다.

레위 지파의 사람들은 이스라엘 백성들이 차지한 기업의 땅 가운데서 모두 48개의 성읍과 거기에 딸린 목초지를 다시 할당받았다.

이처럼 레위 지파가 이스라엘 12지파의 기업 중에서 성읍을 할당받은 것은, 특별히 구별된 지파로서 제사 활동 및 종교교육 등 전적으로 하나님의 일에 봉사하는 임무를 부여받았기 때문이다. 그래서 레위 지파는 다른 지파들과 섞여 살면서 이스라엘 백성들에게 하나님의 율법을 가르치고 여호와 신앙으로 살아가도록 인도하고 지도해야 했다.

출애굽 제40년째 되던 해(주전 1407년경)에 모압 평지에서 실시한 제2차 인구조사에 의하면, 1개월 이상 된 레위인들의 인구는 2만 3천 명이었다. 여자들까지 포함하면 레위인들의 전체 인구는 대략 5만 명쯤으로 추산되는데, 이 인구가 전국의 48개 성읍에 분산하여 살았다.

하나님의 약속이 그대로 성취되다 (21:43-45)

출애굽 제47년째 되던 해(주전 1400년경), 이스라엘은 7년에 걸친 가나안 정복전쟁을 통해 가나안 땅을 차지한 뒤, 제비뽑기를 통해 각자 기업의 땅을 분배받았다.

"아브라함아, 가나안 땅을 네 자손에게 주리라."

주께서 이스라엘의 조상 아브라함에게 이 약속을 하신 때는, 아브라함의 나이 75세 때인 주전 2090년경. 그리고 여호수아가 이스라엘 12지파에게 땅 분배를 최종 완료한 때는 주전 1400년경. 그러니까 약속의 성취는 하나님의 맨 처음 약속 때로부터 무려 690년, 근 700년이 흐른 시점이었다.

우리 인간의 계산으로는 엄청난 세월이지만, 전능하신 하나님의 시간표에 있어서 천 년은 마치 하루와 같다. 하나님은 시간의 구애를 전혀 받지 않으시고 가장 적절한 시기에, 가장 선하고 합당한 방법으로 자신의 약속을 반드시 이루신다. 입을 열어 말씀하신 약속은 어떠한 경우에도 헛되이 땅에 떨어지는 법이 없이 반드시 성취된다. 그래서 성경은 말한다.

"하나님은 인생이 아니시니 식언치 않으시고 인자가 아니시니 후회가 없으시도다. 어찌 그 말씀하신 바를 행치 않으시며, 하신 말씀을 실행치 않으시랴!"

22
요단 강가에 큰 제단을 쌓다

동편 지파가 강가에 큰 제단을 쌓자
그걸 본 서쪽 지파들이
대표를 보내 따지네
이방 신을 섬기려고 제단을 쌓느냐

여호수아가 요단강 동편 지파들을 돌려보내다 (22:1-9)

"요단강 동편의 두 지파 반은 모이시오."

요단강 서편의 아홉 지파 반에 대한 땅 분배가 최종 완료되자, 여호수아가 일찍이 요단강 동편 지역에서 기업의 땅을 분배받은 두 지파 반, 곧 르우벤 지파, 갓 지파, 므낫세 반 지파의 용사들을 불러 모은다. 두 지파 반의 용사들은 요단강 동편에서 다른 지파들보다 먼저 기업의 땅을 분배받는 조건으로 가나안 정복전쟁 때 선봉에 서서 싸우겠다는 맹세를 지키기 위해 요단강을 건너온 군사들이었다. 그 수효는 대략 4만 명이었다.

"여러분, 그동안 참으로 수고 많았소. 여러분은 이제 주의 종 모세가 명령한 것을 모두 수행하였고, 내게도 순종하여 내가 말한 것들을 전부 완수하였소. 이제 여러분은 요단강 동편에서 분배받은 자신들의 땅으로 돌아가도록 하시오. 여러분의 가족들 품으로 돌아가시오."

"와, 만세!"

두 지파 반의 용사들은 기쁨의 환호성을 크게 질렀다. 다른 모든 지파들도 그들을 진심으로 축복해 주었다. 그들을 돌려보내면서 여호수아가 신신당부한다.

"여러분, 주의 종 모세가 준 계명과 법도와 율례를 잘 지키도록 하시오. 주 하나님을 사랑하고, 주께서 지시하시는 길에서 좌로든 우로든 벗어나지 마시오. 오직 주님만 신뢰하면서 온 마음과 정성을 다해 주님만 섬기도록 하시오. 가슴속 깊이 꼭 명심하도록 하시오."

여호수아는 요단강 동편에 자리잡은 두 지파 반의 용사들을 집으로 돌려보내면서 축복하였다. 전리품도 과하다 싶을 정도로 두둑하게 챙겨 주었다.

7년 만의 귀환! 르우벤 지파, 갓 지파, 므낫세 반 지파의 용사들이 처음 요단강을 건넌 때는 출애굽 제41년째 되던 해(주전 1406년경)의 정월, 이후 그들은 누구보다 앞장서서 7년 동안의 가나안 정복전쟁을 치렀다. 이제 가나안 정복전쟁의 종료와 더불어, 자신들의 약속을 성실하게 지킨 4만 명의 용사들이 그들 가족이 기다리고 있는 요단강 동편의 기업의 땅으로 귀환한다(주전 1400년경).

요단강 동편 지파들이 요단 강가에 큰 제단을 쌓다 (22:10-34)

"아니? 뭐, 뭐라고? 그게 정말이냐? 정말로 그러하냐?"

자기들의 땅으로 귀환하던 두 지파 반의 용사들이 요단강 부근의 언덕 가에 이르렀을 때, 그들은 강가에 큰 제단을 쌓았다. 그 소식이 곧장 여호수아에게 보고된 것이다.

"요단 동편의 형제들이 요단 강가에 큰 제단을 쌓았다고? 아, 그건 분명 우상을 숭배하기 위한 제단이다. 이거야 정말 큰일이다! 그들이 이토록 빨리 여호와를 배신하다니…. 이대로 두었다간 안 되겠다."

여호수아는 요단 동편의 두 지파 반의 용사들을 응징하려고 즉각 군대를 소집했다. 하나님의 제단에 맞서는 우상숭배의 제단은 이스라엘 공동체 전체에 하나님의 진노를 초래할 것이 뻔하다. 그래서 여호수아와 요단 서편의 백성들은 전쟁을 불사하고서라도 그 제단을 철거시키려 한 것이다.

"자, 모든 군대가 출전하기 전에 정확한 진상부터 파악하도록 하자. 그들의 의도가 무엇인지 분명히 파악한 뒤에 싸워도 늦지 않을 것이다."

여호수아와 백성들은 진상 파악을 위한 소규모 대표단을 꾸렸다. 단장은 대제사장 엘르아살의 아들인 비느하스 제사장이 맡았다. 그리고 요단강 서쪽에 자리잡은 각 지파에서 한 사람씩, 모두 열 명이 비느하스와 함께 갔다.

이때 제사장 비느하스가 단장으로 임명된 까닭은 분명하다. 그는 초대 대제사장인 아론의 손자이고, 현재 대제사장인 엘르아살의 아들이며, 장차 대제사장을 이을 후계자로서, 여호와께 대한 신앙심이 돈독한 제사장이었다. 그의 됨됨이는 모압 평지에서 있었던 '바알브올의 사건'에서도 입증된 바 있었다. 비느하스와 대표단은 요단강 동쪽의 길르앗 땅으로 건너갔다.

"어? 무슨 일이시오? 이렇게 갑자기…."

두 지파 반의 지도자들은 요단강 서편 지파를 대표하는 조사단의 갑작스런 방문을 받고 크게 당황했다. 이에 비느하스가 찾아온 이유를 설명한다.

"형제들, 어찌하여 그대들은 요단 강가에 큰 제단을 쌓았소? 어찌하여 이스라엘의 하나님 여호와께 신실하지 못한 일을 행한 것이오? 어찌하여 그렇게도 빨리 우리 주님을 저버리고 여호와를 거역하는 우상숭배의 제단을 쌓았단 말이오?"

"아! 그 제단 말입니까? 우리가 요단 강가에 쌓은 그 제단은…."

두 지파 반의 지도자들이 변명을 하려 하자, 제사장 비느하스가 말을 끊고 노기에 찬 목소리로 격정적으로 말한다.

"여러분은 우리가 브올에서 지은 죄만으로는 모자랐단 말이오? 그 죄로 인해 우리는 하나님께 아주 큰 징벌을 받았소. 무서운 전염병이 돌았고, 많은 사람들이 죽었소! 그런데도 그대들은 또다시 여호와께 등을 돌렸단 말이오! 그대들이 오늘 주님을 거역하였으니, 내일은 주께서 이스라엘 전체 회중에게 진노하실 것이란 말이오!"

'브올에서 지은 죄'란 광야 유랑 중 이스라엘 백성들이 모압 평지의 싯딤에 머물고 있을 때, 모압 여인들의 유혹을 받아 바알 우상을 음란하게 숭배한 죄를 가리킨다. 이 가증한 죄악으로 인해, 이스라엘 백성들은 하나님의 크신 진노를 받아 무려 2만 4천 명이 전염병으로 목숨을 잃었다. 참으로 끔찍하고 비극적인 사건이었다.

"제사장님, 그게 아니라, 우리는 다만…."

요단 동편 지파의 지도자들이 당황해하며 공손하게 나오자, 비느하스는 그들의 말을 끊으면서도 조금은 부드러운 목소리로 말한다.

"형제들이여, 그대들의 땅이 깨끗하지 못하다면 여호와의 성막이 있는 요단강 서편 땅으로 건너와서 우리와 땅을 나누어 가지도록 합시다."

"그게…. 사실은 그게 말입니다."

요단강 동편 지파의 지도자들이 뭔가를 힘써 말하려 했지만, 비느하스는 열정적으로 자신의 말을 잇는다.

"형제들, 우리 주 하나님의 제단이 아닌, 그대들만의 제단을 쌓음으로써 여호와를 거스르지 마시오. 기억하시지요? 아간이 주님께 바쳐질 물건에 욕심을 부리는 바람에 이스라엘 전체가 주님의 진노를 받아 작은 성 아이에게 패배하지 않았소? 아간의 죄로 인해 죽은 자가 어디 한 사람뿐이었소?"

제사장 비느하스는 아간의 범죄를 들추어낸다. 운명 공동체인 이스라엘은 한 사람의 심각한 범죄가 전체 이스라엘에 대한 하나님의 심판과 곧바로 직결되어 있음을 일깨워주기 위함이다.

"아, 제사장님…. 그게 사실은 이러합니다."

제사장 비느하스의 말을 다 듣고, 요단 동편 지파의 지도자들이 마침내 입을 열어 말한다.

"오, 전능하신 분, 여호와 하나님! 전능하신 분, 여호와 하나님! 정녕 그분께서는 아십니다! 그러니 주여, 이제 모든 이스라엘 백성들로 알게 하소서. 우리가 행한 그 일이 여호와를 거역하려고 행한 일이었다면 주여, 오늘날 우리를 용서하지 마옵소서!"

'전능하신 분, 여호와 하나님'이란 말은 능력 있고 마땅히 경외해야 할 언약의 구속주라는 의미를 지닌, 하나님의 세 가지 명칭이다. 두 지파 반의 지도자들이 이 같은 말을 두 번씩이나 거듭 사용한 것은, 요단 강가에 제단을 쌓은 자신들의 행위가 결코 전능하신 분이신 여호와 하나님을 떠나 이방 우상을 섬기려는 의도가 아니었음을 강조하기 위해서다. 그들은 계속 말을 잇는다.

"주여, 우리가 요단 강가에 제단을 쌓은 것이 여호와께 등을 돌려 그 제단 위에서 이방 우상들에게 희생 제물을 드리기 위함이었다면, 주께서 친히 우리를 징벌하여 주옵소서."

"그렇다면… 그 제단이 우상을 섬기기 위해 쌓은 제단이 아니란 말이오?"

제사장 비느하스가 한결 누그러진 목소리로 되묻는다.

"물론입니다! 제사장님. 절대로 우상을 섬기기 위한 제단이 아닙니다!"

"그렇다면 대체 그대들은 왜 그처럼 큰 제단을 쌓았단 말이오?"

"훗날을 대비하기 위해섭니다. 훗날 요단강 서편에 사는 여러분의 자손이 요단강 동편에 사는 우리 자손에게 말하기를 '너희가 이스라엘의 주 하나님과 무슨 상관이 있느냐? 주께서는 우리와 너희 사이에 요단강을 경계로 삼으셨으니, 너희는 주께 받을 몫이 없도다.' 하면서, 여러분의 자손이 우리의 자손으로 하여금 여호와를 경외하지 못하게 할까 염려되었기 때문입니다."

충분히 일리가 있었다. 예로부터 요단강은 그 강을 중심으로 가나안 동편과 서편을 구분 짓는 자연적인 경계선이다. 따라서 요단강을 건너 동편 지역으로 돌아가야 하는 두 지파 반은 장차 후손들의 장래를 염려하지 않을 수 없었다.

그들은 먼 훗날에 이스라엘의 다수를 차지하고 있는 요단강 서편 지파의 사람들이 하나님께서 요단강을 경계로 삼아 요단강 서편의 땅만을 약속의 땅으로 주셨다고 간주하고, 요단강 동편에 있는 지파들의 후손을 배척할까봐, 그것을 크게 염려했던 것이다.

"흐음… 정말로 그런 이유 때문에 제단을 쌓은 것이란 말이오?"

"그렇습니다. 정말입니다. 우리는 훗날 있을지도 모를 그런 불상사에 미리 대비하려고 제단을 쌓자고 말한 것입니다. 오직 그런 이유 때문이지, 결단코 우상에게 희생제물을 바치기 위해 제단을 쌓은 것이 아닙니다. 제사장님, 도리어 그 제단은 우리와 여러분 사이에, 우리의 자손과 여러분의 자손 사이에, 우리가 희생제물로 여호와의 성소에서 주님을 진정으로 섬기는 자들임을 증명하기 위한 것입니다."

"흠, 그렇군요. 우리의 후손과 그대들의 후손들 사이에 그런 오해나 다툼이 있어선 안 되겠지요."

"그렇습니다! 우리는 제단을 쌓으며 서로 말하기를 '먼 훗날에 요단강 서편의 사람들이 우리와 우리의 후손에게 그런 식으로 말한다면, 우리는 여호와의 제단을 본떠 만든 이 제단을 증거물로 삼도록 하자.' 했습니다."

"단지 훗날에 증거물로 삼기 위해 제단을 쌓았단 말이오?"

"맞습니다! 바로 그것입니다! 그 제단이 있어야, 훗날에 우리의 후손이 여러분의 후손에게 대답하기를 '그 제단은 우리의 조상이 쌓은 것으로 우리도 그대들처럼 하나님께 기업의 땅을 분배받은 그분의 백성임을 나타내는 증거물이오.' 하고, 대답할 게 아니겠습니까!"

"아, 그래요? 그렇군요! 이제야 그대들의 진심을 알게 되었소."

"제사장님, 우리의 진심을 믿어주시니 참으로 감사합니다. 실로에 있는 여호와의 성막에 하나님의 제단이 엄연히 있는데, 우리가 어찌 희생제물을 드리기 위해 또 다른 제단을 쌓음으로써 여호와를 거역하겠습니까! 우리는 오직 우리 주 하나님만을 신실하게 섬길 뿐입니다. 진실로 그러합니다!"

여호와의 성막에 있는 하나님의 제단이란, 하나님의 직접적인 계시에 따라 시내산에서 만든 제사용 '번제단'을 가리킨다.

"듣고 보니, 여러분이 요단 강가에 큰 제단을 쌓은 일은 여호와를 거역하는 행위가 아니었군요. 천만다행입니다. 오늘 여러분은 이스라엘 사람들을 주님의 진노에서 구해내신 겁니다."

제사장 비느하스와 각 지파의 대표들은 르우벤 지파, 갓 지파, 므낫세 반 지파 사람들의 말을 듣고서 도리어 기뻐하였다. 그들이 여호와를 거역하지 않았기에, 이스라엘 백성들이 주님께 진노의 심판을 받지 않을 것이기 때문이다.

"그렇군요. 정말 다행입니다. 우리 주 하나님께 영광과 찬송을!"

제사장 비느하스와 각 지파의 대표들이 가나안 땅으로 돌아와서, 그간의 경과를 자초지종 보고하였다. 대표단의 보고에 이스라엘 백성들은 모두 기뻐하면서 하나님을 찬송하였다.

요단강 동편으로 귀환한 두 지파 반은 자신들이 요단 강가에 세운 그 제단을 '엣'이라 불렀다. 엣은 '증거' 혹은 '증언'이라는 뜻이다. 그 제단이 증거물 되어, 자신들이 이스라엘의 하나님 여호와를 믿고 올바로 섬기고 있다는 사실을 대대로 증언해줄 것이기 때문이었다.

23

여호수아의 고별사

여호수아가 죽음을 앞두고
고별 설교를 하네
오직 주만 사랑하고 계명 지키면
복 받고 오래도록 살 것이다

여호수아가 백성들에게 마지막 당부를 하다 (23:1-16)

세월은 무심히 흘러갔다. 주께서 가나안 땅과 주변 일대의 모든 대적들을 물리치고 이스라엘에게 안식을 주신 어느 날, 여호수아는 장로들과 지파의 지도자들, 재판장들과 관리들을 모두 불러 모아 고별설교를 하려 한다.

"여러분, 주께서 친히 싸워주신 덕분에 나는 동쪽의 요단강에서부터 해 지는 서쪽의 지중해까지, 내가 정복한 족속들은 물론이고 아직 남아 있는 족속의 모든 땅을 제비뽑기를 통해 여러분에게 기업의 땅으로 나누어주었소이다."

"네, 그렇습니다. 모두 감사해하며 만족해하고 있습니다."

"이 땅에는 아직껏 남아 있는 가나안 족속들도 있지만, 주 하나님께서 조만간 다 쫓아내실 것이오. 주 하나님께서 여러분에게 약속하신 대로 머잖아 그들을 전부 쫓아내고, 이 땅을 전부 차지하게 될 것이오."

요단강을 건넌 후 가나안 족속들과 치른 7년 동안의 가나안 정복전쟁!

그 전쟁을 통해 여호수아는 가나안 땅 전반을 정복하였기에 그 땅의 주도권은 이스라엘에게 확실히 넘어왔다. 그럴지라도 가나안 땅의 변방, 골짜기, 산지 곳곳에는 정복해야 할 지역들과 쫓아내야 할 족속들이 다소간 남아 있었다. 따라서 이스라엘 각 지파들에게는 여전히 남아 있는 지역들과 족속들을 정복해야 하는 사명이 주어져 있었다. 여호수아는 말을 잇는다.

"여러분, 모두 강해지시오! 모세의 율법 책에 기록된 모든 것들을 빠짐없이 지키고, 그 올바른 길에서 좌로든 우로든 어느 쪽으로도 벗어나선 안 되오. 지금 그대들은 이방 민족들과 섞여 사는데, 그들의 신을 따르지 않도록 삼가 조심하시오. 이방 신들의 이름을 부르거나 그 이름으로 맹세하지 마시오. 절대로 이방 신들을 섬기거나 그 신들 앞에 절해서는 안 되오."

"네, 우리가 명심 또 명심하겠습니다."

"좋소. 지금까지 해온 대로 오직 주 하나님만 믿고 따르면 됩니다. 주께서는 여러분 앞에서 크고 강한 족속들과 나라들을 다 쫓아내셨으므로, 오늘날에 이르기까지 누구도 여러분을 당해낼 수 없었소. 주 하나님께서 약속하신 대로 주님은 여러분을 위해 몸소 싸우셨기에, 한 사람이 천 명의 대적을 능히 당해낼 수 있었소. 그러므로 항상 정신을 바짝 차리고, 오직 주 하나님만 믿고 섬기며 그분만을 사랑하며 살아가도록 하시오."

여호수아의 고별 설교는 절절했다. 가슴 깊은 곳에서부터 진심으로 우러나오는 간곡한 당부요 충고요 권면이었다.

"만일 여러분이 하나님을 등지고, 여러분 가운데 섞여 사는 이방 민족들을 가까이 하거나 그들과 혼인관계를 맺게 되면, 하나님은 더 이상 이 족속들을 몰아내지 않으실 것이오. 그러면 그들은 여러분에게 덫과 올무가 되고, 옆구리에 채찍이 되고, 눈엣가시가 될 것이외다."

이스라엘 모든 백성들을 대표하는 지도자들은 여호수아의 말을 귀기울여 경청한다. 한 마디 한 마디를 가슴속에 새겨듣는다.

"그렇게 되면…, 아, 그렇게 되면 이 좋은 땅에서 여러분은 반드시 쫓겨나고 멸망하게 될 것이오."

'눈엣가시'가 된다는 말은 비유적 표현이다. 농사를 짓기 전에 농부는 그 땅의 가시덤불과 엉겅퀴를 먼저 깨끗이 제거해야 한다. 그 작업이 제대로 이루어지지 않으면 농사를 지을 때 눈에 가시가 찔리는 낭패를 당한다.

이스라엘 백성들이 가나안 원주민들을 그 땅에서 쫓아내지 않는다면, 그들은 눈엣가시가 되어 이스라엘을 눈멀게 하여 옳은 것과 악한 것을 제대로 분별하지 못하게 만들 것이다. 그래서 하나님을 떠나 이방 우상을 섬기게 만들 것이다. 여호수아는 이 점을 경고한 것이다.

"이제 나는 늙어 기력이 쇠하였소. 나도 세상 모든 사람들이 어김없이 가는 그 길로 갈 때가 멀지 않았소. 부디 명심하시오. 주 하나님께서 약속하신 모든 선한 말씀 가운데서 이루어지지 않은 것은 하나도 없소."

"과연 그러합니다. 주님의 선한 약속들은 어김없이 다 이루어졌습니다."

"그렇소. 주께서 자신의 선한 말씀을 그대로 다 이루셨듯이, 그분께서는 모든 해로운 일도 여러분에게 다 미치게 할 수 있소. 여러분이 주님을 거역하면, 주께서는 여러분을 아무 때라도 멸망하게 하실 수 있다는 말이오."

그렇다. 일찍이 하나님은 경고하셨다. 이스라엘이 하나님을 거역하고 이방 우상을 섬길 경우에는 칼과 기근과 염병으로 그들을 그 땅에서 쫓아내고 멸망시키겠다고 엄중하게 경고하셨다. 지금 여호수아는 그 사실을 일깨워주고 있는 것이다.

"그러니 부디 명심하시오. 주 하나님과 맺은 언약을 깨뜨리고 이방 신들을 섬긴다면, 주님의 진노가 반드시 그대들에게 미쳐 주께서 주신 이 좋은 땅에서 여러분은 하루아침에 멸망하고 말 것이오. 정녕 그리 될 것이란 말이오."

이제 머잖아 죽음을 앞둔 여호수아, 그가 이스라엘 각 지파의 지도자들에게 마지막으로 당부한 내용은 이러하다.

"절대로 가나안 땅의 이방 우상을 섬기지 말고, 오직 주 하나님만 섬기고 그분만을 사랑해야 합니다."

이에 백성들이 '아멘!'으로 대답한다.

"가나안 땅의 이방 족속들과 통혼해서는 안 됩니다."

이에 백성들이 '아멘!'으로 대답한다.

"하나님의 말씀을 거역함으로써 심판을 받는 일이 없도록 해야 합니다."

이에 백성들이 '아멘!'으로 대답한다.

아, 그렇지만…. 불행하게도 이후의 역사는 그렇지 못했다. 여호수아의 신신당부와 백성들의 다짐에도 불구하고, 가나안 정복은 부분적인 성공에 그치고 말았다.

여호수아가 죽은 후, 사사들이 다스리던 사사 시대에 들어서면서 이스라엘 12지파는 분배받은 자기 영역에 대해 확고한 지배력을 갖지 못했다. 그들은 가나안 전역으로 분산되어 단합하지 못한 채, 가나안 원주민들이나 주변국에 수탈과 괴롭힘을 당했다. 심지어는 지파들 간의 내분으로 인해 한 지파가 멸족당할 뻔한 위기에 처하기도 했다.

이 모든 일은 후세대의 이스라엘 백성들이 여호수아가 신신당부한 것들을 올바로 따르지 않았기 때문이다.

24

여호수아의 죽음

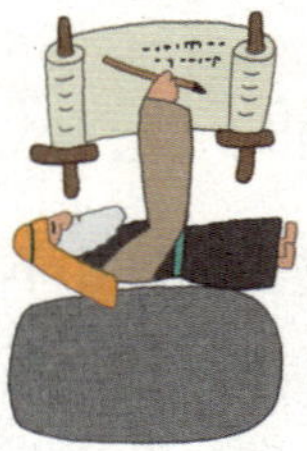

여호수아는 백성들에게
주 하나님 말씀을 들려주네
법과 규례를 하나님의 율법책에 기록하고
그 증거물로 큰 돌을 갖다 놓네

여호수아가 세겜에서 언약을 새롭게 하다 (24:1-28)

이스라엘 백성들이 가나안 땅을 차지하여 그 땅에 정착한 지 10여 년(주전 1390년경). 죽음을 목전에 둔 여호수아, 그는 이스라엘의 장로들과 각 지파의 지도자들을 세겜에 소집한다. 그런 뒤 여호수아는 유언과도 같은 고별 설교를 시작한다. 이전에 모세도 마지막 순간에 그렇게 고별 설교를 함으로써 사랑하는 백성들과 이별 인사를 했었다.

"여러분! 여러분을 모두 이 자리에 부른 것은…."

여호수아는 고별 설교를 하면서 모세가 죽기 전에 했던 것처럼 하나님의 언약을 재조명한다. 하나님의 언약이 역사적으로 어떻게 시작되고, 어떻게 성취되었는가를 들려준다. 가나안 땅에 들어온 우리 스스로가 증거라면서, 끝까지 유일하신 참 하나님만을 굳게 믿고 섬기며 일편단심 따를 것을 강조한다.

"여러분, 이스라엘의 주 하나님께서 내게 말씀하시기를 '오랜 옛날, 너희 조상인 아브라함의 아버지요 나홀의 아버지인 데라는 유프라테스강 저편에서 이방 신들을 섬기며 살았다.' 하셨소."

▲ 여호수아의 고별 설교

유프라테스강 저편은 '갈대아 우르'를 가리킨다. 일찍부터 문명이 발달된 그곳에서는 월신(月神)을 비롯한 각종 우상들을 숭배했다. 이스라엘의 조상은 본래 그런 우상의 도시에서 살고 있었다.

그런데 하나님은 갈대아 우르에서 아브라함을 불러내셔서 가나안으로 인도하셨다. 아브라함은 그의 나이 100세 때에 아내 사라에게서 언약의 후사인 이삭을 얻었다(주전 2066년경). 또 이삭은 60세에 아내 리브가에게서 쌍둥이 아들 에서와 야곱을 얻었다(주전 2006년경). 이들 중 하나님은 이삭을 이을 언약의 계승자로 '야곱'을 택하시고, 그의 가족을 이집트로 내려보내셨다(주전 1876년경).

"여러분, 우리가 이집트에서 어떻게 구출되었는지는 모두 잘 아실 것이오."

여호와 하나님은 언약 백성인 이스라엘을 이집트 왕의 손에서 건져내기 위해 무시무시한 10가지 재앙을 내리셨다. 피 재앙을 시작으로 개구리 재앙, 이(각다귀) 재앙, 파리 재앙, 역병 재앙, 악성(惡性) 종기 재앙, 우박 재앙, 메뚜기 재앙, 흑암 재앙, 그리고 마지막 열 번째는 초태생(初胎生) 죽음의 재앙이다.

이어서 여호수아는 유명한 '홍해 사건'을 회고한다. 깊고 푸른 바다를 둘로 가른 그 사건! 참으로 놀라운 이적이었다. 생각할수록 감격이

샘솟는 위대한 구원의 사건이었다. 홍해를 건넌 이스라엘 백성들은 근 40년을 광야에서 유랑생활을 했다. 가나안 땅으로 올라가 그 땅을 취하라는 하나님의 명령을 거역하고, 이집트로 다시 돌아가려는 큰 반역죄를 저질렀기 때문이다. 40년 광야유랑은 그 반역죄에 대한 하나님의 준엄한 징벌이었다.

이어 여호수아는 이스라엘이 요단강 동편에 거주하던 아모리 족속의 두 왕을 쳐부수고, 그들의 땅을 차지한 일을 언급한다. 아모리 족속의 두 왕은 헤스본 왕 '시혼'과 바산 왕 '옥'이다. 또한 유명한 점쟁이 발람의 일화도 거론한다. 그런 뒤, 가나안 정복전쟁에 대해 말한다.

"여러분, 주께서 또 내게 말씀하시기를 '너희가 요단강을 건너 여리고 성에 이르렀을 때, 여리고 사람들이 너희와 맞서 싸웠다. 또한 아모리 족속, 브리스 족속, 가나안 족속, 헷 족속, 기르가스 족속, 히위 족속, 여부스 족속도 너희와 맞서 싸웠다. 하지만 나는 그들 모두를 너희 손에 다 넘겨주었노라.' 하셨소."

여호수아는 숨이 가쁜지 말을 멈추고 잠시 숨을 고른다. 그런 뒤 다시 입을 열어 계속 말을 잇는다. 가나안 정복전쟁의 승리와 그 땅의 분배 및 정착에 관한 언급이다. 이로써 여호수아는 하나님께서 이스라엘의 조상인 아브라함을 우상의 도시인 갈대아 우르에서 불러내신 일로부터 그의 후손인 이스라엘 백성들에게 약속하신 땅 가나안을 허락해준 일까지를 언급하였다.

주님의 말씀을 그대로 전해준 여호수아는, 이제 자신이 이스라엘의 지도자들에게 당부하고 싶은 말을 자기 입으로 직접 말하기 시작한다.

"여러분, 주님을 섬기며 살아가되, 진실한 마음으로 온전히 주님만을 받들고 그 말씀대로만 살아가십시오. 여러분의 조상이 유프라테스강 건너편에서 살 때, 또한 이집트에서 살 때, 다른 신들을 섬기고 살았다고 해서 절대로 그들을 본받아서는 안 됩니다. 나와 나의 가족은 오직 주님만을 섬길 것이오."

그러자 이스라엘의 지도자들이 굳게 작심하며 일제히 대답한다.

"우리도 지도자님처럼 당연히 주님을 선택하겠습니다. 주님을 저버리고 다른 신들을 섬기는 일은 결단코 없을 것입니다."

"좋습니다. 그 마음이 내내 변치 않아야 합니다."

"네, 절대로 변치 않겠습니다. 정녕 주께서는 이 땅에 살았던 아모리 족속을 우리 앞에서 전부 쫓아내셨습니다. 이처럼 주께서는 우리 하나님이시기에 우리는 오직 주님만 섬길 것입니다. 주님이야말로 우리의 유일하신 하나님이십니다!"

이스라엘의 지도자들은 아무 걱정 말라는 듯 큰 소리로 장담한다. 여호수아는 흡족한 미소를 띠며 목소리를 한 차례 가다듬은 뒤 더욱 진중하게 말한다.

"하지만 여러분! 여러분이 주님을 온전히 섬기지 못할 수도 있을 것이오. 그러면 그분은 거룩하신 하나님이시고 질투하시는 하나님이시니, 여러분의 반역과 죄악을 그냥 넘기지 않을 것이오. 여러분이 주님을 저버리고 이방 신들을 섬긴다면, 직접 무시무시한 재앙을 내려 모조리 멸망시키실 것이오. 이 같은 사실을 잘 알고 주님을 섬겨야 하오."

여호수아는 하나님을 신실하게 잘 섬기는 일이 경솔한 다짐으로는 결코 가능하지 않음을 잘 알고 있었다. 그래서 이스라엘 지도자들의 자신만만하고도 성급한 응답에 대하여 심각한 경고를 준 것이다.

"네, 잘 압니다! 우리는 오직 주님만 섬길 것입니다. 우리가 주님을 등지고 떠나 다른 신들을 섬긴다면 주님께 어떤 징벌도 달게 받겠습니다."

"오늘날 여러분은 오직 주님만 섬기겠다고 분명히 말했소이다. 이렇게 말한 것에 대해 여러분 자신들이 증인이오."

"네, 그렇습니다. 우리가 증인입니다."

"그렇다면 하나님 앞에서 언약을 새롭게 합시다."

그날, 여호수아는 세겜에서 이스라엘 백성들과 더불어 언약을 새롭게 하고, 그들이 지킬 법도와 규례와 율례를 만들어주었다. 이는 새로운 법도와 규례와 율례를 만들어 첨가했다는 의미가 아니다. 일찍이 주께서 모세에게 주신 기존의 법도와 규례와 율례를 가나안 땅의 상황에 맞도록 다시금 새롭게 확증하고 더욱 강화했다는 의미이다.

그때에 여호수아는 이 모든 말씀을 하나님의 율법 책에 기록했다. 그리고는 큰 돌을 가져다가 상수리나무 아래에 세웠다. 그곳은 일찍이 이스라엘의 조상인 아브라함이 가나안 땅에 들어와 처음으로 제단을 쌓은 곳이다. 이스라엘 백성의 대표자들이 큰 돌을 가져다가 상수리나무 아래에다 세운 뒤, 여호수아가 모든 사람들에게 말한다.

"여러분, 이 돌이 장차 우리에게 증인이오. 이 돌은 주께서 우리에게 하신 모든 말씀을 들었소. 그러므로 우리 주 하나님을 등지고 그분을 거역한다면, 이 돌이 여러분을 대적하여 스스로 증인이 되어줄 것이오."

모든 당부와 경고와 의식을 마친 뒤, 여호수아는 세겜에 모인 이스라엘의 지도자들을 각자의 처소로 돌려보냈고, 그들은 각자 자기들 기업의 장막으로 돌아갔다. 때는 가나안 정복전쟁이 끝나고 대략 10여 년의 세월이 흐른 시점으로, 여호수아의 말년이었다(주전 1390년경).

여호수아가 향년 110세에 임종을 맞다 (24:29-33)

"아, 여호수아…. 위대한 지도자님…."

가나안 정복전쟁을 성공적으로 이끈 위대한 지도자 여호수아! 그도 세월의 흐름을 거스를 수 없어 마침내 죽음을 맞았다. 세겜에서 마지막 당부를 하고 언약을 새롭게 하는 의식을 치른 지 오래지 않아, 눈의 아들인 주의 종 여호수아는 자기 장막에서 평안히 임종을 맞았다. 향년 110세. 요단강을 건너 약속의 땅 가나안에 발을 디딘 지 17년이 흐른 뒤였다(주전 1390년경).

죽은 뒤 여호수아는 자기 기업으로 분배받은 에브라임 산간지대의 딤낫세라에 묻혔다. 처음 여호수아는 모세의 보좌관이자 대리인으로 출발했지만, 나중에는 모세의 후계자가 되어 제2의 모세로 당당히 살다 갔다. 하나님은 모세에게 그랬던 것처럼 여호수아와도 항상 함께 하셨고, 이스라엘 백성들은 그런 여호수아에게서 모세를 보고 또 하나님을 보았다.

여호수아가 이스라엘에 끼친 선한 영향력은 아주 컸다. 백성들은 여호수아가 살아있는 동안에는 물론이고, 여호수아보다 더 오래 산 그 시대의 장로들이 살아있는 동안에도 주 하나님을 신실하게 잘 섬겼다. 그들은 여호수아의 당부와 가르침에 따라 주님의 법도와 규례와 율례를 잘 지키며 살았다.

한편, 이집트 총리를 지낸 요셉의 유해는 가나안 땅의 세겜에 정식으로 묻혔다. 오래전(주전 1805년경), 이집트 땅에서 요셉은 임종 직전에 유언하기를, 하나님께서 약속의 땅 가나안으로 인도해 들이실 때 자기 유해를 그 땅에 묻어 달라 했다. 그래서 그의 자손들은 요셉의 유해를 이집트 땅에서 메고 나왔고, 마침내 가나안 땅의 세겜에 묻었다. 요셉의 유언이 있은 때로부터 400여 년의 세월이 흐른 시점이었다.

요셉의 유해가 묻힌 땅, 세겜. 이곳은 오래전에 야곱이 하몰의 아들에게서 은화 100개를 주고 매입한 땅인데, 가나안 땅을 분배할 때 요셉 자손들의 몫으로 할당된 땅이다. 말하자면 요셉의 유해는 자기 자손들이 제비를 뽑은 영원한 기업의 땅 안에 평안히 매장된 것이다.

세월이 흐르고 흘러 여호수아가 죽은 뒤, 아론의 아들인 대제사장 엘르아살도 죽었다. 아론을 이어 이스라엘의 제2대 대제사장으로 봉직했고, 여호수아를 도와 가나안 땅 분배에 참여했던 인물이다. 엘르아살의 시신은 에브라임 산간지방에 있는 기브아 땅에 묻혔다. 기브아는 엘르아살의 아들 비느하스가 분배받은 땅이다.

위대한 지도자 여호수아에 이어 대제사장 엘르아살도 임종을 맞게 됨으로써, 이스라엘은 위대한 신앙의 지도자들을 하나둘씩 잃어갔다. 여호수아와 엘르아살의 죽음은 모세와 아론의 출애굽 1세대에 이어, 이제 출애굽 2세대도 성경 무대에서 그 막이 내려졌음을 의미한다.

이후, 이스라엘에는 모세나 여호수아 같은 탁월한 지도자가 나타나지 않았다. 이스라엘 백성들이 곤경에 빠지고 위기에 처할 때마다 하나님께서 세워주신 큰 용사나 탁월한 재판관에 의해 일정 기간 동안 다스려지는 '사사 시대'가 전개되었다. 적절한 때마다 등장한 12명의 사사들이 주께로부터 맡은 바 소임을 감당하게 되었다.

그러한 사사 시대가 여호수아의 죽음 이후부터 이스라엘의 초대 왕 사울의 즉위까지, 이스라엘 역사에서 340년 동안 이어진다(주전 1390~1050년). 12명의 사사들이 이끌어갈 이스라엘 역사의 사사 시대! 그 340년의 사사 시대는 어떻게 전개될 것인가? 그 흥미진진한 이야기가 이제 곧 사사기에서 펼쳐진다.

사사기

이스라엘의 열두 사사

하나님의 은총으로
가나안 땅을 차지한 이스라엘은
하나님 말씀에 귀 기울이지 않고
우상에 빠져 허우적거리네

하나님은 이방 민족을 시켜
자기 백성을 억압하면서도
회개하는 이들에게 구원 주시고
사사를 내세워 압제에서 건지시네

열두 사사 중 최초의 사사 옷니엘,
왼손잡이 에훗, 여자 사사 드보라,
용사 기드온, 긴 머리털의 삼손은
위기 때마다 이스라엘 구하네

1
영토 확장 전쟁

유다 지파가 가나안 땅을 치네
기럇세벨을 무너뜨리는 사람에게
갈렙의 딸 악사를 준다는 말에
옷니엘이 단숨에 물리치네

유다 지파가 적극적으로 가나안 땅을 정복하다 (1:1-20)

사사기! 이 시대의 역사는 여호수아의 죽음과 함께 펼쳐진다. 사사기는 가나안 정복전쟁의 영웅인 여호수아의 죽음(주전 1390년경) 이후부터 이스라엘의 초대 왕 사울의 즉위(주전 1050)로 말미암은 왕정제도의 확립 때까지, 대략 340년 동안에 걸친 이스라엘의 암울한 과도기적 역사를 다루고 있는 기록이다.

여호수아 이후, 이스라엘에는 모세나 여호수아 같은 강력하고 걸출한 지도자가 나타나지 않았다. 대신에 히브리어로 '쇼페트'라 불리는 '사사(판관)'들이 때마다 등장하여 활동하였다. 사사(士師)란 이스라엘 백성들이 이방 나라의 압제 하에 고통받고 있을 때 그들을 그런 압제와 고통에서 건져내고자 하나님께서 특별히 세우신 군사적 지도자요 종교적 재판관을 가리킨다.

사사들은 대략 340년에 걸친 사사 시대에 적절한 순간마다 등장하여 활동했다. 평화 시에는 백성들 간의 소송과 분쟁을 해결하는 재판관으로 활동했고, 전쟁 시에는 그 범위와 영향력이 정치나 군사 등으로 확대되어 군대 지휘관으로 활약했다. 그래서 사사들은 이스라엘을 위기에서 건져내는 구원자로서의 성격이 강했다.

사사! 그들의 통치와 권위는 모세나 여호수아처럼 이스라엘 전체 백성들에게 미치지 못했고 각 지파나 성읍에 제한되었다. 따라서 사사들의 활동 기한이나 무대도 일시적이었고, 그 영향력도 자신이 속한 지파나 지역에 한정되었다. 어떤 경우에는 같은 시대에 두 명 이상의 사사들이 활동할 때도 있었다. 이렇게 볼 때 여러 사사들이 이스라엘의 여러 지방에서 다양하게 활동하고 있었겠지만, 사사기의 저자는 12명의 사사만을 등장시키고 있다. 그들 12명의 이름과 활동 기간은 그 연대기별 순서대로 이러하다.

① 옷니엘(40년) ② 에훗(80년) ③ 삼갈(?) ④ 드보라(40년) ⑤ 기드온(40년) ⑥ 돌라(23년) ⑦ 야일(22년) ⑧ 입다(6년) ⑨ 입산(7년) ⑩ 엘론(10년) ⑪ 압돈(8년) ⑫ 삼손(20년).

여호수아 말년에 이스라엘 백성들은 여호수아의 고별 설교를 듣고 "우리가 오직 여호와 하나님만을 섬기겠나이다." 하고, 자신만만하게 맹세했다. 그러나 여호수아는 모세 시대 때부터 경험에 의해 백성들을 잘 알고 있었다. 그래서 "아마도… 너희는 여호와 하나님을 능히 섬기지 못할 것이다."라는 여운을 남겼다.

아니나 다를까, 여호수아의 불길한 예감은 틀리지 않았다. 그의 사후에 펼쳐진 사사 시대는 이스라엘 백성들이 유목생활에서 농경생활로 빠르게 바뀌었고, 여호와 유일신 사상은 가나안의 다신적인 우상 문화와 심각한 갈등을 빚게 되어 어수선한 암흑 속으로 급속도로 빠져든다. 그러다가 이스라엘 백성들은 기어코 하나님의 법도와 규례를 떠나 각자 자신들의 소견에 좋을 대로 행동하기에 이른다.

그 결과, 이스라엘은 이방 나라의 정치, 종교, 문화에 예속되는 타락과 부패의 길로 접어들었다. 그럴 때마다 하나님은 이방 나라를 들어 이스라엘을 징계하셨고, 그러면 이스라엘 백성들은 압제와 고통을 견디다 못해 하나님께 도움을 부르짖었다. 이에 하나님은 '사사'를 세우셔서 자기 백성을 이방인의 압제에서 건져내시고 말씀으로 올바로 깨우쳐주셨다. 하지만 그때뿐, 이스라엘은 얼마 못 가 또다시 타락의 길로 접어들곤 했다. 그래서 사사기에는 '또'와 '다시'라는 말이 무한히 반복된다. 악순환의 역사다.

이방의 압제에서 벗어난 이스라엘 백성들은 먹고 살만 하면 '또' 죄를 짓는다. 죄를 지음으로써 이스라엘은 '또' 심판을 받고 이방인들에게 압제를 받고 고통을 당한다. 고통을 당하면 이스라엘 백성들은 '또' 주께 고통을 호소하며 회개한다. 백성들이 회개하면 하나님은 '또' 사사들을 세워 이스라엘을 구원하신다. 구원에 의해 살 만해지면 이스라엘은 '다시' 죄를 짓고, '다시' 심판을 받아 이방인들에게 고통을 당한다. 그러면 '다시' 회개하고, 하나님은 '다시' 사사들을 세워 이스라엘을 구원하신다. 이렇게 '또'와 '다시'가 반복되는 악순환의 암흑 시기, 그 시기가 이스라엘 역사에서 사사들이 활동하던 시기요 무대다.

앞서 언급하였듯이, 사사기에는 모세나 여호수아처럼 특출한 지도자가 등장하지 않는다. 도리어 평범한 사람들, 오히려 흠결 있는 하자(瑕疵) 인생들을 드라마의 중심 무대에 내세운다. 하자 인생들을 들어 위대한 구원 역사를 만들어내시는 전능하신 하나님의 손길이 흥미진진하게 펼쳐지는 사사기, 이제 그 340년의 사사 시대에 펼쳐지는 이스라엘 12사사들의 이야기 숲으로 들어가 보자.

사사기의 시작과 무대는 여호수아가 죽은 직후 가나안 땅이다. 출애굽

41년째 되던 해(주전 1406년경)의 정월 10일에 이스라엘 백성들을 이끌고 요단강을 건넌 여호수아, 그는 대략 7년 동안의 가나안 정복전쟁을 승리로 장식하여 가나안 땅에 대한 주도권을 장악했다. 그 뒤 여호수아는 하나님의 명령대로 제비뽑기를 통해 그 땅을 이스라엘 각 지파들에게 분배했다.

그렇지만 각 지파들에게 분배된 기업의 땅 안에는 아직껏 죽기 살기로 버티고 있는 가나안의 잔존 세력들이 있었다. 그래서 여호수아는 각 지파들에게 당부하기를, 분배받은 기업의 땅에 남아 있는 잔존 세력들을 철저히 몰아내고 기업의 땅을 온전히 차지하라고 한다. 여호수아가 죽자, 이스라엘 백성들은 여호수아의 당부를 따르자는 거룩한 신앙의 의지를 불태운다.

"여러분, 우리의 지도자 여호수아님을 올바로 추모하는 길은 각 지파에게 분배해 주신 땅을 온전하게 확보하는 일이라고 생각합니다."

여호수아가 남긴 명령을 따르자는 목소리가 사방팔방에서 일어났다. 모세 못지않게 여호수아 역시 이스라엘 백성들의 마음에 큰 흔적과 영향력을 남긴 위대한 지도자였다.

"자, 그러면 먼저 주님께 여쭙고 싸움을 치르도록 합시다."

이스라엘 백성들은 대제사장 비느하스에게로 갔다. 당시 아버지 엘르아살의 대제사장 직분은 비느하스에게 세습된 상태였다. 대제사장 비느하스는 건장한 걸음으로 성막 안으로 들어갔다. 대제사장은 국가적으로 중대한 문제가 발생할 때마다 우림과 둠밈을 통해 하나님의 뜻을 분별했다. 우림과 둠밈은 하나님의 뜻을 묻는 신탁(神託) 도구로서 대제사장의 판결 흉패 안에 보관되어 있었다. 잠시 시간이 흐르고, 대제사장이 돌아왔다.

"여러분, 하나님께서 응답하셨소. 가나안 사람들의 땅을 이미 유다 지파의 손에 넘겨주었다고 하셨소. 그러니 유다 지파가 먼저 올라가 싸우도록 하시오."

유다 지파 사람들이 환호성을 질렀다. 그들은 가나안 족속과 싸우러 가기 전에 자신들의 기업 안에서 땅을 분배받은 시므온 지파 사람들에게 말했다.

"형제들이여, 우리와 함께 싸우러 갑시다. 우리에게 할당된 땅을 차지하기 위해 함께 싸워 준다면, 다음번에는 우리가 그대들 몫의 땅을 위해 함께 싸워 주겠소."

그러자 시므온 지파 사람들이 흔쾌히 승낙하였다. 그날에 유다 지파와 시므온 지파의 군사들은 베섹에서 아도니베섹 왕이 이끄는 가나안 군대와 싸워 크게 이겼다. 특히 유다 지파의 군사들은 1만 명이나 되는 대적의 군사들을 쳐 죽였다. 그리고 아도니베섹 왕을 추격하여 사로잡은 후, 그의 엄지손가락과 엄지발가락을 잘라버렸다. 이때 아도니베섹은 크게 괴로워하며 말했다.

"아, 참으로 괴롭도다. 내가 이전에 70명이나 되는 왕들의 엄지손가락과 엄지발가락을 잘라내고 내 상다리 밑에서 부스러기를 주워 먹게 하였건만, 이제는 내가 그들과 똑같은 신세가 되었구나. 이스라엘의 신이 내게 그대로 갚으시는구나! 아, 실로 통탄스럽구나."

전쟁 포로를 잔인하게 다루는 것은 고대 세계에서 흔히 행해지던 관습이었다. 엄지손가락이 없으면 더 이상 무기를 휘두르지 못하고, 엄지발가락이 없으면 전투 중에 달리지 못한다. 잔인한 처사 같지만, 전쟁에 패배한 나라의 왕과 장수는 자신들의 비참한 운명을 받아들여야 했다. 엄지손가락과 엄지발가락이 잘린 아도니베섹 왕은 예루살렘으로 끌려가 거기서 처형을 당했다.

유다 지파 군사들은 베섹을 정복한 뒤 이어 예루살렘을 공격했다. 그들은 예루살렘 주민들을 쳐 죽인 뒤 그 성읍에 불을 질렀다. 하지만 이때의 예루살렘 정복은 부분적이었다. 예루살렘에 대한 완전한 정복은 이후로 오랜 세월이 흐른 다윗 시대에 이르러서야 비로소 이루어졌고(주전 1003년경), 그 이후에야 이스라엘의 수도가 된다.

예루살렘을 공격한 후, 유다 지파는 산악지대와 남부 지역과 서부의 낮은 지대에 살고 있는 가나안 족속을 치기 위해 내려갔다. 이때 갈렙은 헤브론에 살고 있는 가나안 족속을 공격해서 세새, 아히만, 달매를 쳐 죽였다.

세새와 아히만과 달매는 헤브론에 거하던 아낙 족속의 강력한 세 지도자이다. 아낙 족속은 키가 크고 체격이 장대한 거인 족속이다. 하지만 갈렙은 대담하게 공격하여 헤브론에서 아낙 족속을 몰아내고 그 성읍을 차지했다. 당시 갈렙은 90세를 바라보는 노령인데도 굳센 신앙으로 무장한 용맹성은 여전했다. 헤브론의 옛 명칭은 '기럇아르바'였다.

헤브론을 쳐서 정복한 유다 지파는 드빌로 곧장 나아가 그곳에 살고 있는 가나안 사람들을 쳐 죽였다. 드빌의 옛 명칭은 '기럇세벨'이다. 드빌은 헤브론에서 서남쪽으로 20km 지점에 있는 크고 견고한 성읍이다. 드빌, 곧 기럇세벨을 칠 때에 갈렙이 큰 소리로 말했다.

"자, 누가 저 성읍을 정복하려는가? 기럇세벨로 올라가서 그곳을 먼저 점령하는 자에게는 내 딸 악사를 아내로 주겠다!"

결국 기럇세벨을 먼저 정복한 자는 옷니엘이었다. 그는 갈렙의 동생인 그나스의 아들로, 갈렙에게는 조카였다. 갈렙은 약속대로 자기 딸 악사를 옷니엘에게 주어 부부로 맺어주었다.

옷니엘 부부의 생활 터전은 땅이 메마르고 물이 귀한 광야지대였다. 따라서 물이 계속 솟아나는 샘은 사람과 짐승에게는 물론, 농사를 짓는 데도 필수적인 요소였다. 가나안 땅의 샘은 대개 지하수가 있는 데까지 깊게 힘들여 판 것들이어서, 소중한 자산으로 여겨졌다. 갈렙은 그 지역의 윗샘과 아랫샘을 딸의 결혼 선물로 내주었다.

유다 지파와 시므온 지파 연합군은 드빌을 정복한 뒤, 이어 스밧을 공격하여 가나안 족속을 진멸하고 정복했다. 이후, 그 성읍은 '진멸'이란 뜻의 '호르마'라 불리게 되었다. 또한 지중해 쪽으로 계속 진격하여 가사, 아스글론, 에그론과 그 주변 지역을 정복했다. 또한 가나안 땅의 산악지대를 전부 차지했다.

이처럼 유다 지파는 산악지대의 강력한 가나안 원주민들을 쫓아냈지만, 가나안의 철제 병거를 두려워한 나머지 여기저기 골짜기에 거주하는 원주민들까지 쫓아내지는 못했다. 죽기 전에 여호수아는 골짜기 원주민들이 철제 병거를 가졌을지라도 하나님을 의지하면 능히 쫓아낼 수 있다고 확신을 주었지만, 유다 지파는 철제 병거에 지레 겁을 먹고 더 이상 공격하지 않았다.

유다 지파가 남방을 정벌하자 모세의 장인 이드로의 후손인 겐 족속이 여리고에서부터 아랏 남쪽에 있는 유다 광야에 이르러, 그곳의 주민들과 어울려 살았다. 겐 족속은 처음에는 종려나무가 무성하게 우거진 여리고 성읍에 거주하고 있었다. 여리고는 종려나무가 울창한 숲을 이루고 있다 하여 '종려나무 성읍'이라 불렸다. 길갈 서북쪽 3km 지점에 위치하며, 이스라엘이 가나안 땅에서 첫 번째로 점령한 성읍이었다.

가나안 정복에 소극적인 이스라엘의 다른 지파들 (1:21-36)

유다 지파의 활약상은 다른 지파들에게도 전해졌다.

"여러분, 듣자 하니 유다 지파가 자기들 지경 내에 거주하는 가나안 족속들을 내쫓고 그 지경을 크게 넓혔다고 합니다. 그러니 우리도 여호수아 지도자님의 유지를 받들어 가나안 족속을 몰아내고 우리 지경을 더 넓힙시다."

"물론 그래야겠지요. 하지만… 우리 지경 내에 있는 여부스 족속은 견고한 예루살렘 성읍 안에서 완강하게 버티고 있으니, 우리가 어찌 그들을 쫓아낼 수 있겠소. 참으로 걱정이오. 어찌 해야 좋을는지….”

베냐민 지파의 지도자들은 의견만 분분하고 한숨만 푹푹 내쉴 뿐, 적극적으로 가나안 족속을 공격하지 않았다. 그래서 예루살렘 성읍에 거주하던 여부스 족속은 후일의 다윗 시대까지 베냐민 지파와 함께 살게 되었다.

에브라임 지파와 므낫세 지파로 구성된 요셉 집안의 사람들은 자기들 지경 내에 있는 벧엘을 공격하고자 했다.

“자, 우리 지파도 우리 기업 안에 있는 가나안 족속을 몰아냅시다.”

벧엘의 옛 명칭은 ‘루스’였다. 그들은 벧엘을 공격하기 전에 그 성읍에 정탐꾼을 보내어 그곳 사정을 몰래 살펴보게 했다. 정탐꾼들은 때마침 그 성에서 나오는 한 남자를 붙들고 물었다.

“보시오, 벧엘 성읍으로 몰래 들어갈 수 있는 길이 어딘지 아시오? 그 길을 가르쳐주면 두둑이 사례하겠소.”

목숨에 위협을 느낀 그 남자는 정탐꾼들에게 그 길목을 가르쳐주었다. 그래서 요셉 집안의 용사들은 그 길로 쳐들어가 벧엘 성읍을 점령하고 주민들을 모조리 쳐 죽였다. 이때 길을 알려준 남자와 그의 가족은 살려주었다. 그 남자는 나중에 헷 족속의 땅으로 가서, 그곳에 한 성읍을 세우고 그 성읍 이름을 벧엘의 옛 명칭을 따서 ‘루스’라 불렀다.

유다 지파와는 달리 므낫세 지파 사람들은 자기 지경 내에서 더 이상 가나안 족속을 쫓아내려 하지 않았다.

‘뭐…, 굳이 힘들게 싸워 원주민들을 쫓아낼 필요가 있겠어? 그들을 종으로 삼아 부려먹으면 되는 거지….’

그래서 벧스안, 다아낙, 돌, 이블르암, 므깃도 및 그 주변 지역에 살고 있는 가나안 사람들은 계속 눌려 살았다.

에브라임 지파도 자기 기업의 땅 안에 살고 있는 게셀의 가나안 원주민들을 쫓아내지 않았다. 에브라임 지파의 처신을 보고, 스불론 지파도 기드론과 나할롤에 사는 원주민을 내버려두었다. 아셀 지파도 악고, 시돈, 알랍, 악십, 헬바, 아빅, 르홉에 사는 가나안 원주민을 쫓아내지 않았다. 납달리 지파도 벧세메스와 벧아낫의 원주민들을 쫓아내지 않고 함께 어울려 살았다.

이처럼 이스라엘의 지파들은 자기들 기업의 지경 내에 사는 가나안 원주민을 적극적으로 추방하지 않았다. 그 까닭은, 하나님의 도우심으로 승리를 확신하는 가운데 반드시 가나안 원주민을 쫓아내겠다는 강력한 의지가 없었기 때문이다.

여호수아 이후, 이스라엘 백성들은 하나님께 대한 믿음과 약속의 땅에 대한 열정이 급속도로 사그라들었다. 가나안 원주민을 쫓아낼 충분한 힘이 있었지만, 그들은 힘써 쫓아내지 아니하고 자신들의 편의를 도모하고자 종으로 삼아 부려먹었다. 이는 어디까지나 하나님의 명령에 대한 불순종이었다.

그 결과, 이스라엘 백성들은 함께 거주하던 가나안 족속의 우상문화에 영향을 받아 쉽사리 타락하고 말았다. 이를 크게 염려해서 일찍이 하나님은 모세를 통해 가나안 족속들과는 절대로 타협하지 말고, 그들의 뿌리까지 철저하게 진멸하라고 거듭거듭 명령하셨건만….

심지어 단 지파는 아모리 족속 때문에 산악지대에 묶여 평원지대로 내려오지 못했다. 아모리 족속은 헤레스산, 아얄론, 사알빔 등에 계속 눌러 살았다. 그들의 지역은 아그랍빔 언덕에서부터 셀라 너머에까지 이르렀다.

단 지파는 처량한 신세가 되었다. 본래 단 지파는 지중해 연안 부근의 비옥한 땅을 기업으로 분배받았다. 그런데 이후 단 지파는 분배받은 기업의 땅을 차지하지 못하고 아모리 족속에게 쫓겨 산지로 밀려났다가, 급기야는 기업의 땅을 떠나 멀리 가나안 땅의 최북단에 위치한 '라이스'로 이주하게 된다. 라이스는 '레셈'으로 불리기도 했다.

2
이스라엘의 타락

그들은 너희 옆구리를 찌르는 가시
그들의 신들은 올가미
너희가 내 말을 듣지 않으니
이스라엘은 땅을 치며 울리라

주의 천사가 나타나 이스라엘 백성들을 꾸짖다 (2:1-5)

여호수아가 죽고, 또 세월이 한참 흐른 시점. 이스라엘 백성들은 자기 기업의 땅에서 더 이상 가나안 원주민을 몰아내려 하지 않았다. 정복에 대한 열심을 포기하고 원주민들과 함께 왕래하며 어울려 살았다. 여호와 신앙은 급속도로 식어갔고, 가나안 땅의 우상 문화가 스멀스멀 이스라엘 사회에 기어들어 왔다. 죄악의 그림자가 드리워지고 있었다.

어느 날, 여호와의 사자가 길갈에서부터 보김으로 올라와서 말한다.

"들어라. 나는 일찍이 너희 조상들에게 약속한 대로 너희를 이집트 땅에서 이끌어내어 젖과 꿀이 흐르는 가나안 땅으로 인도해 들였다. 나는 신실하기에 너희와 맺은 언약을 영원히 깨뜨리지 않겠노라고 말했었다."

이때 출현한 '여호와의 사자'는 누굴까? 그가 한 말 중에 '내가 너희를 이집트 땅에서 이끌어냈다'라든지, '내가 너희와 맺은 언약' 등의 표현을 고려하면, 그리고 백성들이 여호와의 사자가 나타난 그곳에 제단을 쌓고 희생제물을 드린 점을 감안하면, 여기에서 말하는 '여호와의 사자'는 천사가 아니라 하나님이다. 그분은 성육신 이전의 구약시대에도 이스라엘 역사의 중요한 고비마다 이 땅에서 활동하셨던 제2위 하나님이신 '메시아 예수'임이 분명하다. 여호와의 사자는 계속 말을 잇는다.

"일찍이 내가 명하기를, 너희는 가나안 원주민들과는 어떤 형태로든 언약을 맺지 말고 그들의 제단을 모두 헐어버리라고 하였다. 그런데도 어찌하여 너희는 내 말을 듣지 않는 것이냐!"

그 말을 듣는 순간, 이스라엘 백성들은 가슴이 철렁했다. 하나님께서 굳이 여기까지 찾아와서 그 모습을 보이며 말할 정도라면 자신들을 죽일 작정이라고 생각한 것이다. 백성들은 부들부들 떨었다. 그들을 향해 여호와의 사자가 준엄한 음성으로 계속 선포한다.

"이제부터 나는 결단코 가나안 사람들을 몰아내지 않겠노라. 그들은 너희 옆구리를 찌르는 가시가 되고 그들의 우상은 너희를 넘어뜨리는 올가미가 될 것이니라."

이스라엘 백성들은 여호와의 사자가 전하는 말을 듣고 너무 두려웠다. 어찌할 바를 몰라 큰 소리로 엉엉 울었다. 백성들이 소리 높여 울었기에, 후일 여호와의 사자가 나타난 그곳은 '보김'이라 불리게 된다. '우는 자들'이란 뜻이다.

이스라엘 백성들은 크게 울면서 주께 희생제물을 바쳤다. 자신들의 죄를 용서받기 위해 희생 제사를 드린 것이다. 또한 하나님과의 언약 관계를 새롭게 다지려는 선한 목적도 있었다. 하지만 그때뿐! 사사 시대 전반이 그러했듯이, 그런 반성과 회개는 오래 가지 못했고 거룩한 생활의 실천으로 이어지지 못했다. 사사 시대의 악순환적 비극이다.

여호수아 이후의 이스라엘 세대들이 주님을 망각하다 (2:6-10)

"아, 우리의 위대한 지도자 여호수아…."

가나안 정복전쟁의 지도자, 눈의 아들 여호수아는 땅 분배가 끝난 지 10여 년이 흐른 시점, 곧 그의 나이 110세 되던 해에 하나님의 부르심을 받았다(주전 1390년경). 여호수아가 죽자, 이스라엘 백성들은 여호수아가 기업으로 분배받은 에브라임 산악지대의 가아스산 북쪽, 곧 딤낫헤레스(딤낫세라)에 그를 묻었다. 그리하여 여호수아 시대는 완전히 막을 내린다.

이어 여호수아와 같은 시대에 살았던 장로들도 모두 죽었다. 그러자 그 이후에 태어난 세대는 여호와 하나님을 망각하고 그분을 경외하지 않았다. 다음 세대가 이렇게 된 것은, 그 이전의 부모 세대들이 자녀들에 대한 신앙 교육을 제대로 하지 못했기 때문이리라.

이처럼 여호수아 이후의 세대들은 보김에 나타난 여호와의 사자의 책망과 경고에도 불구하고 급속도로 타락의 길을 걸었다. 가나안 족속들의 이방 문화와 우상숭배에 깊이 빠져들고 말았다. 그리하여 일찍부터 하나님께서 엄중히 경고하신 대로 불행과 재앙의 먹구름이 그들 위에 짙게 드리우게 되었다.

이스라엘 백성들이 타락하여 하나님을 거스르다 (2:11-23)

"오, 바알이여! 이 땅에 비를 내려 우리에게 풍작을 허락하소서!"
"아스다롯 여신이여! 우리의 후손이 번성하게 하소서!"

여호수아 이후의 백성들은 여호와 하나님께 등을 돌리고, 가나안 원주민들이 섬기는 '바알'과 '아스다롯' 같은 이방 우상들을 열심히 섬겼다. 가나안의 우상들에게 희생 제물을 바치고 엎드려 절했다.

바알은 '주인'이란 뜻으로, 당시 이스라엘 주변의 국가들이 섬기던 주된 우상이다. 비와 우레, 곧 기후를 주관하는 농경의 신으로 숭배되었다. 따라서 가나안 땅에 정착하면서 농경민이 된 이스라엘은 바알 숭배를 적극적으로 도입하였다. 아스다롯은 '아낫' 및 '아세라'와 함께 가나안 땅의 3대 여신으로, 사랑과 풍요와 다산의 여신으로 숭배되었다.

바알이나 아스다롯 같은 가나안 땅의 우상들을 섬기는 제사 의식에는 풍작과 다산과 풍요를 기원하는 음란한 행위가 수반되었다. 예배자들은 풍작과 자녀의 다산을 위한 제사 의식의 행위로 신전 소속의 창녀들, 또는 미동(美童)들과 몸을 섞는 음란한 행위를 벌였다. 떼거리를 지어 몸을 섞는 난교(亂交)도 서슴지 않았다. 그런 음란한 행위를 통해 바알과 아스다롯 같은 신들을 흥분시키면, 그 신들이 비를 내려주고 아이를 잉태시켜 준다고 믿었다.

이 같은 가나안의 음란하고 가증한 우상 문화는 타락한 인간의 심성과 잘 맞아떨어졌다. 하나님을 거스르고 떠난 타락한 이스라엘 백성들의 생각에, 여호와의 종교는 불편하고 거북했다. 걸리는 것이 너무 많았다. 이래도 죄, 저래도 죄, 움직이기만 하면 모두 죄가 되는 것 같았다. 그만큼 율법 조항이 거미줄같이 많았다. 그 거미줄에 걸리지 않으려면 보통 조심하지 않으면 안 되는 것 같았다.

그러니 여호와 앞에만 가면 무섭고 떨렸다. 기쁨은 사라지고 두려움만 생기니, 여호와 하나님을 가까이 하기가 결코 쉽지 않다고 생각했다. 아니, 여호와 앞으로 아예 나가기가 싫었다. 이 같은 생각은 하나님의 크신 사랑을 깨닫지 못하는 자들로서는 오히려 당연하다.

이스라엘은 '또' 바알을 섬기고 하나님의 심판을 받고 돌아섰다가, 얼마 후에는 '다시' 바알과 아스다롯을 섬긴다. 중독이다. 세상 종교에 중독이 되고 쾌락 종교에 깊이 빠졌기에, 사사 시대 340년은 계속 매를 맞으면서도 또다시 가나안의 우상에게로 달려가는 처량하고 비극적인 모습을 보이게 된다. 마치 마약에 중독된 자들처럼….

이스라엘 백성들의 이런 변화된 모습에 가나안 원주민들도 점차 생각이 달라졌다.

"겪어보니, 이스라엘 사람들도 별거 아니잖아! 그동안 괜히 겁먹고 쫄았네!"

처음엔 여호수아 군대의 용맹성에 눌려 있다가, 우상숭배로 인해 지금은 미약하게 된 이스라엘의 상태를 알게 된 가나안 원주민들은 남녀노소 구분 없이 이스라엘 백성들을 무자비하게 마구 짓밟았다. 이전에 당한 것을 생각하고 더욱 잔인하게 괴롭혔다. 이스라엘 백성들이 가나안 원주민들에게 침략을 당한 것은 약해서가 결코 아니었다. 그건 타락한 백성들에 대한 하나님의 징계였다. 주께서 이스라엘을 사방의 대적들에게 넘겨주시자, 이스라엘은 도무지 그들을 당해낼 수 없었다.

유다 지파조차 가나안 원주민들과 싸울 때마다 패배의 연속이었다. 불순종에 따른 징벌이었다. 주께서 모세를 통해 경고하셨던 대로, 하나님을 등진 이스라엘이 대적과 싸우러 나갈 때마다 주께서 몸소 이스라엘을 내리치셔서 그들로 패하게 하셨다.

이스라엘 군대가 계속적으로 패배하자, 백성들은 잘못을 뉘우치면서 주님께 도움과 구원을 요청하였다. 그러자 풍성한 긍휼을 지니신 주께서는 사사를 등장시켜 이스라엘을 침략자들의 손에서 건져주셨다.

'사사'에 주목하자. 이스라엘 역사에서 340년 동안(주전 1390-1050년경) 지속된 사사 시대에 모두 12명의 사사들이 활동하였다. 그들의 활약상에 근거해서 6명의 대(大)사사와 6명의 소(小)사사로 구분된다.

— **대(大)사사 6명:** 옷니엘, 에훗, 드보라, 기드온, 입다, 삼손.
— **소(小)사사 6명:** 삼갈, 돌라, 야일, 입산, 엘론, 압돈.

대사사와 소사사의 분류는 성경 기록의 분량을 기준으로 한 것이다. 활동 기록이 많으면 대사사이고, 활동 기록이 적으면 소사사로 분류했다.

하나님께서 세우신 구원자들, 곧 사사들은 대부분 평범한 사람들이다. 아니, 도리어 하자가 많았다. 하나님은 그런 평범하고 하자 많은 사람들을 세워서 이스라엘을 구원하셨다.

하나님은 사람들로 인해 활동의 제한을 받지 않으신다. 하나님께서 세우시기만 하면 어떤 불량품 인생도, 보잘 것 없는 하자 인생도 훌륭한 주님의 사역자로 살아갈 수 있다. 이것이 사사기가 가르치고 있는 또 하나의 교훈이다. 하나님께서 세우신 사사들은 그들의 약점과 부족함에도 불구하고 주님께 순종함으로써 영웅적인 삶을 살았다. 그래서 침략자들의 손에서 이스라엘을 건져냈다.

이스라엘은 한번 침략을 당하면 수십 년을 고생했다. 80년, 40년, 20년…. 아주 오랜 세월을 가나안 원주민들의 세력에서, 아니면 멀리서 침략해온 블레셋이나 다른 이방 민족의 압제 하에서 극심한 고통을 당했다. 미디안 족속, 블레셋 족속, 아말렉 족속, 암몬 족속, 모압 족속, 여기에 시돈과 두로 주민인 베니게(페니키아) 사람들, 히위 족속들…. 모두가 틈만 나면 이스라엘을 침략하여 괴롭혔다.

그러나 그들을 침략자로 불러들인 것은 이스라엘 자신이었다. 가나안의 우상 종교에 중독이 되었던 그들은 하나님께 무서운 심판을 받는다는 것을 뻔히 알면서도 틈만 나면 우상숭배로 돌아갔다.

"여보게, 소식 들었나? 바알 신전에 아름다운 여사제들이 여러 명 들어왔다네. 우리 한 번 가보지 않겠나?"

"정말? 하지만 그건 우상숭배의 죄야. 그 일로 우리가 크게 혼이 났잖아? 이번에도 그러면…. 나는 너무 무서워!"

"그럼 자네는 지난번 우리가 전쟁에서 패배한 것이 우상을 숭배한 죄 때문이라고 생각하는 거야? 웃기고 있네! 그게 어디 우상숭배 때문인가, 나라를 이끌어가는 자들이 능력이 없어서 그런 거지."

"그런가…? 그럴지도 모르지."

이스라엘 백성들은 언제나 유혹에 약했다. 기회만 되면, 우상숭배의 길로 불나방처럼 달려들었다. 하나님께서 사사들을 보내 이스라엘을 구원하고 대적들을 추방하면, 한두 해, 혹은 몇 해 동안은 하나님을 잘 믿는 척 시늉을 했다. 그러나 먹고 살 만해지면 언제 그랬느냐는 듯이 이방 우상을 섬겼다.

그때마다 하나님은 이스라엘 백성들을 징벌하셨다. 징벌을 받을 때마다 이스라엘 백성들은 주님께 도움과 구원을 호소했다. 그러면 주께서는 자기 백성을 또다시 불쌍히 여기시고 그들을 위해 사사를 세우셨다. 그러나 구원자 사사들이 죽고 나면 백성들은 마음을 쉽게 바꾸었다.

가나안 정복전쟁 때, 주께서는 가나안 족속들을 여호수아의 손에 넘겨주시되 단번에 몰아내지 않으셨다. 곳곳에 남겨두어 이스라엘과 섞여 살게 하셨다. 사해 서쪽 지중해 연변의 비옥한 평야지대인 블레셋, 갈릴리 바다 우편의 그술, 갈릴리 바다 서편, 지중해 연변의 해안도시인 아벡, 그리고 가나안 북부 산악지대 등에 원주민 족속들이 살았다.

하나님께서 이들을 남겨두신 까닭은 이스라엘의 순종과 불순종의 여부, 하나님만 섬기는지 이방 우상을 섬기는지 알아보기 위해서였다. 불행하게도 이스라엘은 그 시험을 통과하지 못했다. 그래서 하나님은 더 이상 이스라엘을 돕지 않기로 작정하신다.

하나님의 마음이 변했기 때문이 아니다. 하나님의 도우심은 이스라엘과 맺은 언약에 기초한다. 그 언약은 이러하다. 이스라엘이 오직 하나님만 섬기고 말씀에 순종할 때, 하나님은 가나안 땅의 이방 족속들을 모두 쫓아내실 것이라는 내용이다.

하지만 이스라엘은 하나님을 저버리고 이방 우상을 섬김으로써 언약을 일방적으로 깨뜨렸다. 그래서 하나님도 언약대로 돕지 않겠다고 선언하신 것이다. 이스라엘은 세상 쾌락과 욕망에 이끌려 스스로 덫과 올무에 걸리고 함정에 빠진 것이다. 그런 언약의 백성 이스라엘을 바라보는 하나님의 시름은 나날이 깊어만 가신다.

3
사사들을 세우시다

에훗이 죽자 다른 사사 세우시네
아낫의 아들인 사사 삼갈은
소를 모는 막대 하나로
블레셋 사람 600명을 쳐부수네

가나안 땅에 여전히 남아 있는 원주민들 (3:1-6)

여호수아는 대략 7년에 걸쳐 가나안 정복전쟁을 치렀다(주전 1406~1400년경). 그 결과, 이스라엘은 가나안 전역의 주요 성읍들을 정복함으로써 그 땅에 대한 주도권을 장악했다. 하지만 가나안 땅의 높은 산지, 깊은 골짜기, 험난한 지역, 외딴 촌락 등에는 여전히 가나안 족속의 잔존 세력들이 정복되지 않은 채로 남아 있었다.

그렇게 가나안 땅에 남겨진 일부 원주민들은 하나님의 뜻이며 섭리였다. 하나님께서 그들을 남겨 이스라엘 백성들과 섞여 살게 하신 것은, 전쟁을 경험해보지 못한 이스라엘 세대를 시험해보기 위함이었고, 승리의 비결을 가르쳐주시기 위함이었다. 전쟁의 승리는 군사들의 수효나 병기에 달려 있는 것이 아니고, 오직 하나님의 도우심에 있다는 사실을 깨닫게 하여, 오직 주님께 대한 순종과 믿음만이 진정한 승리의 길임을 일깨워주려 하신 것이다.

'아, 내 백성이 승리의 비결을 깨달아야 할 텐데….'

가나안 땅에는 원주민들이 도처에 남아 있었다. 지중해의 해안에 자리 잡고 있으면서 다섯 군주가 다스리는 블레셋, 가나안 족속의 남은 자들, 북쪽의 시돈, 바알 헤르몬산에서부터 하맛 어귀에 이르는 레바논 산악지대에 살고 있는 히위 족속 등이 바로 그들이다.

그들 가나안의 잔존 세력들은 정복과 추방의 대상이지, 결코 함께 어울리고 짝할 동무나 이웃이 아니었다. 그러나 이스라엘은 하나님의 경고를 망각한 채 그 땅에 남아 있는 가나안 족속, 헷 족속, 아모리 족속, 브리스 족속, 히위 족속, 여부스 족속 등과 함께 섞여 살면서, 쉽사리 가나안 문화에 동화되고 말았다.

이스라엘 백성들은 율법을 어기고 가나안 여자를 아내로 맞아들였고, 자신들의 딸을 가나안의 아들들에게로 시집보냈다. 사돈 간에 접촉이 자주 이루어지면서 우상 문화를 배웠고, 그래서 가나안 땅의 우상을 섬기는 일이 허다했다.

이처럼 이스라엘 백성들은 하나님을 떠나 불순종의 길을 걷고 있었다. 하나님께 기대어 살기보다는 우상에게 기대어 자기 마음대로 살았다. 사사기, 그러니까 이스라엘 12사사들의 이야기는 그처럼 암울하고 타락한 시대의 고발장이다.

사사 옷니엘의 활약 (3:7-11)

"오, 바알 신이시여! 우리에게 비를 내려주소서!"

"아세라 여신이시여, 우리에게 풍작을 허락하소서!"

오늘도 이스라엘 백성들은 바알과 아세라를 열심히 섬긴다. 바알은 가나안 땅의 주신(主神)으로 비와 우레를 주관하는 농경의 신으로 숭배되었다. 아세라는 가나안 땅에서 부신(父神)으로 숭배되던 '엘'의 아내로, 바알을 비롯한 각종 신들의 모신(母神)으로 숭배되었다. 바알은 돌로 만들어진 석상이었고, 아세라는 나무로 만들어진 목상이었다.

▲ 바알 상(왼쪽)과 아세라 상(오른쪽)

바알과 아세라, 이 우상들은 종종 제단의 좌우에 함께 세워졌는데, 이것들을 숭배하는 제사의식을 행할 때에는 풍작과 다산을 기원하는 온갖 부도덕하고 음란한 행위들이 수반되었다.

'아! 내 백성이 저럴 수가! 저리도 어리석을 수가…!'

주께서는 크게 분노하셨다. 그래서 이스라엘을 메소포타미아 왕의 손에 넘기셨다. 메소포타미아 왕인 구산 리사다임은 이스라엘을 8년 동안 지배하면서 무자비하게 압제했다. 채찍을 마구 휘둘렀다. 사정없이 짓밟고 약탈하며 유린했다. 오랜 폭정과 압제를 견디다 못해 이스라엘 백성들이 주님께 구원을 호소했다.

"오, 주님! 우리가 죄를 지었나이다. 제발 우리를 불쌍히 여기시고…."

하나님은 이스라엘 백성을 또 불쌍히 여기셨다. 그래서 갈렙의 조카인 그나스의 아들 옷니엘을 사사로 세우셨다. 이스라엘의 공식적인 첫 사사다. 사사로 세움 받은 옷니엘에게 여호와의 영 곧 성령이 강력하게 임했다. 성령께서는 옷니엘에게 사사로서의 소명을 일깨워주시고, 그 소명을 감당할 수 있도록 탁월한 능력과 용기와 지혜를 주셨다.

옷니엘은 이스라엘 군대를 이끌고 나아가 큰 승리를 거두었다. 메소포타미아 왕이 물러간 이스라엘 땅에는 평화가 깃들었다. 사사 옷니엘이 숨을 거두기까지, 이스라엘 백성들은 이방 왕의 압제 없이 40년 동안을 평화롭게 살았다.

사사 에훗의 활약(3:12-30)

"여보게, 우리 바알과 아세라를 섬기러 산당으로 올라가세!"

40년 동안 평화시대가 이어지자, 이스라엘 백성들은 다시금 나태함과 안일함에 젖어 우상숭배에 빠져들었다. 말씀에서 벗어나 가나안 땅의 가증하고 음란한 풍속을 따랐다. 그러자 주께서는 모압 왕 에글론의 세력을 강하게 만들어 이스라엘을 공격하게 하셨다.

모압 왕 에글론은 암몬 족속 및 아말렉 족속과 연합군을 형성하여 이스라엘을 공격했다. 타락한 이스라엘은 맞서 싸울 의지나 힘이 없었다. 모압 왕은 종려나무 성읍인 여리고를 점령한 뒤 이스라엘을 지배했다. 이후로 이스라엘 사람들은 18년 동안 모압 왕의 폭정과 압제 아래에서 고통을 당했다.

"아, 주여! 우리가 심히 괴롭습니다! 우리가 주께 잘못했사오니, 제발 우리를 이 고통에서 건져주소서!"

이스라엘 백성들은 다시금 주께 간절히 부르짖었다. 그러자 주께서는 자기 백성을 건지시려고 베냐민 지파 사람인 게라의 아들 에훗을 사사로 세우셨다. 그는 왼손잡이였다.

이스라엘 백성들은 모압 왕 에글론에게 조공을 바치도록 에훗을 보냈다. 사실은, 에글론 왕을 암살하기 위해 에훗이 사절단을 자청했다. 에훗은 길이 1규빗(대략 45cm)쯤 되고 양쪽에 날이 선 예리한 칼을 준비하여 오른쪽 허벅지의 옷 속에 감추었다. 그런 뒤 에훗은 왕궁으로 들어갔다. 에글론은 몸집이 비대한 왕이었다. 그는 비스듬히 누워 거만한 얼굴로 에훗을 노려보았다.

"그래, 무엇을 조공으로 갖고 왔느냐?"

"가나안의 온갖 좋은 특산물들을 갖고 왔습니다."

모압 왕 에글론은 비대한 몸을 힘겹게 움직이며 이것저것 살펴보았다. 조공물이 마음에 들었는지 연신 웃음을 띠며 좋아했다. 그런 에글론을 주의 깊게 살피며 에훗은 살해할 기회를 호시탐탐 노리고 있었다. 하지만 왕의 주변에 호위병들이 몰려 있어 어떻게 손을 써볼 도리가 없었다.

'흐흠… 안 되겠군. 틈이 보이질 않아….'

에훗은 다음 기회를 노리기로 하고는 왕궁을 나섰다. 하지만 빈손으로 돌아갈 순 없었다. 에훗은 길갈 근처의 돌 뜨는 곳, 곧 채석장에서 걸음을 멈추었다. 길갈은 요단강을 건넌 이스라엘 백성들이 처음으로 진을 치고 주님께 제단을 쌓은 곳이다. 그곳에서 대대적으로 할례를 시행한 뒤, 그곳의 이름을 '수치를 멀리 굴려 보냈다.' 하여 '길갈'이라 칭했다. 죄를 굴려 보내고, 우상을 굴려 보내고, 불신앙을 굴려 보냈다는 말이다.

그런데 지금은 어떠한가? 수치와 우상과 죄를 굴려 보낸 길갈 근처에 채석장이 만들어지고, 그곳에 우상이 세워져 있는 것을 보는 순간, 에훗은 거룩한 의분으로 활활 불타올랐다.

'아니, 하나님의 거룩한 땅에 우상이 세워지다니!'

에훗은 즉시 발길을 돌려, 홀로 돌아가 모압 왕의 알현을 요청했다.

"왕이시여, 은밀히 말씀드릴 긴요한 사안이 있습니다."

에훗은 주변 사람들 때문에 할 말을 제대로 못하겠다는 난감한 표정을 지었다. 모압 왕 에글론은 즉시 눈치를 채고는 주변에 있는 신하들과 호위병들을 모두 물리쳤다. 이제 왕은 여름 별장으로 사용하는 왕궁의 서늘한 다락방에 혼자 남게 되었다.

"그래, 내게 은밀히 하고자 하는 말이 무엇이냐?"

"왕이시여, 좀 더 가까이 다가가서 아뢰도록 하겠습니다."

에훗은 가까이 나아갔고, 왕은 비대한 몸집을 막 일으키려 했다. 그 순간이었다.

에훗은 왼손으로 오른쪽 허벅지의 옷 속에 감추어두었던 예리한 칼을 잽싸게 꺼내 망설임 없이 왕의 배에 깊숙이 찔러 넣었다. 모압 왕은 짧은 외마디 비명과 함께 푹 고꾸라졌다. 얼마나 깊고 세게 찔렀던지, 칼과 함께 칼자루까지도 왕의 등 뒤로 빠져나왔을 정도였다. 에훗이 찌른 칼을 빼내지 않았기 때문에 비대한 몸집에서 흘러나온 기름기가 칼에 엉겨 붙었다.

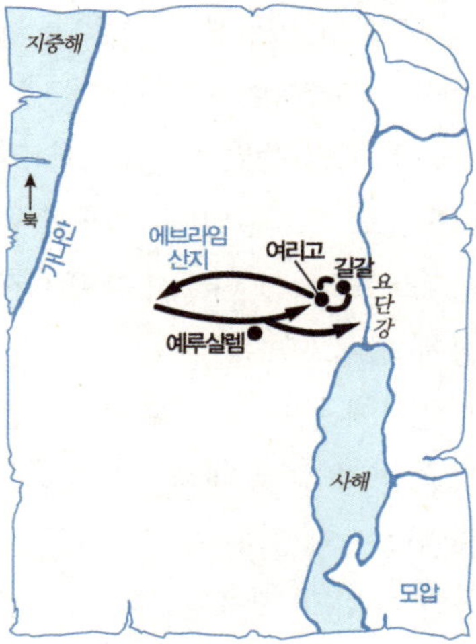

▲ 사사 에훗의 활약

이때 사사 에훗이 오른쪽 허벅지의 옷 안에서 칼을 빼내어 찌른 것은 그가 왼손잡이였기 때문이다. 호위병들은 에훗이 당연히 오른손잡이인 줄 알고는 왼쪽 허벅지 부분만 주의 깊게 살폈고, 특이한 점을 발견하지 못했기에 마음을 놓았던 것이다.

에훗은 모압 왕의 죽음을 확인한 후, 다락방 문을 안에서 걸어 잠그고는 창문을 통해 빠져나왔다. 얼마 후, 왕의 신하들이 다락방으로 올라가서 보니 문이 잠겨 있었다. 그들은 왕이 다락방에서 낮잠을 자고 있는 줄로 생각하고는 밖에서 기다렸다. 여러 시간이 지났지만 아무런 기척이 없자, 신하들은 그제서야 무언가 변고가 생겼음을 짐작하고는 여럿이 합세하여 강제로 문을 열었다.

왕은 칼에 찔린 채 쓰러져 있었다. 피가 흥건하게 바닥을 적셨고, 칼에는 기름기가 덕지덕지 엉겨 붙은 채 굳어 있었다.

"와, 왕이 죽었다. 그놈이 왕을 시해했다! 얼른 추격하여 사로잡아라!"

그러나 이미 늦었다. 에훗은 이미 석상들이 있는 돌 뜨는 곳(채석장)을 지나 스이라까지 달아났다. 그리하여 에브라임 산악지대에 이르자, 에훗은 나팔을 크게 불어 이스라엘 군사들을 소집했다.

"모압 왕 에글론이 죽었다! 내가 방금 그를 죽였다! 기회는 바로 이때다. 이스라엘이여, 모압을 총공격하여, 모압의 압제에서 벗어나자!"

모압 왕이 죽었다는 소리에 크게 용기를 얻은 이스라엘의 장정들이 너도나도 모여들었다. 에훗이 무리에게 외쳤다.

"모두들 나를 따르시오! 주께서 오늘날 우리의 원수인 모압을 우리 손에 넘겨주셨소!"

졸지에 왕을 잃은 모압 군사들은 사기를 잃고, 이스라엘 군사들의 거센 공격 앞에 대책 없이 그대로 무너졌다. 모압의 18년 압제에서 벗어나는 해방의 순간이었다. 그로부터 이스라엘 땅에는 무려 80년 동안 평화가 지속되었다.

사사 삼갈의 활약 (3:31)

세월이 흘러, 모압 왕의 압제에서 자기 동족을 구출해낸 사사 에훗도 세상을 떴다. 그러자 아낫의 아들 삼갈이 사사가 되었다. 그때 지중해 해안에 거주하던 블레셋 족속이 종종 이스라엘을 침공하여 괴롭혔다.

"모두 덤벼랏! 얼마든지 상대해 주마!"

사사 삼갈은 소 모는 막대기 하나로 혼자서 블레셋 군사들을 600명이나 쳐 죽였다. 그 모습에, 크게 기가 꺾인 블레셋 군사들이 자기들 땅으로 허겁지겁 달아났고, 이스라엘은 블레셋의 약탈과 압제에서 벗어날 수 있었다.

사사 삼갈이 사용한 무기는 '소 모는 막대기'였다. 길이 대략 2m 정도로, 한쪽 끝은 뾰족하고 다른 쪽 끝은 끌처럼 되어 있었다. 주로 소를 몰아 밭을 경작하는 데 사용되었다. 하지만 유사시에는 창으로도 충분히 사용할 수 있었다. 이 같은 하찮은 농기구로 삼갈은 혼자서 블레셋 군사들 600명을 쳐 죽이는 대활약을 펼쳤다. 하나님의 손에 붙들린 그의 용맹과 힘이 얼마나 탁월했는지를 잘 보여준다.

4
드보라와 바락

주께서 랍비돗의 아내 드보라를
첫 여사사로 세우시네
드보라는 아비노암의 아들 바락과
게데스로 올라가 진을 치네

여사사 드보라가 바락과 함께 활약하다 (4:1-16)

사사 에훗의 활약으로 80년 동안 평화를 누린 이스라엘, 오랜 평화가 이어지자 그들은 다시 나태함과 안일함에 빠졌다. 이스라엘 백성들은 하나님을 등지고 떠나 나무나 돌로 만든 이방 우상들을 섬기기 시작했다.

'아, 저럴 수가! 참으로 어리석은 백성이로다….'

하나님은 한탄하시고 진노하셨다. 그래서 하솔을 다스리던 가나안 왕 야빈의 손에 이스라엘을 넘기셨다. 야빈 왕의 군사령관은 하로셋학고임에 살던 '시스라'였다. 야빈 왕은 이스라엘을 20년 동안 가혹하게 수탈하고 지배했다. 그는 무려 900대나 되는 철제 병거를 보유한 강력한 폭군이었다. 나날이 더해가는 가나안 왕의 폭정과 압제로 이스라엘 백성들은 극심한 고통 가운데 허덕였다.

그 무렵, 이스라엘에는 특이하게도 여자 사사가 활동하고 있었다. 랍비돗의 아내인 여선지자 '드보라'였다. 그녀는 에브라임의 산악지대에 위치한 라마와 벧엘 사이에 있는 '드보라 종려나무' 아래에 앉아 재판을 주관했다. 드보라는 여성의 섬세한 감각으로 재판을 깔끔하게 처리함으로써 백성들의 신망을 얻었다.

고대 중근동의 가부장적 사회에서, 여성이 지도자가 된다는 것은 무척 드문 일이다. 하지만 여성의 지도력을 제한하는 율법의 금지 명령은 어디에도 없다. 당시 이스라엘 사회는 남성 지도자가 없는 통치력의 공백 상태였기에, 드보라는 비록 여성이었지만 탁월한 능력으로 사사로서의 통솔력을 충분히 발휘하고 있었다. 백성들도 하나님의 손길이 드보라와 함께 하고 계심을 충분히 인식했다. 그러던 어느 날, 하나님의 말씀이 임했다.

"드보라야, 내가 이 백성의 부르짖는 소리를 들었느니라. 이제 너는 일어나, 가나안 왕 야빈의 손에서 이 백성을 건져내도록 하여라."

"오, 주여! 어찌 제가 감히 그런 큰일을…."

하나님께서는 여사사 드보라에게 동족 구원의 큰 사명을 주셨다. 드보라는 하나님의 부르심에 대해 곰곰이 생각했다. 그때 합당한 동역자로 한 사람이 떠올랐다. 그녀는 즉시 사람을 게데스로 보내 아비노암의 아들 '바락'을 호출했다. 바락은 능력 있는 젊은 장수였다. 그가 사는 게데스는 납달리 지파 지역으로, 가나안 왕 야빈의 도성 하솔에서 5km 정도밖에 떨어지지 않은 곳이다. 드보라의 부름을 받고 바락이 한 걸음에 달려왔다.

"바락이여, 이스라엘의 하나님께서 그대에게 명령을 내리셨어요. 이르시기를 '바락아, 너는 지금 납달리 지파 사람들과 스불론 지파 사람들을 모아, 1만 명의 군사를 이끌고 다볼산으로 올라가라. 내가 야빈 왕의 군사령관 시스라와 그가 거느리는 병거부대, 그리고 그의 모든 군사들을 기손강으로 이끌어내어 네 손에 넘겨주겠노라.' 하셨습니다."

드보라는 하나님의 부르심에 순종하면서도 젊은 장수 바락을 앞세운다. 이스라엘 남자들의 기(氣)를 세워주려는 것이다. 지금은 자신이 쓰임 받지만, 이스라엘이 힘차게 번영하려면 남자들이 앞장서야 한다는 사실을 잊지 않았다. 그래서 이번 전쟁에 바락을 선두에 세운 것이다. 지혜로운 여성 리더십이다. 그런데 문제가 생겼다. 바락이 앞장서지 않겠다는 것이다.

"아, 사사님! 사사님께서 저와 함께 싸우러 가신다면 기꺼이 가겠습니다. 하지만 사사님이 저와 함께 하지 않으신다면, 저도 싸우러 가지 않겠습니다."

바락은 사사 드보라도 자신과 함께 전쟁터에 나가기를 주장했다. 장수로서 자신이 앞장서서 싸워야 했지만, 바락은 여성인 드보라에게 선봉을 맡기겠다는 것이다. 그러나 드보라는 뒷걸음질을 치는 바락을 탓하지 않았다. 일이 시급한 만큼 흔쾌히 동의했다.

"좋아요! 그대와 함께 전쟁터로 가겠어요. 하지만 바락이여, 그대는 이번 싸움에서 영광을 얻지 못할 거예요. 주께서 가나안 군대의 총사령관 시스라를 한 여인의 손에 넘겨주실 것이기 때문이에요."

"네? 여인이 가나안 군대의 총사령관을 제거한다고요? 어찌 그런 일이…."

바락은 당황한 표정이 역력했다. 이번 전투의 공로가 여인에게 넘어간다는 말이 마음에 걸렸다. 그래도 설마 했다. 어쨌든 바락은 하나님의 명령대로 납달리 지파와 스불론 지파 사람들을 소집하여 1만 명의 군사를 뽑았다.

이스라엘 군대는 다볼 산으로 향했고, 드보라도 동행했다. 당시 가나안 땅에는 겐 족속이 거주하고 있었는데, 그들은 모세의 처남인 호밥의 후손들이다. 그런데 겐 족속 중에 '헤벨'이란 사람은 자신의 동족을 떠나 게데스 부근의 사아난님에 있는 상수리나무 근처로 옮겨와서, 거기에 따로 자리를 잡고 살고 있었다.

"그래? 지금 바락이 드보라와 함께 1만 명가량 되는 군사들을 이끌고 다볼산으로 향하고 있다고? 이런 조무래기들! 깡그리 없애주마!"

이스라엘 군대의 이동 경로에 대한 정보를 입수한 야빈 왕의 군사령관 시스라는 자신의 전 병력을 하로셋학고임에서 기손강으로 급히 이동시켰다. 당시 시스라에게는 수많은 군사들 외에도 무려 900대나 되는 병거부대가 있었다. 병거는 보통 두 마리의 말이 끄는 바퀴 달린 수레다. 이스라엘에는 한 대도 없었지만, 가나안 족속들에게는 사사 시대 이전부터 철로 만든 군사용 수레가 있었다. 고대 전투에서 병거는 오늘날의 탱크와도 같이 아주 강력한 힘을 발휘했다.

가나안의 총사령관 시스라가 자신의 전 병력을 기손강으로 집결시킨 것은 병거부대를 백분 활용하기 위해서다. 기손강은 겨울의 우기(12월-2월) 외에는 물이 바싹 말라 강바닥이 훤히 드러나기에, 병거가 사방으로 마음껏 달리기엔 더없이 유리한 조건을 갖췄다. 하지만 뛰는 자 위에 나는 자가 있는 법. 해발 528m 높이의 다볼산은 기손강으로 모여드는 시스라의 군대를 조망하기에 적합한 곳이었다. 바락은 매복해 있다가 일시에 산 아래로 들이닥쳐 공격을 가할 참이었다. 때가 되자, 드보라가 발락에게 말한다.

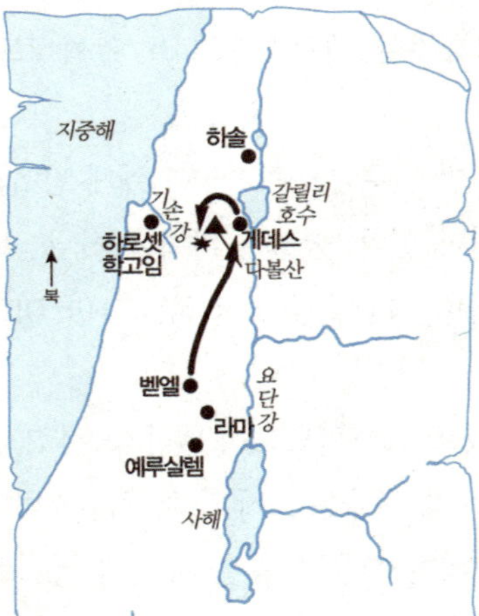

▲ 사사 드보라의 활약

"자, 시스라의 군대가 움직이기 시작했으니 우리도 행동을 개시합시다. 주께서 오늘 시스라의 군대를 그대의 손에 넘겨주셨으니, 그대는 아무 걱정하지 말고 용기를 내세요. 주께서 그대보다 앞장서서 친히 싸워 주실 거예요."

드보라의 격려에 더욱 용기를 낸 바락은 1만 명의 군사를 이끌고 다볼산에서 기손강을 향해 힘차게 아래로 내달렸다. 그러자 주께서는 시스라와 그의 병거부대, 그리고 그의 온 군대를 큰 혼란에 빠뜨리셨다.

"아앗! 저, 저게 대체 뭐, 뭐냐? 어서 전열을 갖춰라! 어서!"

위로부터 물밀듯 내달려오는 이스라엘 군대의 공격에 시스라의 군대는 허둥댔고 우왕좌왕했다. 제대로 전열을 갖춰 싸워보지도 못한 채 그대로 무너져 내렸다. 전세가 기울자, 총사령관 시스라도 병거를 버리고 도망치기 시작했다. 바락의 군사들은 하로셋학고임까지 가나안 군사들을 추격하면서 마구 쳐 죽였다.

드보라와 바락의 대승이었다. 이때 이스라엘 군대가 시스라의 강력한 병거부대를 물리칠 수 있었던 것은 하나님의 이적적인 도우심 때문이다. 기손강은 겨울철 우기(雨期)를 제외하곤 1년 내내 강바닥을 드러내는 건조천(와디)이었기에 시스라는 안심하고 진을 쳤다. 그런데 갑작스레 세찬 소낙비가 내렸고, 강물이 범람하여 병거부대를 덮쳤다. 그 결과, 진흙탕에 빠져버린 병거들은 달릴 수가 없게 되어 전투에 무용지물이 되고 말았던 것이다.

헤벨의 아내 야엘이 시스라를 죽이다 (4:17-24)

당시 겐 족속인 헤벨은 그 지역의 유력한 인물로, 가나안 왕과는 두터운 친교 관계를 유지하고 있었다. 그래서 시스라는 헤벨의 집을 기억하고는 그리로 급히 향했다. 때에 헤벨은 집에 없었고, 그의 아내 야엘이 장막 밖으로 나와 반갑게 맞이한다.

"아니? 시, 시스라 장군님 아니세요? 그런데 그 행색이 대체 왜…?"

"그건… 아, 됐소. 지금은 긴 말 할 형편이 아니오. 일단 나를 잠시 숨겨주시오. 나중에 차차 말씀드리리다."

▲ 야엘과 시스라 (아르테미시아 젠틸레스키, 1620년)

야엘의 환대에 시스라는 마음을 놓으며 장막 안으로 들어가고, 야엘은 이불을 꺼내어 덮어준다. 비에 흠뻑 젖어 떨고 있었기 때문이다. 야엘은 얼른 밖으로 나가 우유를 넣어둔 가죽 부대를 가져온다.

"물이 없네요. 이 우유라도 드세요."

사막의 유목민들은 가죽 부대에 담긴 우유를 즐겨 마신다. 가죽 부대에 우유를 담고 흔들어 보관하면 가죽 부대 안쪽에 우유 입자들이 달라붙어 엉기게 되는데, 버터 같은 상태가 된다. 그 가죽 부대에 새 우유를 부으면 엉긴 입자들이 발효 성분을 내어 약간 시큼한 맛을 내는데, 최고의 음료로 여겨졌다. 벌컥벌컥! 쫓기느라 목이 마른 시스라는 우유 사발을 들어 단숨에 들이켠다.

시스라는 이내 깊은 잠에 빠졌다. 비를 맞고 추위에 떨면서 먼 길을 황급히 도망치느라 지쳐 있었고, 게다가 방금 우유를 한 사발이나 들이켰기 때문이다. 사실 야엘은 일부러 시스라에게 물 대신 우유를 따라주었다. 양이나 염소에서 짜낸 우유는 잠드는 데 특별한 효과가 있었다.

“여보세요. 시스라 장군님, 시스라 장군님.”

야엘은 잠든 시스라를 깨우는 척 살짝 흔들어 보았다. 시스라는 미동도 하지 않았다. 드르렁 드르렁 코까지 곯았다. 깊은 잠에 빠진 것이다.

“흠, 됐다!”

야엘은 회심의 미소를 지으며 얼른 밖으로 나가 장막을 고정시키는 말뚝을 뽑았다. 그런 다음, 망치를 들고서 발자국 소리를 죽이며 살금살금 장막 안으로 다시 들어왔다. 잠에 곯아떨어진 시스라에게 다가가, 말뚝의 뾰족한 부분을 관자놀이에 맞추어 대고는, 아무런 망설임 없이 망치를 높이 들어 힘껏 내리치기 시작한다.

얼마나 힘껏 내리쳤던지, 말뚝이 시스라의 머리를 꿰뚫고 땅바닥에 박혔다. 시스라는 외마디 비명과 함께 즉사했다. 야엘은 평소에 남편이 이스라엘의 대적인 가나안 족속과 좋은 관계를 유지하는 것이 못마땅했다. 그래서 여리고 성읍의 라합이 그러했듯이, 모세의 처남 후손인 겐 족속의 야엘도 이스라엘의 하나님께 충성하기로 결단하고, 가나안의 총사령관 시스라를 죽인 것이다.

야엘은 여자의 몸이었지만 시스라의 관자놀이에 말뚝을 박는 일은 그리 어렵지 않았다. 유목민인 겐 족속에게 장막을 세우는 일은 주로 여인들의 일이었다. 따라서 야엘도 그런 일에 익숙했으므로 마치 장막의 말뚝을 박듯이 정확한 솜씨로 시스라의 관자놀이에 말뚝을 박을 수 있었던 것이다. 결국 가나안 군대의 총사령관 시스라를 붙잡아 처형시킨 사람은 헤벨의 아내 ‘야엘’이었다. 드보라의 예언이 그대로 이루어진 것이다.

야엘이 시스라를 쳐 죽인 직후, 시스라를 뒤쫓던 바락이 헤벨의 장막에 이르렀다. 야엘이 장막 밖으로 나가 바락을 맞으며 말한다.

“혹시 야빈 왕의 총사령관을 찾고 계시는지요?”

"그렇소! 그자를 보았소? 지금 그자는 어디 있는 것이오?"

"장막 안으로 들어와 보세요."

바락은 자기 눈을 의심하지 않을 수 없었다. 시스라가 관자놀이에 말뚝이 박힌 채 처참하게 죽어 있었다. 머리에서 피가 낭자하게 흘러나와 주변을 흥건히 적시고 있었다.

그날, 하나님께서는 드보라와 바락의 손에 시스라와 그의 군대를 온전히 넘겨주셨다. 이스라엘 군대의 일방적인 대승이었다. 이후 사사 드보라가 이끄는 이스라엘 사람들은 점점 더 강해져서 가나안 왕 야빈을 압박하였고, 마침내 그를 완전히 멸망시켰다.

때는 여호수아가 죽은 지 175년쯤이 흐른 때였다(주전 1216년경). 이로써 20년 동안 이스라엘을 압제하던 가나안 왕 야빈의 시대는 종말을 고하고, 이후로 이스라엘 땅에는 40년의 평화가 깃들었다.

5

드보라의 노래

승리의 주를 찬양하는 것처럼
천둥 같은 우렁찬 말발굽 소리
드보라의 기개가 하늘을 찌르니
승전가를 함께 불러라

드보라가 바락과 함께 승리의 노래를 부르다 (5:1-31)

주께서 가나안 왕 야빈과 군사령관 시스라를 이스라엘 군대에 넘겨주시던 날, 여사사 드보라는 아비노암의 아들인 군지휘관 바락과 함께 기쁨에 겨워 승리의 노래를 힘차게 불렀다.

"오, 주를 찬양하라!
이스라엘의 지도자들이 용감하게 앞장섰고,
이스라엘 군사들이 기꺼이 몸을 던져 헌신하였네.
너희 세상의 뭇 왕들아, 들어라!
너희 열방의 우두머리들아, 내 말을 들어라!
오늘 내가 주께 노래를 부르리라.
우리 주 하나님, 이스라엘의 하나님을 찬양하리라.

출애굽의 그날들을 기억하는가?

옛적에 우리 주께서 우리를 도우시려고
세일 산악지대에서 나오실 때,
곧 에돔 들녘에서 우리에게로 나아오실 때
땅의 지축이 마구 흔들리고
하늘에선 구름이 몰려오더니 비를 마구 쏟았네.
그날에 뭇 산들도 주 앞에서 크게 흔들리고
시내산조차도 주 하나님 앞에 몸을 벌벌 떨었네.

이전 아낫의 아들 삼갈의 시대에도
또 지금 야엘의 시대에도
사람들은 약탈이 두려워 큰길로 다니지 못했지.
모두가 인적 드문 샛길로만 몰래 다녔지.
그때엔 이스라엘에 지도자가 없었지.
나, 드보라!
이스라엘의 어머니가 일어서기까지는!

아하, 이를 어쩌면 좋을꼬!
이스라엘 백성들이 주 앞에서 타락했도다.
저마다 새로운 이방 신들을 자기 신으로 모셨네.
어찌 그들 위에 하나님의 징벌이 임하지 않으랴!
그리하여 적군이 성문에 들이닥쳐도
4만에 달하는 이스라엘 군사들 가운데
방패나 창을 가진 자를 눈 씻고 찾아볼 수 없었네.

이스라엘아, 이제는 주를 찬양하라!
내 마음이 이스라엘 지도자들과 함께 하였고
내 손길이 이스라엘 민병대들과 함께 하였도다.

흰 나귀를 타고 다니는 자들아,
값비싼 양탄자를 깔고 사는 자들아,
대로를 활보하는 백성들아, 이제 너희는 전파하라.
활 쏘는 대적들이 멀리 사라졌으니
물 긷는 우물가의 여인들에게도
성문으로 모여드는 뭇 백성들에게도
우리 주 하나님의 의로운 일을 널리 전파하여라.
우리를 위한 주의 크신 구원을 힘껏 노래하여라.

드보라여, 깰지어다! 깰지어다!
네 영혼이 깨고 깨어 주의 구원을 노래할지어다.
아비노암의 아들 바락이여, 이제 일어날지어다.
일어나서, 네가 사로잡은 포로들을 끌고 갈지어다.
그날에 이스라엘 백성들 가운데 남은 자들이
나 드보라를 따라 전쟁터로 달려갔고
주께선 대적의 용사들을 치시려고 친히 내려오셨네.

내가 시스라의 군대와 싸우던 날
에브라임 지파에서 우리를 도우러 왔으니
그들은 이전에 아말렉 사람들이 거주했던
에브라임 산지의 골짜기 사람들이라네.
그 뒤를 따라 베냐민 지파 사람들도 나섰고
요단 서편의 므낫세 반 지파에서도 나왔으니
군대 지휘관들이 각자 부하들을 이끌고 나왔네.

오, 스불론 지파에서도 우리를 도우러 왔으니
그들은 모두 지휘봉을 거머쥔 장교들이라네.

보라, 잇사갈 지파의 지휘관은 드보라와 함께하여
기손강에 주둔한 시스라의 군대를 치기 위해
바락을 따라 골짜기를 향해 폭풍처럼 내달았네.

그러나 르우벤 지파는 마음을 정하지 못했네.
입씨름만 벌일 뿐 도무지 출전을 하지 않네.
어찌하여 그대들은 양 떼 가운데 앉아
한가로이 피리 소리나 즐기고 있는가.
길르앗 지파도 요단강을 건너오려 하지 않고
단 지파 사람들도 배를 타고 다니며 머뭇거리네.
해안에 자리잡고 앉은 아셀 지파 사람들도
전쟁터로 달려올 생각을 도무지 하지 않네.

그대들은 정녕 부끄럽지도 않은가.
900대의 철제 병거를 가진 시스라 군대와 맞서
목숨 내걸고 싸운 스불론 지파의 사람들에게,
또 기손강 언덕을 내달리며 힘껏 싸운
납달리 지파의 사람들에게 부끄럽지도 않은가.

그날에 뭇 왕들이 몰려와서 우리와 싸웠네.
가나안의 왕들이 은금의 전리품을 챙기려고
므깃도 물가, 곧 기손강에서 싸우고
근처 다아낙에서도 우리에게 맞서 싸웠네.
하지만 그들은 은 조각 하나 챙기지 못하고
모두가 뿔뿔이 흩어져서 도망가기 바빴네.
큰 전쟁이 벌어진 그날에
하늘에서도 뭇 별들이 우릴 도와 싸웠네.

시스라 군대와 용감히 맞서 힘껏 싸워주었네.

오, 예부터 흐르던 기손 강물이여!
네가 거센 물결로 시스라 군사들을 휩쓸었도다.
내 영혼아! 힘차게 진격하라.
진격하여, 시스라의 군대를 밟고 짓밟아라.
보라, 우리 군마가 질풍같이 내달리는구나.
그 말발굽 소리가 온 땅을 뒤흔드는구나.

그때에 주의 천사가 말씀하시기를,
'기손강 부근에 있는 메로스야, 저주를 받아라.
메로스의 주민들아, 너희는 독한 저주를 받아라.
너희가 싸움터 근처에 있으면서도
주의 군대를 도우려고 나오질 않는구나.
주를 도와 시스라 군대를 치지 않는구나.' 하시도다.

오, 야엘이여! 겐 족속 헤벨의 아내여!
그대는 복을 받아라.
장막에 거하는 여인네들 중 가장 큰 복을 받아라.
목마른 시스라가 물을 달라 말했을 때
그대는 그에게 물 대신 우유를 건네주었도다.
엉긴 우유를 귀한 그릇에 담아 건네주었도다.

그 우유를 먹고 시스라가 곯아떨어졌을 때
그대는 장막 말뚝을 뽑아 왼손에 들고
일꾼들이 쓰는 망치를 오른손에 거머쥔 채
시스라의 머리통에 힘껏 말뚝을 박았도다.

그의 관자놀이를 단번에 꿰뚫었도다.
너, 시스라여! 가나안의 큰 용사여!
네가 결국 야엘의 발밑에 고꾸라졌구나.
아하, 여인의 발아래 쓰러져 죽고 말았구나.

그날에 시스라의 어머니는 어떠했을꼬?
줄곧 창밖을 내다보며 중얼거렸겠지.
'이상하다? 그애의 병거는 왜 이리 더디 올꼬?
승리의 병거 소리 들릴 때가 한참 지났는데
우리 그애는 왜 이리 늦어질꼬?'

그러면 그녀의 몸종들 가운데 영악한 시녀가
그녀를 위로하며 아첨을 떨었을 것이고
그 말을 듣고서, 그녀도 혼잣말로 중얼거렸겠지.
'맞아, 그래! 그애는 지금쯤 큰 승리에 취해
전리품을 챙기고 나누느라 정신이 없을 거야.
용사 한 명에 처녀 한둘씩은 돌아갔을걸!
내 아들 시스라는 값비싼 비단옷을 챙겼을 거야.
분명 아름답게 채색한 비단옷을 챙겼을 거야.
이 어미가 걸칠 멋진 웃옷도 듬뿍 챙겼을 거야.'

아하, 시스라의 어미여!
어림도 없는 소리, 허황된 꿈이로다.
오, 이스라엘의 주여!
주의 대적들을 시스라같이 다 망하게 하소서.
주여, 주를 사랑하는 이들을 돌보아 주소서.
그들로 동녘 태양처럼 힘차게 솟구치게 하소서."

기손강 전투에서 큰 승리를 거둔 날, 드보라와 바락은 기쁨에 겨워 이스라엘 백성들과 함께 주님을 향해 승전가를 힘차게 불렀다. 이번 승리로 이스라엘 백성들은 가나안 왕 야빈의 20년 압제에서 비로소 해방되었다. 이후 이스라엘 땅에는 40년 동안 평화가 찾아들었다(주전 1216~1176년경).

6
기드온의 소명

주의 능력 보여 달라 조르는 기드온,
타작마당 양털에만 이슬 내리소서
막상 그런 일이 실제로 일어나자
기드온은 또 다른 표징을 구하네

이스라엘 백성들이 미디안 족속의 압제를 받다 (6:1-10)

"오, 바알 신이여! 아세라 여신이여! 우리에게 복을 내려주소서!"

가나안 왕 야빈의 손에서 벗어나 40년 동안 평화를 누리게 되자, 이스라엘 백성들은 또다시 하나님을 망각하고 이방 우상을 섬기기 시작했다. 그러자 주께서는 이스라엘을 미디안 족속의 손에 넘겨버리셨다. 미디안은 아브라함의 후처인 그두라가 낳은 아들이다. 사사 시대에 그의 후손은 유랑 민족이 되어, 아카바만(灣) 동부의 아라비아 광야 일대에 거주하고 있었다.

미디안 족속의 침공을 막아내지 못한 이스라엘은 7년 동안 가혹한 압제의 나날을 견뎌야 했다. 이스라엘 백성들은 압제를 피해 산속에 굴을 파거나 산 위에 요새를 만들어 숨어 살았다. 미디안 족속은 수확할 때가 되면, 어김없이 아말렉 사람, 동방 사람들과 함께 낙타를 몰고 메뚜기 떼처럼 몰려와 이것저것 가리지 않고 샅샅이 훑어갔다.

미디안의 무자비한 약탈로 오랜 세월 비참한 곤경에 처하자, 이스라엘 백성들은 다시금 주께 살려 달라고 울부짖었다. 이때 주께서 한 선지자를 보내셨다. 그 선지자가 이스라엘 백성들에게 하나님의 말씀을 대언한다.

"들으시오. 이스라엘의 하나님께서 말씀하시기를 '나는 너희를 이집트에서 이끌어내었노라. 압제자의 손아귀에서 너희를 구출해 주었노라. 그런 뒤 가나안 족속들을 너희들 앞에서 몰아내고, 그들의 땅을 너희에게 주었노라. 그러했건만 너희는 주를 배반하고 우상을 섬겼노라….' 하였소."

선지자의 말에 이스라엘 백성들은 후회와 두려움으로 울부짖으며 더욱 간절히 주님께 구원을 호소했다. 7년에 걸친 미디안 족속의 압제와 수탈이 너무나 고통스러웠기 때문이다.

기드온의 소명과 여호와의 표징 (6:11-40)

그 무렵, 주의 천사가 오브라 지역 상수리나무 아래로 와서 앉았다. 오브라는 아비에셀 가문의 사람인 요아스의 땅이다. 그때 요아스의 아들 기드온은 미디안 사람들에게 들키지 않으려고 자기 집 뒷마당의 포도주 짜는 틀에서 은밀하게 밀 이삭을 타작하고 있었다. 본래 곡물 타작은 사방이 확 트인 넓은 마당에서 행해지는 법이지만, 약탈자들의 갑작스런 침략에 대비해서 좁은 포도주 짜는 틀에서 몰래 타작하고 있는 것이다. 이처럼 기드온은 소심한 남자였다. 바로 그때였다!

"보라, 크고 강한 용사여!"

주의 천사가 기드온 앞에 나타나서 말했다. 기드온은 어안이 벙벙했다.

"네? 절 보고 강한 용사라니요? 숨어서 몰래 밀 타작 한다고 조롱하시는 겁니까?"

기드온 같은 겁쟁이에게 강한 용사라니, 칭찬도 과하면 조롱으로 들리는 법, 지금 기드온이 딱 그런 심정이었다. 그러나 주의 사자는 결코 빈정대는 태도가 아니었다. 기드온이 곧 강한 용사가 될 것임을 확신하고 하는 말이었다. 사실, 기드온은 스스로 타고난 용사도 아니고 위인의 자질을 갖고 있는 것도 아니었다. 어디까지나 전능하신 하나님께서 그와 함께하실 것이기에 크고 강한 용사가 될 것이었다.

"기드온아, 주께서 너와 함께 하시느니라."

기드온은 그 말을 쉽게 받아들이지 못했다. 자신을 '큰 용사'라 불러주는 그 말이 가당치 않았고, 주께서 자신과 함께 하신다는 말도 쉽게 받아들일 수 없었다.

"주께서 함께 하신다면 왜 이런 비참한 일이 생긴단 말입니까? 우리 조상들은 말하기를 '주께서는 우리를 이집트 땅에서 이끌어내신 위대한 분이시다.'라고 합니다. 하지만 그때 주께서 조상들에게 베푸셨다는 그 놀랍고 위대한 이적들은 지금 다 어디로 갔습니까? 그 크신 권능의 손길이 지금은 대체 어디에 있단 말입니까?"

기드온은 포도주 짜는 틀에서 몰래 밀 타작을 하다 들킨 자신의 행색이 너무 초라하다고 생각했다. 그래서 상대방이 대답할 기회를 주지 않고 자신의 답답한 사정을 쏟아내기에 바빴다.

"정녕 주께서는 우리를 버리셨습니다. 우리를 미디안 족속에게 넘기셨기에, 이렇게 우리가 이방인들에게 오랫동안 약탈과 압제를 당하고 있는 것입니다. 그렇지 않습니까?"

기드온은 응어리졌던 의문을 격정적으로 토로했다. 미디안 족속으로부터 약탈과 압제를 당하고 있는 것은 하나님께서 이스라엘을 버리셨기 때문이라고 소리쳤다. 하지만 그건 사실이 아니었다. 이스라엘 백성들이 압제당하는 원인은 여호와께서 그들을 버린 데 있지 않았다. 오히려 백성들이 마음을 돌려 하나님을 버리고 우상을 섬긴 데 있었다. 기드온은 그 점을 놓치고 있었다. 주의 천사가 기드온에게 답한다.

"기드온아, 용기를 내라. 이제 네가 가서 미디안 족속의 손에서 네 동족 이스라엘을 구해내도록 하여라. 내가 친히 너를 보내겠노라."

"네에? 절 보고 미디안의 손에서 이스라엘을 구해내라고요? 오, 그건 불가능합니다. 어찌 제가 감히 이스라엘을 미디안의 손에서 구해낼 수 있겠습니까? 저는 므낫세 지파 중에서도 가장 힘없고, 그 가문 중에서도 가장 약하고 어린 자에 불과할 뿐입니다."

기드온이 펄쩍 뛰며 소명을 거절한다.

"기드온아, 아무 염려하지 마라. 내가 너와 함께 하겠노라. 너는 미디안 족속을 능히 이기고 쓰러뜨리게 되리라."

그 말에 기드온이 망설인다. 한참을 머뭇거리다 뭔가 생각난 듯 입을 열어 말한다.

"아, 주님…! 제가 주께 그토록 은혜를 입었다면 그처럼 말씀하시는 분이 주님이라는 확실한 증표를 제게 보여주십시오. 제가 주님께 드릴 예물을 가지러 잠시 갔다 오겠습니다. 그러니 돌아올 때까지 이곳을 떠나지 말아 주십시오."

"알았다. 네가 돌아올 때까지 기다리마."

기드온은 주님께 증표를 요구한다. 자신이 전달받은 그 메시지가 하나님에게서 비롯된 것인지, 주의 천사가 말한 것이 정말로 실현될 것인지를 확인하기를 원했다. 기드온의 증표 요청에 하나님은 흔쾌히 들어주신다.

'어디, 어디 보자? 무엇이 좋을까…?'

기드온은 곧장 집으로 달려가서 부랴부랴 염소 새끼 한 마리를 잡았다. 또 밀가루 1에바(대략 23리터)를 가지고 누룩을 넣지 않고 빵을 구웠다. 바구니에는 고기를 담고 그릇에는 국을 담은 뒤 상수리나무 아래에 앉아 있는 분께 가지고 왔다. 그러자 주의 천사가 말한다.

"기드온아, 고기와 누룩 넣지 않은 빵을 바위 위에 올려놓고, 국물을 그 위에 부어라."

기드온은 시키는 대로 따랐다. 그러자 주의 천사가 지팡이를 쑥 내밀어 그 끝을 고기와 누룩 넣지 않은 빵에 갖다 댔다. 그때였다! 바위에서 불길이 솟구쳐 나오더니 고기와 누룩 넣지 않은 빵을 완전히 태워버렸다. 그러는 사이에 주의 천사는 어디론가 사라지고 보이지 않았다. 바위에서 불이 나와 국물에 젖은 고기와 떡을 태운 것은 분명 하나님의 이적이었다.

"아, 불이, 불이 제물을…!"

바위에서 나온 불이 고기와 떡을 태웠다는 것은, 기드온이 바친 제물을 주께서 기쁘게 받으셨다는 뜻이다. 기드온이 요청한 증표의 응답이었다. 기드온은 자신에게 말한 그분이 하나님인 줄 깨닫고 큰 소리로 외친다.

"아, 주여, 참으로 슬픕니다. 제가 하나님을 대면하여 직접 보았나이다. 이제 저는 죽은 목숨입니다. 이를 어쩌면 좋습니까! 아, 주여…."

기드온이 주의 표징을 직접 본 후에 슬퍼하며 두려워한 이유는, 자신이 하나님 앞에 서 있었다는 사실을 깨달았기 때문이다. 예로부터 히브리인들은 죄인 된 사람이 지극히 거룩하신 하나님을 대면하면 반드시 죽을 수밖에 없다고 생각했다.

그렇다면 기드온에게 나타난 주의 천사는 누구일까? 그는 단순히 하나님의 메신저인 일반 천사가 아니다. 기드온이 그에게 제물을 바치고, 바쳐진 제물을 받아들인 사실로 볼 때, 그는 분명 '하나님'이시다. 신학적으로 살펴보면, 성육신(成肉身) 이전에 이스라엘 역사에 종종 개입하셨던 제2위 하나님 곧 '메시아 예수'다. 그때에 주님의 세미한 음성이 들려온다.

"기드온아, 두려워 마라. 안심하여라. 너는 죽지 않을 것이다."

"오, 주님! 감사합니다. 감사합니다."

기드온은 그곳에 제단을 쌓아 주님께 바친 뒤 '여호와 샬롬'이라 불렀다. '여호와의 평강'이란 뜻이다. 여호와를 보고도 죽지 않고 평강을 누렸기 때문이다. 그날 밤, 주께서 또다시 기드온을 부르신 뒤 말씀하신다.

"기드온아, 너는 외양간에서 7년 된 황소를 끌어오너라. 또 집안의 바알 제단을 헐어버려라. 바알 제단 옆에 세워놓은 아세라 목상도 찍어버려라. 그런 다음, 그 옆에 주 하나님께 제물을 바칠 제단을 쌓은 뒤, 네가 찍은 아세라 목상의 나무로 불을 때어 그 황소를 잡아 번제물로 내게 바치도록 하여라."

"아, 그건, 아버지에게 허락을 받아야…."

"나 주의 명령이니라! 내 명령을 따라야만 네가 큰일을 할 수 있느니라."

"네, 주님. 분부하신 대로 따르겠습니다."

이처럼 하나님은 바알을 숭배하고 있는 집안의 사람을 사사로 선택하셨다. 사실, 당시 대부분의 이스라엘 사람들은 하나님과 바알을 동시에 섬기고 있었다. 그래서 기드온의 집안에도 바알 제단이 있었다.

이 같은 점은, 기드온의 입장에서 보면 자신이 하나님의 사사가 되기에는 턱없이 자격 없는 자라는 것을 깊이 인식하게 만들었다. 그래서 사사로 택함 받은 기드온은 자신의 능력보다 하나님의 능력에 온전히 의지해야만 했다. 하나님의 명령은 기드온에게 큰 결단과 용기를 요구했고, 기드온은 즉각 하나님의 말씀에 순종하였다.

그날 밤, 기드온은 10명의 종을 데리고 주께서 말씀하신 대로 다 행했다. 집 안팎의 바알 제단을 헐고 아세라 목상을 도끼로 찍어버렸다. 그런 뒤, 그 옆에 주의 제단을 쌓고 찍어낸 아세라 목상으로 불을 때어 7년 된 황소를 주님께 번제물로 바쳤다. 기드온은 집안 식구들과 마을 사람들이 두려워 낮이 아닌 밤을 이용하여 이 같은 일을 행했다.

다음날 아침, 마을 사람들이 일찍 일어나서 보니 바알 제단이 허물어

▲ 아세라 우상

져 있었고, 그 옆에 세워두었던 아세라 목상도 사라지고 없었다. 더구나 그 자리에 새로운 제단이 세워져 있었는데, 그 위에 황소가 제물로 바쳐져 있었다.

"앗, 누구냐? 도대체 어떤 놈의 짓이냐? 어느 놈이 감히 겁도 없이 바알 제단을 허물어? 누군지 잡히기만 해봐라! 가만두지 않겠다!"

마을 사람들은 크게 놀라며 화를 냈다. 누가 이런 못된 짓을 행했는지를 놓고 서로 수군거리며 야단법석을 떨었다. 머잖아 그들은 요아스의 아들 기드온이 그런 짓을 저질렀다는 사실을 밝혀냈다.

"기드온! 바로 그놈이다! 그놈이 우리 마을을 아주 망쳐 놓았어. 그놈을 처형해서 바알 신과 아세라 여신의 진노를 달래야겠다."

사람들은 무리를 지어 기드온의 아버지 요아스의 집으로 우르르 몰려왔다.

"요아스, 당장 아들을 끌어내시오! 당신 아들이 바알 제단을 허물고 아세라 목상까지 찍어버렸소. 이제 우리 마을은 신들의 진노를 받아 폭삭 망하게 생겼소. 그러니 당신 아들을 우리 손으로 죽여 신들을 달래야겠소!"

난데없는 난동에 영문을 모르던 요아스, 그도 짐작되는 바가 있어 사람들을 달래면서도 한편으로는 아들을 적극 감싼다. 요아스는 바알 제단과 아세라 목상을 찍어버린 자기 아들이 아직도 멀쩡히 살아있음을 보고는, 두 남녀 우상이 거짓임을 확신한 것이다.

"자, 자, 진정들 하시오! 진정들 하시고, 내 말 좀 들어보시오. 바알이

참된 신이라면, 자기 제단을 허문 자를 바알 스스로가 처치할 수 있을 것 아니오? 어째서 바알 대신에 당신들이 나선단 말이오? 내 말이 틀렸소?"

"어? 그, 그렇네…. 듣고 보니 일리가 있소. 그렇다면 좋소. 바알로 하여금 직접 기드온과 싸우게 하겠소!"

이때 마을 사람들은 요아스의 아들 기드온을 '여룹바알'이라 불렀다. '바알로 하여금 싸우게 하자'라는 뜻이다. 결과적으로 바알은 기드온과 싸우지 못했다. 기드온은 바알 제단을 때려 부쉈지만, 돌로 만들어진 헛되고 무능한 바알은 기드온에게 어떤 심판도 내릴 수 없었다. 나무로 만들어진 아세라 역시 마찬가지였다.

기드온의 아버지 요아스가 성난 마을 사람들과 당당히 맞서 기드온을 변호해준 것은 주님의 손길이 작용했기 때문이다. 기드온에게 용기를 북돋워 바알 제단을 깨뜨리고 아세라 목상을 찍게 하신 성령께서 요아스까지 감화시켜 자기 아들을 적극적으로 변호하게끔 만들었다.

그 무렵, 미디안 족속과 아말렉 족속, 그리고 동쪽 사막지역에 사는 동방 사람들이 이스라엘을 치러 요단강을 건너와서 이스르엘 골짜기에 진을 쳤다. 이스라엘 영토는 바람 잘 날이 없었다. 이때 하나님의 성령이 기드온을 휘감았다. 주의 영에 사로잡힌 기드온은 나팔을 크게 불어 이스라엘 군사들을 소집했다.

뿌우! 뿌우우! 뿌우우우! 뿌우!

기드온의 나팔 소리를 듣고, 맨 먼저 기드온이 속한 아비에셀 가문의 사람들이 몰려나왔다. 므낫세 지파, 아셀 지파, 스불론 지파, 납달리 지파들 역시 기드온의 소집령에 응하여 속속 모여들었다. 하지만 막상 메뚜기 떼처럼 많은 미디안 연합군과 전쟁을 치르려 하니, 소심한 기드온은 크게 떨렸고 근심이 밀려왔다. 그래서 기드온은 주께 또 다른 징표를 구한다.

“오, 주님! 제가 이스라엘을 미디안의 압제에서 구해낼 것이라면 제게 이적을 보여주십시오. 양털 한 뭉치를 가져다가 집 마당에 놓아두겠습니다. 그 양털 뭉치에만 이슬이 내리고 마당은 바싹 말라 있다면, 주께서 말씀하신 대로 주께서 저를 통해 이스라엘을 구해내실 것임을 믿겠습니다.”

다음날 아침, 정말로 그런 일이 일어났다! 기드온이 아침 일찍 일어나 마당에서 양털 뭉치를 비틀어 짜보니 물이 그릇에 가득 고였다. 하지만 마당은 이슬 한 방울 내린 흔적 없이 바싹 마른 상태였다.

‘아, 실로 놀랍구나. 그렇지만 딱 한 번만 더 표징을 구해보자….’

기드온이 또 하나님께 요구한다.

“주님, 제발 화내지 마십시오. 딱 한 가지만 더 요구하겠습니다. 주님, 이번에는 양털 뭉치는 말고, 집 마당에만 이슬이 듬뿍 내리게 해주십시오.”

하나님은 기드온이 요청한 대로 해주셨다. 다음 날, 마당 가운데의 양털 뭉치는 바싹 말라 있었고, 사방의 마당에는 이슬이 듬뿍 내려 축축하게 젖어 있었다.

“아, 이번에도 주님의 이적이 일어났구나. 주님, 이젠 더 이상 주님의 능력을 의심치 않고 믿겠습니다. 제게 주신 소명을 받들어 미디안 연합군을 쳐부수고 이스라엘 백성들을 압제에서 구해내겠습니다. 저와 함께해주십시오!”

중근동 지방은 강우량이 적은 대신에 밤에 이슬이 많이 내렸다. 따라서 타작마당에 놓아둔 양털 한 뭉치에만 이슬이 소복이 내리고 그 주변 땅에는 내리지 않는다든가, 반대로 양털 한 뭉치에만 이슬이 내리지 않고 그 주변 땅에만 이슬이 축축하게 내리는 현상은 하나님의 이적적인 징표임이 분명했다. 기드온은 주님의 동행하심을 확신하고 분연히 일어섰다.

7

기드온과 삼백 용사

비장의 무기를 들고 3대로 나뉜 병사
미디안 진영 가까이 소리 없이 가서
보초가 교대할 때 나팔을 크게 불고
항아리 깨고 횃불로 진영 밝히네

사사 기드온과 300용사 (7:1-8)

이른 아침, '여룹바알'이라 불리는 기드온은 이스라엘 군사들을 이끌고 하롯 샘 근처에 진을 쳤다. 하롯 샘은 이스르엘 골짜기의 바로 북쪽에 있는 길보아 산기슭에 위치하고 있었다. 때에 미디안 연합군은 이스라엘 진영의 북쪽인 모레산 근처의 골짜기에 자리잡고 있었다.

기드온의 모병에 응한 이스라엘 군사들은 모두 3만 2천 명. 메뚜기 떼 같은 수십만 명의 미디안 군사들에 비하면 턱없이 적은 수효였다. 그런데… 주께서 기드온에게 말씀하신다.

"기드온아, 네 군사들의 수효가 너무 많구나. 내가 미디안 연합군을 너희 손에 넘겨준다면, 자신들이 강해서 이긴 줄 알고 자만해질 것이 아니냐? 그러니 마음에 두려움이 있는 사람은 집으로 돌아가도 좋다고 하여라."

"네에? 3만 2천 명이 너무 많다고요? 분명 많다고 하셨습니까?"

"그래, 너무 많다! 그러니 이제라도 싸움이 두려워 집으로 돌아가고 싫어 하는 사람들이 있다면 얼마든지 돌려보내도록 하여라!"

기드온은 이해할 수 없었다. 수십만 명의 미디안 연합군에 맞서 싸워야 하는데, 고작 3만 2천 명이 너무 많다니…. 하지만 명하신 대로 행하였다.

"여러분, 이번 전쟁에 대해 두려운 마음이 든다면, 지금이라도 집으로 돌아가도록 하시오. 망설이지 말고 얼마든지 집으로 돌아가도 됩니다."

눈치를 보며 쭈뼛거리는 이스라엘 군사들, 그러다가 몇 명이 움직이자 우르르 따라나선다. 그렇게 집으로 돌아간 사람들이 모두 2만 2천 명. 이제 남아 있는 사람들은 고작 1만 명이었다. 그런데….

"기드온아, 아직도 수효가 너무 많구나. 저들을 데리고 물가로 내려가라. 거기에서 다시 한 번 걸러내라. 누구든지 내가 '이 사람은 너를 따라가 싸워도 좋다.'라고 말하면 너를 따라오게 하고, '이 사람은 너를 따라가 싸울 수 없다.'라고 일러주면, 그 사람은 즉시 집으로 돌려보내도록 하여라."

기드온은 마음이 심란하고 혼란스러웠다. 도대체 전쟁을 어떻게 하시려고 1만 명조차 많다고 하시는지…. 그러나 하나님의 이적을 체험한 기드온, 그는 말씀에 순종하여 남은 군사들을 데리고 물가로 내려갔다. 그러자 주께서 기드온에게 말씀하신다.

"기드온아, 그들로 물을 마시게 하라. 손으로 물을 떠서 개가 핥는 것처럼 핥아먹는 사람과 무릎을 꿇고 마시는 사람을 구분하여 따로 세워놓도록 하여라."

기드온은 물 먹는 군사들의 행동을 유심히 살폈다. 양손으로 물을 떠서 핥아먹는 사람은 300명, 나머지는 무릎을 꿇고 물을 마셨다. 기드온은 두 부류를 구분하여 따로 세워두었다. 그때 주께서 기드온에게 말씀하신다.

"자, 기드온아, 너는 물을 양손으로 움켜쥐고 핥아먹은 300명만을 데리고 미디안 연합군과 싸우도록 하여라. 내가 미디안 족속을 그들에게 넘겨주겠노라. 오늘날 내가 너와 그들을 통해 이스라엘을 구하겠노라. 나머지 사람들은 모두 집으로 돌려보내도록 하여라."

'아! 단지 300명만 데리고 싸우라니….'

기드온은 자신도 모르게 한숨이 나왔다. 그러나 하나님의 전략은 항상 인간의 예상을 뛰어넘는다. 미디안 연합군과 싸울 용사들을 하나님께서는 물 마시는 자세로 선발하셨다. 인원수를 줄이기 위한 특별 테스트였다. 경계를 푼 무방비 상태에서 무릎을 꿇고 물을 마시는 자들보다는 양손으로 물을 떠서 선 채로 마시는 자들이 주위에 대한 경계심을 더욱 가진 자들이라고 볼 수 있다.

이때 하나님은 용사들을 '힘'이 아닌 '신중함'을 기준으로 선발한 것이다. 이들은 하나님께서 미디안 연합군을 쳐부수기 위해 펼칠 작전, 곧 야간 기습공격에 적합한 자들이었다. 밤중에 몰래 펼칠 기습 작전에는 세심한 주의와 신속한 행동이 요구되기 때문이다.

"자, 이제 여러분들만 남았소. 주께서는 여러분 300명의 용사를 통해 이스라엘에 큰 구원을 안겨주실 것이오. 그러니 조금도 두려워하지 마시오!"

기드온은 300명만 남게 하고, 나머지는 모두 집으로 돌려보냈다. 정예부대로 남은 300용사들은 귀가하는 사람들에게서 식량과 나팔을 넘겨받았다. 때에 미디안 연합군은 기드온 군대의 진영 바로 아래쪽 골짜기에 진을 치고 있었다.

사사 기드온이 미디안 연합군을 격파하다 (7:9-25)

"너는 나를 따라 오너라!"

기드온은 최측근인 부라를 데리고 연합군 진영의 외곽으로 내려갔다. 미디안 족속을 비롯하여 아말렉 족속과 동쪽의 사막 지역에서 올라온

동방 사람들로 구성된 연합군은 마치 메뚜기 떼처럼 골짜기의 온 평원을 새까맣게 뒤덮고 있었다. 낙타는 또 얼마나 많은지, 바닷가의 모래알처럼 그 수효를 헤아릴 수 없을 정도였다.

기드온과 부라는 조심조심, 살금살금 최대한 몸을 구부린 채 미디안 진영 외곽의 장막 곁으로 다가갔다. 마침 어떤 미디안 군사가 자신의 동료 군사에게 자신이 어젯밤에 꾼 꿈 이야기를 하고 있었다.

"이보게, 어젯밤에 내가 꿈을 꾸었는데 말이지, 보리빵 한 덩어리가 저 위쪽 산에서부터 우리 미디안 진영으로 데굴데굴 굴러 들어왔다네."

"보리빵 한 덩어리가? 그래서?"

"글쎄, 그렇게 보리빵 한 덩어리가 우리 장막 가까이로 데굴데굴 굴러 들어오더니만, 그것이 우리의 장막을 딱 치니 우리의 모든 장막들이 일시에 와르르 하고 무너지는 게 아닌가! 원, 세상에나!"

"그, 그게 정말이야? 어허, 이거 참 큰일이로세. 그 꿈은 다른 꿈이 아닐세. 그것은 이스라엘 사람 요아스의 아들 기드온이란 자의 칼을 나타내는 꿈이야. 분명 이스라엘의 신이 우리 미디안 진영을 그자의 손에 넘기신 거야."

동료 군사에게서 꿈 이야기를 들은 군사가 근심 가득한 얼굴로 말했다. 그렇다. 그 동료의 꿈은 분명 하나님의 또 다른 계시였다. 꿈에 등장한 '보리떡'은 가난한 자들의 값싼 음식으로, 당시 미약한 농경민인 이스라엘을 가리킨다. 더 좁히면, 미천한 지파의 나약한 가문 출신인 '기드온'을 상징한다. 그리고 '장막'은 당시 유목민으로서 장막 생활을 하고 있던 미디안 족속을 가리킨다.

'옳거니! 오, 주여! 감사합니다.'

장막 곁에서 미디안 군사들이 나눈 꿈 이야기와 그 해몽을 듣고서, 기드온은 승리를 확신하고 주님께 엎드려 경배했다. 그는 곧장 이스라엘 진영으로 돌아와 300명의 용사를 100명씩 세 부대로 나눈 후, 각자

▲ 한밤중에 일제히 나팔을 부는 기드온과 300용사

나팔과 빈 항아리를 나누어주었다. 또 빈 항아리 속에는 횃불을 감추어두었다.

기드온 자신도 직접 한 부대인 100명의 용사들을 거느리고 미디안 진영 가까이로 다가갔다. 때는 이경 초. 히브리인들은 저녁을 세 부분 곧 초경, 이경, 삼경으로 구분했다. 해질 무렵부터 밤 10시까지를 초경, 밤 10시부터 새벽 2시까지를 이경, 새벽 2시부터 해 뜰 때까지는 삼경이다. 따라서 '이경 초'는 밤 10시부터 12시(자정) 사이이다. 막 보초 교대를 끝낸 한밤중이다. 기드온은 숨죽이며 기회를 엿보고 있다가 마침내 벌떡 일어선다!

"자, 이때다. 모두 행동 개시!"

기드온의 명령에 따라 용사들은 일제히 나팔을 크게 불면서, 손에 들고 있던 항아리를 아래로 멀리 던져 동시에 와장창! 깨뜨렸다. 그와 더불어 빈 항아리 속에 감춰져 있던 횃불을 꺼내어 일제히 좌우로 크게 흔들었다.

뿌우우! 뿌! 뿌우우! 뿌우!

와장창! 창창! 와장창!

아닌 밤중에 나팔 소리와 빈 항아리 깨지는 소리! 요란한 소리가 밤의 깊은 정적을 깨뜨리며 골짜기 전체에 울려 퍼졌다. 다른 두 부대도 기드온 부대를 따라 나팔을 불면서 빈 항아리를 산 아래로 던져 동시에 깨뜨렸다. 300용사들은 왼손에는 횃불을 들고, 오른손으로는 나팔을 불면서 크게 외친다.

"주를 위하여 칼을 들라!"

"기드온을 위하여 칼을 들라!"

기드온과 300용사들은 산 위에서 골짜기 아래에 있는 미디안 연합군의 진영 외곽을 에워쌌다. 전혀 예상치 못한 한밤중의 기습 공격에 미디안 군사들은 혼비백산, 어쩔 줄을 모르고 우왕좌왕 허둥지둥 이리저리 헤맬 뿐이다. 잠결에 일어나 정신을 차릴 수 없어 앞뒤, 사방을 분간하지 못하고 저마다 비명을 내지르며 도망치기에 바빴다. 300명의 용사들은 사방을 에워싼 채 계속해서 나팔을 불어댔다.

뿌우우우! 뿌우! 뿌우우!

귓가를 때리는 나팔 소리, 미디안 연합군은 엄청난 두려움에 사로잡혀 적군과 아군을 구분하지 않은 채 눈에 보이는 대로 칼을 마구 휘둘러 댔다.

으아악! 악! 으악!

미디안 군사들은 어둠 속에서 앞뒤와 사방을 분간하지 못하고 자기편끼리 칼을 휘둘러 마구 찔러 죽였다. 그렇게 죽은 시체들이 산더미를 이루었다.

"아, 안 되겠다. 무조건 도망가자! 일단 나부터 살고 보자!"

이미 싸울 의지가 꺾인 미디안 군사들은 너 나 할 것 없이 무기를 내던지고 스레라 쪽으로 도주해서 벧싯다에 이르렀다. 또한 답밧 가까이에 있는 아벨므홀라의 시냇가까지 이르렀다.

기드온 부대는 미디안 군사들을 추격했다. 납달리, 아셀, 므낫세 지파로 이루어진 이스라엘 군사들이 맹렬하게 뒤쫓았다. 이때 기드온은 에브라임 산악지역으로 사람을 보내어 급하게 소식을 전한다.

"형제들, 그대들은 속히 내려와 도망치는 미디안 군사들을 앞질러 길을 막도록 하시오. 벧바라에 이르기까지 요단강의 나루터를 모두 막으시오."

기드온은 에브라임 지파의 사람들에게 요단강의 모든 나루턱을 선점하라고 지시했다. 미디안 연합군이 요단 동편에 있는 자기네들의 땅으로 도망치지 못하도록 하기 위해서였다. 전갈을 받은 에브라임 지파 사람들은 즉시 벧바라에 이르기까지 요단강 나루터를 장악하고 굳게 지켰다. 이때 그들은 미디안 군대의 장군들인 오렙과 스엡을 포로로 사로잡아, 오렙은 '오렙 바위'에서, 스엡은 '스엡의 포도주틀'에서 죽였다. 에브라임 지파 사람들도 미디안 군사들을 계속 추격하며 쳐 죽였다.

그들은 오렙과 스엡의 머리를 가지고 요단강 건너편에 있는 기드온에게로 왔다. 기드온 군대의 대승이다. 이번 전쟁을 통해 기드온은 정말로 큰 용사가 되었다. 기드온에게 처음 사사의 소명을 주실 때 "큰 용사여!"하고 부르신 하나님의 부르심이 현실화되는 순간이다. 이렇게 기드온은 하나님께서 만들어낸 큰 용사였다. 소심한 졸장부가 담대한 대장부가 된 것이다. 하나님께서 다 하신 일이다.

8

기드온의 전쟁

세바와 살문나를 쫓아가느라 지친
기드온과 3백 명의 병사가
숙곳과 브누엘에 이르러 빵을 달라 했건만
그들은 비웃기만 하고 주지를 않네

사사 기드온이 미디안 군대를 완전히 격파하다 (8:1-28)

"기드온이여, 그대는 어찌하여 우리를 이런 식으로 대접하는 것이오? 미디안 연합군과 싸우러 나갈 때, 왜 처음부터 우리를 부르지 않았던 것이오?"

승전 후, 에브라임 지파 사람들이 노골적으로 기드온에게 항의했다. 기드온 부대가 다 이루어놓은 승리에 자신들이 뒤늦게 뛰어든 데 대한 불만이었다. 이번 전쟁에서 주도권을 행사하지 못한 것을 분히 여겨 공연히 시비를 걸었다.

에브라임 지파는 평소에 스스로를 으뜸 지파로 자처했기에 모든 일에 주도권을 잡아야 했다. 그렇지 않으면 어김없이 불평불만을 터뜨렸다. 이번 경우에도 그랬다. 한낱 반쪽짜리 므낫세 지파 출신인 기드온이 사사로 활약하면서 큰 승리를 떨치고 있으니 자존심이 크게 상했다. 그래서 시비를 거는 것이다. 그들의 자만심을 잘 아는 기드온은 그들과 싸우기 싫었다. 그래서 한층 겸손한 대답으로 그들의 시비를 가라앉힌다.

"진정들 하시구려. 오늘처럼 기쁜 날에 어찌 그러시는 게요. 비록 내 부대가 미디안 군대를 먼저 쳤다고는 하나, 내가 이룬 것을 어찌 당신들이 거둔 승리와 비교할 수 있겠소? '에브라임의 끝물 포도가 아비에셀의 맏물 포도보다 낫다.'라는 말도 있지 않습니까."

맨 나중에 거둬들이는 '끝물 포도'는 처음에 수확하는 '맏물 포도'보다 맛이 시고 질도 훨씬 떨어진다. 기드온이 에브라임 산지의 '끝물 포도'가 자기 고향에서 생산되는 '맏물 포도'보다 훨씬 좋다고 말한 의도는 어디에 있었을까? 이번 미디안 연합군과의 전쟁에서 기드온 집안사람들인 아비에셀이 처음부터 끝까지 세운 공로보다 전쟁의 막바지에 참여한 에브라임 지파의 공로가 훨씬 더 크다는 사실을 풍자적으로 표현한 말이다. 이렇게 기드온은 자신의 공로를 낮추고 에브라임 지파의 전공을 한층 치켜세웠다. 기드온의 겸손과 신앙이 돋보이는 대목이다.

"주께서는 오늘 당신들의 손에 미디안의 두 장군인 오렙과 스엡을 넘겨주셨소. 그러니 어찌 내가 한 일을 당신들이 한 일과 감히 비교할 수 있겠소? 그러니 그만 화를 푸시구려. 하하하."

공연히 빈정대는 말이 아니다. 에브라임 지파는 미디안의 두 장군을 죽였고, 그들의 도주로를 차단하는 큰 역할을 했다. 그 점을 강조하여 치켜세운 것이다. 그러나 실상 처음부터 싸움을 주도했던 기드온과 그의 소속 가문의 업적은 에브라임 지파의 공로에 비할 바가 아니었다. 그럼에도 기드온은 자신의 공로는 한껏 낮추고, 에브라임의 공로를 치켜세웠다. 이런 일로 이스라엘 지파들 간에 분열이 생기는 것을 원하지 않았기 때문이다.

"뭐, 그야… 따지고 보면, 그렇다고 볼 수 있죠. 허허허. 어쨌든, 그대들도 이번 전투에 수고가 참으로 많았소. 허허."

에브라임 지파 사람들의 화가 단번에 누그러졌다. 그들은 겸연쩍게 웃으며, 또 우쭐거리며 자기네들의 땅으로 돌아갔다.

다음날, 기드온과 300명 용사들은 다시 힘을 냈다. 지친 몸을 이끌고 추격을 계속했다. 그리하여 요단강 동편의 숙곳에 이르렀을 때, 그곳 사람들에게 식량 보급을 요청했다. 숙곳은 일찍이 가나안 땅으로 귀환한 야곱 가족이 잠시 머문 곳으로, 후일에 갓 지파가 기업으로 분배받은 요단 동편의 성읍이었다. 얍복강에서 북쪽으로 16km 정도 떨어진 곳에 위치했다.

"숙곳 주민 여러분, 부탁하건대 우리 군사들에게 먹을 것 좀 주시오. 이번 전쟁으로 모두가 지쳐 있소이다. 우리는 지금 미디안 사람들의 두 왕인 세바와 살문나를 사로잡으러 추격하는 길이라오."

기드온은 정중하게 먹을 것을 요청했다. 그러자 숙곳 성읍의 지도자들이 기드온의 요청을 거절하며 냉랭하게 말한다.

"그건 곤란하오. 세바와 살문나가 아직도 멀쩡히 살아있는데, 우리가 왜 당신의 군사들에게 먹을 것을 주어야 한단 말이오? 그러다가 일이 잘못되기라도 하면 어쩔 셈이오? 그 뒷감당을 어찌할 거냔 말이오."

이렇게 이스라엘은 내부적 단결이 제대로 이루어지지 않고 있었다. 12지파가 이미 땅을 나누었기에 마치 다른 부족들처럼 처신할 때가 적지 않았다. 기드온과 300용사로 구성된 추격군의 작은 규모를 보고는 최종 승리를 확신할 수 없었는지, 잔뜩 몸을 사린 것이다.

그들은 기드온 군대가 반격을 받아 패할 경우 미디안 족속으로부터 받게 될 보복이 두려웠다. 그래서 요청을 들어주는 위험을 감수하는 것보다 차라리 미디안 족속과 우호적인 관계를 유지하는 편을 택했다. 그것은 동족과 나라를 배신하는 극단적인 이기주의적 처신으로, 응징받아야 마땅했다.

"뭐라고요? 우리에게 먹을 것을 줄 수 없다고요? 우린 지금 이스라엘을 7년 동안 압제한 미디안 족속을 쳐부수는 중이란 말이오. 어찌 우리에게 그럴 수가 있소? 주께서 세바와 살문나를 나의 손에 넘겨주시는 날,

내가 들가시와 찔레로 당신들의 살을 찢어 버리겠소!"

기드온은 그들의 태도가 도무지 이해되지 않았다. 이스라엘을 7년 동안이나 압제해 온 미디안 족속과의 전쟁에 직접 참여해서 싸우기는커녕, 거의 다 이겨놓은 전쟁마저 후환이 두려워 미디안 왕들을 추격하는 자신의 군대에게 먹을 것조차 건네주지 않는 숙곳 성읍의 주민들에 대해 크게 분노했다.

▲ 사사 기드온의 활약

기드온은 크게 낙담한 300용사들을 달래어 미디안 족속의 두 왕을 계속 추격했다. 그리하여 숙곳 동쪽 9km 지점에 있는 브누엘 성읍에 이르렀다. 기드온은 브누엘 성읍의 주민들에게도 숙곳에서처럼 똑같은 요청을 했다. 하지만 그들 역시 숙곳 사람들과 마찬가지로 냉정하게 거절한다.

"안 되오! 미디안의 왕들이 아직껏 살아있는데 당신들을 어찌 믿고 함부로 도와준단 말이오? 그러다가 일이 잘못되기라도 한다면 당신들이 우릴 책임질 거요?"

이스라엘의 독립과 동족의 자유는 아랑곳없이 오직 자신들만의 안위를 걱정하는 브누엘 성읍 주민들의 이기적인 태도에 기드온은 크게 화가 났다.

"그만 닥치시오! 알겠소. 우리가 미디안 족속의 두 왕을 사로잡고 개선할 때, 당신들이 세워놓은 저 성읍의 망대를 허물어버릴 것이오. 그리 아시오!"

미디안 연합군을 이끈 두 왕 세바와 살문나. 때에 그들은 1만 5천 명의 패잔병들을 이끌고 갈골에 진을 치고 있었다. 살아남은 패잔병들은 모두 동쪽의 사막 지역에서 온 자들이었다. 미디안 연합군의 주력 세력인 12만 명의 군사들은 모레산 근처의 전투에서 이미 전사한 뒤였다. 비록 패잔병들이지만 아직도 1만 5천 명이 남아 있었다. 기드온 군대의 50배다. 그래서 기드온은 정면 승부를 피하고 기습공격을 택했다.

기드온의 군사들은 노바와 욕브하 동쪽으로 나 있는 유목민들의 길을 따라 올라가, 전혀 예상치 못하고 있을 때 그들을 일시에 덮쳤다. 때에 연합군의 두 왕 세바와 살문나는 패잔병들로 전열을 가다듬은 뒤 재차 공격하려고 전쟁터에서 멀리 떨어진 그곳에서 마음 놓고 있었다. 기드온 부대가 그곳까지 추격해올 줄은 상상도 하지 못했다. 그러다가 졸지에 허를 찔리고 일격을 당한 것이다. 기드온은 두 왕을 사로잡고 패잔병들까지 싹쓸이 했다. 300명의 용사가 13만 5천 명의 연합군을 격파한 것이다. 그 승리의 비결은 오직 하나, 하나님의 도우심이다.

요아스의 아들 기드온은 당당하게 개선했다. 헤레스 고개를 넘어 자신들의 땅으로 당당하게 돌아가고 있었다. 귀환 중인 기드온 부대가 숙곳 부근에 이르렀을 때, 한 청년이 급히 달아나는 것을 목격했다. 기드온은 그 청년을 붙잡아 심문한 끝에, 77명에 달하는 숙곳 성읍의 지도자들과 장로들의 이름을 알아냈다. 마침내 숙곳 성읍에 이른 기드온이 그곳 주민들에게 말한다.

"미디안의 두 왕 세바와 살문나가 여기 있소. 이들을 추격할 때 당신들은 우리의 요청을 냉정하게 거절했소. 먹을 것을 구하는 요청을 거절하면서 세바와 살문나를 사로잡을 수 있겠느냐며 우리를 얕잡아보고 비아냥거렸소."

숙곳 주민들은 벌벌 떨었다. 저지른 잘못이 컸기 때문이다. 기드온은 숙곳 청년에게서 알아낸 대로 성읍 지도자들과 장로들 77명을 체포한 뒤, 들가시와 찔레나무로 처형했다. 그런 다음, 기드온 부대는 자신들을 박대한 브누엘 성읍으로 가서 그곳의 망대를 헐어버리고 성읍 주민들을 죽였다.

사사 시대는 각자 자신들의 소견에 옳은 대로 행하던 암흑시대였다. 숙곳 지도자들과 브누엘 주민들에 대한 기드온의 가혹한 보복 행위도 그런 시대 상황에서 비롯되었다. 하지만 기드온의 보복 행위는 개인의 악감정에서 비롯된 것은 아니다. 무자비하긴 했지만, 이스라엘 공동체적 차원에서 행해진 죄에 대한 응징이었다. 사실, 전쟁 시에 적군에게 유리하게 행동하는 것은 국가에 대한 배신행위로 사형에 해당하는 중대한 범죄였다.

기드온과 300용사는 이스라엘 본진으로 귀환했다. 이제 사로잡은 미디안 족속의 두 왕을 처리해야 했다. 기드온은 곁에 있는 맏아들 여델에게 두 왕을 처형시키라고 했지만, 그는 잔뜩 움츠리며 어쩔 줄 몰라 했다. 나이가 어려 칼조차 제대로 빼내지 못하고 손을 덜덜 떨었다. 그런 모습을 보고, 세바와 살문나가 기드온에게 말한다.

"우리는 비록 포로 신세이나 한 나라를 이끈 왕들이오! 그대가 직접 죽이시오. 대장부답게 당신이 죽이란 말이오! 왕으로서 품위 있게 죽을 수 있도록 자비를 베푸시오!"

고대 전쟁에서 왕이나 장수들은 패장으로 죽을 때에도 신분에 맞게 명예롭게 죽기를 원했다. 무명의 군사나 특히 아녀자에게 죽임당하는 것을 큰 수치로 여겼다. 그래서 미디안 연합군의 두 왕도 기드온에게 직접 죽기를 청한 것이다. 기드온은 서슴없이 칼을 뽑아 두 왕의 목을 차례대로 내리쳤다. 그런 뒤 기드온은 두 왕이 타고 다니던 낙타의 목에서 반달 모양의 금장식을 떼어내어 전리품으로 취했다.

미디안 족속은 월신(月神)을 숭배하는 족속이다. 그들은 부적처럼 금이나 은으로 만든 초승달이나 반달 모양의 장신구를 달고 다녔다.

세바와 살문나 역시 타고 다니던 낙타에 반달 모양의 금장식을 주렁주렁 매달았다. 두 왕을 죽인 기드온은 승전의 기념으로 두 왕의 장신구를 취했던 것이다.

기드온은 이스라엘의 영웅이 되었다. 졸장부 소리를 듣던 소인배, 약탈이 두려워 뒷마당에서 몰래 밀 타작을 하던 소심한 그였다. 그러나 지금은 가는 곳곳마다 승전의 깃발을 휘날리는 명장이 되고, 미디안 연합군의 두 왕을 쳐 죽인 영웅이 되었다. 모두 하나님께서 함께 해주심으로 가능한 일이었다. 기드온 주변에는 변함없이 300명 용사가 있었다. 그들은 하나님의 당당한 군대였다.

기드온이 미디안 연합군을 쳐부수고 얼마 후, 백성들이 찾아와 간청한다.

"사사님, 사사님께서 미디안의 압제에서 우리를 구해주셨으니, 우리를 영영 다스려 주십시오. 사사님과 아들과 손자까지도 대대로 왕이 되어 우리를 다스려 주십시오."

이스라엘 백성들은 기드온을 왕으로 옹립함으로써 그의 보호 아래 태평성대를 누리길 원했다. 이에 기드온이 대답한다.

"그대들의 뜻은 고맙소만, 나는 왕이 될 수 없소이다! 내 아들과 손자도 역시 왕이 될 수 없소이다! 우리의 왕이 되어 우리를 다스릴 분은 오직 주님뿐이십니다."

"물론 주께서 다스리시겠지만, 그래도 사사님이 우리의 왕이 되셔서…"

"자, 자, 그 얘긴 그만하십시다! 대신 한 가지 부탁이 있소이다!"

"사사님은 우리 생명의 은인이십니다. 무슨 부탁인들 들어주지 못하겠습니까."

"전리품으로 취한 것들 중에서 금귀고리 하나씩을 내게 주시오."

당시 미디안의 군사들은 이스마엘 부족으로 귀에 금고리를 달고 있었다. 또한 이스마엘 사람들은 광야의 유목민이요 대상(隊商)으로 언제든지 원하는 물건과 바꾸어 사용할 금이나 은 같은 귀중품들을 많이 지니고 다녔다. 특히 금으로 귀고리를 만들어 자랑스럽게 달고 다녔다. 그래서 이번 전쟁에서 큰 승리를 거둔 군사들은 상당량의 금귀고리를 전리품으로 취했다.

기드온의 입에서 말이 떨어지기가 무섭게 누군가가 겉옷을 펼쳐놓자 모두들 그 위에 금귀고리를 하나씩 던졌다. 그렇게 쌓인 금귀고리의 무게를 달아보니, 1,700세겔(대략 20kg)이나 되었다. 금귀고리 외에도 온갖 장식품들, 왕들이 입었던 자주색 옷들, 왕들이 타고 다니던 낙타의 목에 두른 금사슬 등이 마구 쏟아져 나왔다.

이때 기드온은 금으로 '에봇'을 만들어 고향 마을 오브라에 두었다. 에봇은 일종의 의복이다. 대제사장이 가슴에 붙이는 흉패 바로 아래에 받쳐 입는 옷으로, 조끼처럼 팔 부분이 없으며 앞치마처럼 무릎까지 내려오는 긴 옷이다. 그런데 기드온이 금으로 만든 이 에봇이 문제가 되었다. 백성들은 기드온을 존경했기에 에봇도 신성하게 받들었다. 이처럼 에봇이 우상으로 변모되는 바람에, 그 에봇이 기드온과 그의 가족에게 덫이 되고 올가미가 되었다. 어떤 물건이든 하나님을 대신하여 신성한 자리에 앉히거나 세우는 것, 그것이 바로 우상이고, 그것을 받들고 섬기는 것이 우상숭배다.

크게 패배한 미디안 사람들은 이스라엘에게 무릎을 꿇고 다시는 공격할 엄두를 내지 못했다. 기드온이 이스라엘의 사사로 활동한 40년 동안, 이스라엘 땅에는 어떤 대적의 위협도 없이 평화가 지속되었다.

사사 기드온의 죽음과 이스라엘의 타락 (8:29-35)

요아스의 아들 여룹바알, 곧 사사 기드온은 고향 집으로 돌아가 왕처럼 부유하게 지냈다. 많은 아내를 두었고, 슬하에 자식이 칠십 명이나 되었다.

본래 하나님께서 세워주신 부부의 원리는 한 남자에 한 여자, 곧 일부일처제였다. 하지만 구약시대에는 경건한 신앙인들조차 이방 민족의 영향을 받아 아내를 여럿 두었다. 아내를 많이 둔 것이 율법에 명백히 죄로 간주되진 않았다 해도, 일부다처의 관습은 심각한 가족 문제를 불러일으키곤 했다.

기드온도 전쟁에서는 영웅이었지만 가정에서는 가족을 제대로 제어하지 못했다. 그는 세겜 성읍에서도 첩을 두었고, 그 첩을 통해 아들을 얻었다. 그 아들에게 '아비멜렉'이라는 이름을 지어주었다. '나의 아버지는 왕이다'란 뜻이다. 기드온이 왕은 아니지만, 마치 왕 같았음을 드러내는 말이다. 태평성대의 세월 속에서, 말년에 이르러 그의 신앙이 무뎌졌다는 것을 알 수 있는 대목이다. 사사 시대의 일그러진 초상이다.

세월이 흘러, 기드온이 늙어 죽었다(주전 1129년경). 그는 고향 오브라 성읍에 있는 아버지 요아스의 무덤에 묻혔다. 오브라는 므낫세 지파 소속인 아비에셀 가문이 살고 있는 지역이다. 지도자의 무뎌진 신앙은 그의 죽음 이후에 백성들의 급속한 타락으로 이어지는 요인이 된다.

사사 기드온이 세상을 뜨자마자, 이스라엘 백성들은 기다렸다는 듯이 주께 등을 돌리고 바알 우상을 섬겼다. 사람들은 '바알브릿'을 자기들의 신으로 삼았다. 바알브릿은 '언약의 바알'이란 뜻이다. 이스라엘 백성들이 바알과 언약을 맺고, 바알을 자기들의 신으로 삼아 열렬히 섬겼음을 보여주는 말이다. 가나안 지역에서 바알은 우레와 비와 날씨를 주관하는 농경의 신으로 숭배되었다.

이스라엘 백성들은 이처럼 사방의 대적들에게서 자기들을 구원해 주신 여호와 하나님을 또다시 망각하고 저버렸다. 미디안 족속의 7년 압제에서 자기들을 건져낸 '여룹바알'이라 불리는 기드온의 가족들도 제대로 돌보지 않았다. 기드온이 죽은 후, 이스라엘 백성들은 하나님 보시기에 온갖 악을 자행했다.

9
아비멜렉

세겜 성읍을 탈출한 사람들은
데베스 망대로 피신하네
그곳에 불을 지르던 아비멜렉은
여인이 던진 맷돌에 맞아 죽네

아비멜렉의 권모술수와 요담의 저주 (9:1-21)

기드온이 죽은 후, 그의 첩 자식인 아비멜렉은 세력을 얻기 위해 발 빠르게 움직였다. 먼저 아비멜렉은 세겜 성읍에 사는 외가 친척들을 찾아간다. 아비멜렉의 건들거리는 얼굴을 보는 친척들은 불길함을 느꼈다. 경계의 눈빛으로 아비멜렉을 살핀다.

"친척 여러분, 세겜 사람들에게 한번 물어봐 주십시오. '기드온의 아들 70명이 여러분을 다스리는 것이 좋겠습니까, 아니면 아비멜렉 혼자서 다스리는 것이 좋겠습니까?' 하고 말입니다."

"아니 그게 무슨 뜻인가?"

"뜻이고 뭐고 있겠습니까? 그렇게 한번 물어봐 주시고, 그때 어르신들은 소인 아비멜렉이 세겜성 사람들의 혈육이라는 사실을 꼭 상기시켜 주십시오. 어르신들도 알다시피 제 어머니가 이곳 세겜 출신이 아닙니까."

아비멜렉은 권모술수에 능한 인물이다. 그의 말은 권력을 차지하기 위한 교활한 선동이었다. 기드온이 죽은 후, 70명의 이복형제들이 모두 자신처럼 권력을 노리고 있다고 판단했고, 화근을 제거하고자 먼저 선수를 친 것이다.

세겜 사람들은 아비멜렉이 자신들의 혈육이라는 말을 듣고는, 그에게로 마음이 쏠려 그를 따르기로 결정한다. 그들은 바알브릿 신전에서 은 70세겔을 가져다가 아비멜렉에게 바쳤다. 당시 은 1세겔은 노동자 4일치의 품삯이었다.

아비멜렉은 친척들이 건네준 돈으로 불량한 건달들을 고용했다. 그는 그렇게 고용한 부하들을 이끌고 아버지의 친척들이 살고 있는 오브라로 향했다. 갑작스럽게 오브라에 들이닥친 아비멜렉은 똘마니들에게 지시한다.

"기드온의 아들들을 모두 사로잡아라! 한 명도 놓쳐선 안 된다!"

졸지에 기드온의 아들 70명이 영문도 모른 채 사로잡혔다. 아비멜렉은 이복형제 70명을 마을 뒷산의 큰 바위 앞으로 끌고 갔다. 이복형제들이 새파랗게 질려 애원한다.

"아비멜렉! 그대는 우리의 형제가 아닌가. 어찌 우리에게 이러는 겐가. 아버지를 봐서라도 이럴 수는 없는 거 아닌가. 제발 우리를 살려다오."

"닥쳐랏! 너희 때문에 내가 얼마나 힘들게 살았는지 너희는 모르겠지! 너희가 내 눈물을 알아?"

"미안해, 정말 미안해. 우리가 이렇게 용서를 구하니 제발 살려줘."

"아니, 그건 안 되지! 너희가 살아있는 한, 내가 발 뻗고 잠을 잘 수 없다! 내가 불안하단 말이다! 미안하지만 모두 죽어줘야겠다!"

아비멜렉은 70명이나 되는 이복형제들 모두를 바위 위에 눕혀놓고 인정사정없이 쳐 죽였다. 눈 하나 깜빡이지 않고 피비린내 풍기는 끔찍한 형제 몰살의 살인극을 펼쳤다.

'흐흠, 이제 됐군! 방해물들을 깨끗이 청소했어! 흐흐.'

아비멜렉은 자기가 왕이 되는 길에 위협이 되는 기드온의 모든 아들들, 곧 자기 형제들을 전부 죽였다고 생각했다. 그러나… 한 명이 살아남았다! 기드온의 막내아들 요담은 때마침 눈에 띄지 않는 곳에 숨어 있었기에, 천만다행으로 참극을 면할 수 있었다.

세겜 성읍 사람들과 밀로 성읍 사람들은 아비멜렉을 자신들의 왕으로 옹립했다. 밀로는 세겜 부근의 성읍으로 군사적 요충지다. 그들은 세겜 부근의 돌기둥 곁에 있는 상수리나무 아래에 모여 아비멜렉을 향하여 '왕 만세!'를 외쳤다.

"하하하! 이제 내가 이스라엘의 왕이다! 하하하!"

아버지 기드온이 거절한 왕위, 그 왕위를 자신이 차지하고야 말겠다는 아비멜렉의 야욕이 성취되는 순간이었다.

아비멜렉의 대학살극에서 유일하게 목숨을 건진 기드온의 막내아들 요담은, 세겜성 부근의 그리심산 꼭대기로 올라갔다. 그리심산은 세겜성의 남서쪽에 위치한 해발 855m의 산으로, 맞은편에는 해발 920m의 에발산이 있다. 요담은 그리심산 꼭대기로 올라간 뒤 그곳에 서서 아래쪽 세겜 마을을 향하여 하나의 우화(寓話)를 들려줌으로써 자신의 뜻을 전달한다.

"여러분, 내 말을 들어보십시오. 하루는 나무들이 왕을 뽑기 위해 길을 나섰습니다. 그들은 올리브나무를 보고 '우리의 왕이 되어 주십시오.' 하고 요청했습니다. 그러자 올리브나무는 '무슨 소리요? 기름을 내는 일을 포기하고 왕이 되라고요? 내 기름이 신들과 사람들을 얼마나 기쁘게 해주는지 알고나 하는 소리요? 그토록 귀한 일을 그만두고 왕이 되어 다스리라고요? 난 못합니다.' 그렇게 대답했습니다."

요담이 큰 소리로 외치자, 골짜기의 양쪽 바위벽들은 그의 목소리를 한층 증대시켜 주었다. 산 아래 쪽에서 사람들의 웅성거리는 기척이 느껴졌다. 요담은 계속해서 우화를 말한다.

"나무들이 이번에는 무화과나무에게 '왕이 되어 주십시오.' 하고 요청했습니다. 무화과나무 역시 '무화과가 얼마나 달고 맛있는데, 그걸 포기하고 다른 나무들을 쥐고 흔드는 짓을 하라고요? 난 생각조차 하기 싫소.' 했습니다.

나무들은 다시 포도나무에게로 몰려가서 '제발 우리 왕이 되어 주십시오.' 하고 요청했습니다. 포도나무 역시 '아니, 이 달콤한 포도주 내는 일을 그만두고 다른 나무들을 짓밟는 일을 하라고요? 난 못하겠소!' 했습니다."

요담은 잠시 말을 멈춘다. 사람들은 물론, 나무들도 재미있게 잘 듣고 있다는 듯이 바람에 살랑거린다. 산 아래 세겜 사람들 중 어떤 이들은 알듯, 어떤 이들은 모를 듯한 표정으로 귀를 곧추 세운다. 요담은 계속해서 말을 잇는다.

"이렇게 올리브나무, 무화과나무, 포도나무가 자기 일을 소중히 여겨 왕 되기를 거부하자, 나무들은 하는 수 없이 가시나무에게 말했습니다. '우리의 왕이 되어 주시오.' 그러자 가시나무는 쾌재를 부르며 '좋다, 좋구나. 너희가 정말로 나를 왕으로 섬길 셈이라면, 모두 내 그늘 아래에 몸을 숨겨라. 그렇게 하지 않으면, 이 가시덤불에서 불을 뿜어내어 레바논의 백향목을 모조리 태워버리겠다.' 했습니다."

레바논의 백향목은 곧게 우뚝 솟은 고귀하고 품위 있는 나무다. 요담의 우화에서 백향목은 도도하고 고고한 자태를 풍기는 듯한 세겜 성읍의 지도자들을 가리킨다.

요담이 들려준 우화는 이런 내용이다. 올리브나무, 무화과나무, 포도나무처럼 열매를 맺는 나무들은 가치 있는 반면, 열매를 맺지 못하는 가시나무는 불에 쉽게 탈 뿐 아무런 가치가 없다. 그런데도 가시나무 같은 아비멜렉이란 자가 가치 있는 나무들(70명의 형제들)을 모조리 없애고 스스로 왕이 되었으니, 가시나무의 불이 결국에는 세겜 사람들을 다 태워버릴 것이다.

이처럼 요담은 '나무 우화'를 통해 권력욕을 채우기 위해 이복형제 70명을 한꺼번에 몰살시킨 아비멜렉을 '가시나무'에 비유했다. 성경에서 가시나무는 저주를 상징하는 식물로, 날카로운 가시로 고통을 가하는 것 외에는 전혀 쓸모가 없는 나무이다. 불타는 가시나무는 주변을 모두 태움으로써 막대한 피해를 끼친다. 이는 아비멜렉으로 인해 주변의 사람들이 엄청난 고통과 피해를 입게 될 것임을 경고한 것이다.

"여러분, 아비멜렉을 왕으로 세워놓고도 잘한 일이라고 생각하시오? 기드온과 그의 집안에 도리를 다했다고 할 수 있소? 여러분을 구해낸 기드온의 업적과 은혜에 보답하는 일이 고작 이런 것이란 말입니까?"

요담은 격한 감정으로 말을 잇는다.

"내 아버지는 목숨 걸고 싸워 미디안 족속의 손아귀에서 여러분을 구해냈습니다. 그런데 여러분은 내 아버지 집안에 등을 돌리고, 아비멜렉과 짝짜꿍이 되어 내 형제 70명을 한꺼번에 쳐 죽게 놔두었소. 첩의 아들 아비멜렉을 왕으로 떠받들고 있소. 여러분의 혈육이라는 그 사실 하나 때문에 말이오."

요담의 말에 세겜 사람들은 양심의 가책을 받아 뜨끔했다. 틀린 말이 하나도 없었다. 요담의 말은 비수처럼 더 깊이 후비고 들어온다.

"이제 왕으로 세운 아비멜렉하고 잘들 해보세요! 그러나 분명히 경고합니다! 언젠가는 가시나무 같은 아비멜렉이 불을 뿜어 세겜 사람들과 밀로 사람들을 다 태워버릴 것입니다. 또한 세겜 사람들과 밀로 사람들도 역시 불을 뿜어 아비멜렉을 불사르게 될 것입니다. 피차간에 원수가 될 것입니다!"

"무, 무엇이라고? 듣자, 듣자 하니! 저, 저놈을 당장 잡아랏!"

아비멜렉의 열렬 추종자들이 흥분하여 외쳤다. 하지만 그리심산 꼭대기에 있는 요담을 무슨 수로 잡을 수 있으랴! 세겜 사람들에게 할 말을 다 마친 요담은 잽싸게 그리심산을 떠나 브엘로 도망쳤다. 이후로 요담은 아비멜렉의 추격과 보복이 두려워 멀리 브엘 성읍에서 계속 숨어 살았다.

아비멜렉과 세겜성 주민들의 반목과 싸움 (9:22-57)

세월이 흘렀다. 아비멜렉이 왕이 되어 다스린 지 3년이 지났다. 이때쯤 요담의 경고가 하나둘씩 현실로 드러났다. 3년을 겪어보니, 아비멜렉은 서늘한 나무그늘을 제공하기는커녕 산불이나 내는 위험하고 쓸모없는 가시나무에 불과했다.

"뭐야, 이거! 기껏 아비멜렉을 왕으로 삼았더니 좋아진 것이라곤 하나도 없고 도리어 예전보다 더 살기가 팍팍해졌잖아!"

"어째 처음부터 첩 자식을 왕으로 삼은 게 꺼림칙했었는데, 아닌 게 아니라 제멋대로잖아! 저런 폭군이 따로 없어."

세겜 사람들과 아비멜렉 사이에 심각한 균열이 생기기 시작했다. 하나님께서 악한 영을 보내어 아비멜렉과 세겜 사람들 사이를 갈라놓은 것이다. 마침내 세겜 사람들이 아비멜렉을 거슬러 반기를 들었다. 반감을 품은 무리들이 산적이 되어 행인들을 강탈했다. 그런 사실을 아비멜렉이 전해 듣고는 격분했다.

"뭐라? 세겜 놈들이 내게 대항한다고? 이것들이 감히! 내 저들을 가만두지 않겠다!"

그 무렵, 에벳의 아들인 '가알'이란 자가 자기 형제들과 함께 세겜 성읍으로 이사를 왔다. 그는 아비멜렉 못지않게 권력욕이 넘쳤고 수완도 좋았다. 세겜 사람들은 어느새 그자를 믿고 따르게 되었다.

때마침 추수 때가 되었다. 세겜 사람들은 포도를 수확한 후에 발로 밟아서 새 포도주를 만들고 잔치를 크게 열었다. 사람들은 신전에서 먹고 마셨다. 바알 신을 섬기기 위한 '바알브릿 신당'이다. 고대에 신당에서는 제사를 지낸 후에 차린 음식과 포도주를 먹고 마시며 음란하게 춤추고 노래하는 것이 관행이었다. 한창 주흥이 오르자, 사람들은 아비멜렉을 저주하기 시작했다.

"자기 형제 70명을 쳐 죽인 첩 자식을 왕으로 삼아주었더니, 지가 잘 나서 왕이 된 줄 알고는 우쭐대는 꼴이라니! 내 원 참, 눈꼴사나워서…."

세겜 사람들의 말을 주의 깊게 듣고 있던 가알은 아비멜렉에 대한 저주의 말들이 한창 무르익자 때를 기다렸다는 듯 앞으로 나서며 말한다.

"여러분, 대체 아비멜렉이란 자가 누굽니까? 왜 그자를 섬겨야 합니까? 따지자면 우리는 맨 처음 세겜 성읍을 세운 하몰 집안사람을 섬겨야 하는 것이 아닙니까? 그런데 왜 우리가 아비멜렉 같은 자를 떠받들어야 한단 말입니까?"

"옳소! 맞는 말이오!"

세겜 사람들이 맞장구치며 호응했다. 그런 반역의 낌새를 '스불'이 알아차렸다. 스불은 아비멜렉의 후원 하에 세겜성을 감독하고 관리하는 대리 통치자였다. 스불은 즉시 아비멜렉에게 밀사를 보냈다. 아비멜렉은 크게 화를 냈다.

"뭐라? 가알이란 놈이 그런 발칙한 말을 했다고? 어디서 굴러온지도 모를 뜨내기 작자가 감히 그런 말을 하다니…. 내 뜨거운 맛을 보여주마!"

아비멜렉이나 스불이나 가알은 모두 자기 이익과 욕심을 위해 선동과 배반과 음모를 서슴지 않는 악당들이다. 격노한 아비멜렉은 밤중에 군대를 이끌고 즉시 세겜성으로 출동했다. 그는 군대를 넷으로 나눈 뒤 세겜 근처의 산속에 매복시켰다.

다음날 아침, 가알은 군사들을 이끌고 성문 앞으로 나왔다. 그때 전날 밤에 미리 매복하고 있던 아비멜렉과 군사들이 갑자기 나타났다. 가알이 크게 놀라며 스불에게 말한다. 스불이 모든 정보를 아비멜렉에게 전해준 줄은 꿈에도 몰랐다.

"웬 군대가 저기 산꼭대기에서 이리로 내려오고 있는 것이오?"

그러자 스불이 모른 체하며 대꾸한다.

"산 그림자가 드리워진 것을 사람들로 잘못 본 것 같습니다."

"아니 그렇지 않소! 잘 보시오. 분명 사람들이 저기 들판 한가운데서 이리로 다가오고 있지 않소. 어? 또 저기 점쟁이의 상수리나무 쪽에서도 한 무리가 이리로 다가오고 있소. 대체 이게 어찌된 영문이오?"

그제야 스불이 크게 웃으며 가알을 비웃으며 말한다.

"크핫핫핫. 이 어리석은 자야! 우리가 왜 아비멜렉을 섬겨야 하느냐고 큰소리 탕탕 치더니, 막상 아비멜렉과 싸우자니 오금이 저린 게냐? 어서 나가 싸워 보아라! 핫핫핫. 같잖은 놈 같으니라고!"

가알은 크게 당황했다. 스불이 첩자였다는 것이 그제야 확실해진 것이다. 사기가 꺾인 세겜 군사들은 아비멜렉에게 쫓겨 도망쳤다. 아비멜렉은 세겜 사람들을 마구 쳐 죽이고 성벽을 헐어버린 다음에 소금까지 뿌렸다. 소금은 식물들이 자라나지 못하게 하는 역할을 한다. 따라서 소금을 뿌리는 행위는 그곳에 더 이상 생명체가 자라나지 못하게 하려는 의도로, 완전한 폐허로 만들겠다는 저주의 행위다.

성벽이 무너지고 성읍이 점령당하자, 망대에 있던 세겜 주민들이 엘브릿(바알브릿) 신전 대피소로 몰려가 몸을 피했다. 그러자 대피소까지 추격한 아비멜렉은 아래에 나뭇가지를 쌓아놓고 불을 질렀다. 시뻘건 불길이 무섭게 치솟았다. 세겜 망대를 지키던 사람들, 곧 엘브릿 신전의 대피소로 피신한 자들은 모두 불에 타 죽었다.

작은 망대들은 대개 성벽 위에 세워져 있었다. 그런데 세겜 망대는 세겜 성읍과 얼마 떨어진 전략적인 위치에 큰 규모로 세워져 있었다. 바알 신을 섬기는 신전까지 갖추어져 1천 명 이상의 인원을 수용할 수 있었다. 그 모든 인원이 불에 타 죽은 것이다. 끔찍한 참변이었다.

3년 전, 그리심산 꼭대기에서 기드온의 막내아들 요담은 아비멜렉을

'가시나무'에 비유했었다. 가시나무는 불에 잘 타고 그 불길이 맹렬하다는 특성을 지니고 있다. 요담은 불의와 야합하여 아비멜렉을 왕으로 삼은 세겜 사람들이 결국 아비멜렉에게서 뿜어져 나오는 불로 인해 불타 죽을 것이라고 예언했었다. 그 예언이 문자 그대로 정확하게 이루어졌다. 가시나무 같은 아비멜렉은 자신을 배반한 세겜 사람들을 불태워 죽였던 것이다.

아비멜렉은 세겜 사람들을 마구 쳐 죽이고, 대피소로 피신한 사람들까지 전부 불태웠는데도 분이 풀리지 않았는지, 데베스를 공격했다. 세겜에서 북동쪽으로 18km 떨어진 지점에 위치한 성읍이다. 이곳 사람들도 세겜 사람들과 합세하여 아비멜렉에게 반기를 들었던 것이다. 데베스는 세겜보다 훨씬 작아 금방 점령되었다. 데베스 주민들은 견고한 망대로 피신해 들어갔다. 그런 뒤, 문을 굳게 걸어 잠근 채 망대 꼭대기로 올라갔다.

'요것들 봐라! 어딜 살겠다고! 요것들도 전부 불태워 죽여야겠다!'

아비멜렉은 이전처럼 나뭇가지를 망대 입구에다 쌓도록, 망대 입구에 서서 군사들을 채근했다. 바로 그때였다! 높은 데서부터 큰 맷돌 하나가 아비멜렉의 머리 위로 세차게 떨어져 내렸다. 망대 안에 피신해 있던 데베스 성읍의 한 여인이 높은 망대 위에서 맷돌 위짝을 아래로 힘껏 내던졌던 것이다.

▲ 아비멜렉의 몰락

아비멜렉의 비명 소리가 울려 퍼졌다. 맷돌이 아비멜렉의 머리 위에 정통으로 떨어져서 그의 두개골을 깨뜨렸던 것이다. 아비멜렉은 말에서 떨어져 그대로 고꾸라졌고, 깨진 머리에선 피가 분수처럼 솟구쳤다. 죽음을 직감한 아비멜렉이 급히 호위병을 부른다.

"호위병… 너, 너는 어서 칼을 빼서 나를 찔러 죽여라. 내가 여인에게 죽임 당했다는 말은 듣고 싶지 않다…. 너는 어서, 어서 나를 죽여라. 어서…."

고대 사회에서 용사가 여인의 손에 죽임 당하는 것은 후세까지 두고두고 놀림감이 되는 아주 큰 치욕으로 여겨졌다. 그래서 아비멜렉은 무기 든 남자의 손에 죽기를 원했다. 호위병이 잠시 머뭇거리다가 결심한 듯 칼을 빼어 아비멜렉의 가슴을 깊숙이 찌르자, 그는 이내 숨을 거두었다. 악인의 비참한 죽음이다.

아비멜렉이 죽은 것을 보자, 그를 따르던 군사들이 뿔뿔이 흩어져 각자 집으로 돌아갔다. 피비린내 나는 복수극이 막을 내렸다. 이렇게 하나님은 자기 형제 70명을 죽임으로써 자기 아버지 기드온에게 씻을 수 없는 큰 죄를 지은 아비멜렉에게 그 죗값을 물으셨다.

이로써 그리심산 위에서 외친 기드온(여룹바알)의 막내아들 요담의 저주가 그대로 이루어졌다. 하나님은 요담의 입을 통해 아비멜렉에게 저주를 내리셨고, 또 그대로 이루셨다(주전 1125년경).

10

이스라엘의 사사들

이스라엘을 대적의 손에서 건져낸 돌라는 23년 동안 이스라엘을 이끌었네. 그동안 이스라엘 땅에는 달콤한 평화가 깃들었네.

이스라엘의 사사, 돌라 (10:1-2)

폭군 아비멜렉은 여인이 던진 맷돌 위짝에 두개골이 깨져 죽는 죗값을 치름으로써 어이없게 그 생애의 막을 내렸다. 그는 거짓과 폭력이 자기를 다스리도록 허용해버린, 제멋대로 살았던 대표적인 악인이었다.

아비멜렉이 죽은 뒤, 기드온의 뒤를 잇는 사사가 등장했다. 그는 잇사갈 지파 사람으로, 도도의 손자이고 부아의 아들인 '돌라'였다. 돌라는 이스라엘이 곤경에 빠졌을 때 분연히 일어나 이스라엘을 대적의 압제에서 구해냈다. 그는 잇사갈 지파 출신이지만, 에브라임 지파 내의 산악지대인 사밀 성읍에서 살았다.

이스라엘을 대적의 손에서 건져낸 후, 돌라는 23년 동안 이스라엘을 이끌었다. 그동안 이스라엘 땅에는 평화가 깃들었다. 돌라는 죽어서 자신이 내내 거주했던 사밀 땅에 묻혔다.

사사 돌라에 관해서는 성경에 기록이 거의 없다. 12사사 가운데 돌라처럼 그 행적에 대한 기록이 아주 적은 사사들이 여섯 명 있다.

삼갈, 돌라, 야일, 입산, 엘론, 압돈이 그들이다. 편의상 이들을 소사사(小士師)로 분류한다. 이들에 비하여 비교적 기록이 많은 여섯 사사는 옷니엘, 에훗, 드보라, 기드온, 입다, 삼손이다. 편의상 이들을 대사사(大士師)로 분류한다. 그러니까 사사기에는 대사사 6명과 소사사 6명이 등장한다.

이스라엘의 사사, 야일 (10:3-5)

사사 돌라가 죽자, 그의 뒤를 이어 등장한 사사는 길르앗 사람 '야일'이다. 길르앗 사람이란 요단 동편 지역의 영토에 거주하는 사람들을 가리킨다. 길르앗 지역은 일찍이 이스라엘이 아모리 왕 시혼과의 전투에서 승리한 후에 르우벤, 갓, 므낫세 반 지파에게 분배된 지역이다.

돌라를 잇는 사사 야일은 길르앗 원주민이 아니라 므낫세 지파 출신이다. 야일도 돌라와 마찬가지로 이스라엘의 소(小)사사다. 그가 어떤 전투에서 이스라엘을 구해냈는지, 그의 행적에 대한 별다른 기록이 성경에는 없다. 그는 22년 동안 사사로서 이스라엘을 다스렸다.

야일 사사에게는 30명의 아들이 있었다. 그들은 각자 자신들의 나귀를 타고 다녔다. 고대 중근동 사회에서 나귀를 탄다는 것은 신분이 매우 높은 귀족임을 나타냈다. 따라서 야일의 아들 30명이 자신의 나귀를 탔다는 것은 당시에 사사 야일의 권세와 신분이 대단했음을 보여준다.

또한 야일의 아들 30명은 길르앗 지역에 있는 30개의 성읍을 각자 통치했는데, 그 지역은 '하봇야일'이라 불렸다. '야일의 마을들'이란 뜻이다. 사사 야일은 죽어서 길르앗 지역의 한 성읍인 가몬 땅에 묻혔다.

이스라엘 백성들의 타락과 하나님의 징벌 (10:6-16)

사사 야일이 죽은 후, 이스라엘 백성들은 또 다시 하나님의 눈앞에서 악한 짓을 일삼았다. 그들은 가나안 족속의 우상인 바알과 아스다롯을 섬겼다. 또한 아람의 신들, 시돈의 신들, 모압의 신들, 암몬의 신들, 블레셋의 신들도 섬겼다. 이스라엘 백성들은 더 이상 주를 찾지도, 섬기지도 않았다.

어째서 이스라엘 백성들은 틈만 나면 주님을 떠나 이방 우상들을 열렬히 섬기게 되는 것일까? 우상숭배에는 나름 독특한 매력이 있었던 것 같다. 우상은 육안으로 보이는 대상물이었기에 예배 시에 좀 더 실제적인 느낌을 가질 수 있었다. 사람의 손에 의해 얼마든지 만들어지고 통제될 수 있었다. 또 비, 우레, 기후 등을 주관한다는 가나안 땅의 우상들은 농작물의 풍작에 당장 효과를 줄 것처럼 보였다. 그리고 숭배 의식에는 다산(多産)과 풍작을 기원하는 문란한 신전 매춘이 이루어졌는데, 이것은 사람들의 육적 욕망과 맞아떨어졌다.

또한 각 지역의 고유한 우상들은 당시의 보편적 사상인 지역 수호신 사상을 반영하고 있었다. 그래서 주변에 널려있는 이방 우상들을 힘써 배격하는 것보다는 그것을 받아들이는 편이 훨씬 쉬웠다.

이와 같은 이유들로, 이스라엘 백성들은 하나님의 두려운 징벌을 계속 받으면서도 틈만 생기면 이방의 우상숭배에 쉽사리 빠져들었다. 그래서 일찍이 하나님은 가나안 족속들을 진멸하고, 그들의 우상을 모조리 헐고 찍어버리라고 엄히 명했었다. 그렇게 하지 않으면, 가나안 땅의 사람들과 우상들이 이스라엘에게 올무가 되고 덫이 될 것이라 경고했는데, 결국 그대로 되고 말았다.

'아, 그렇게 매를 맞았는데도, 정신을 못 차리고 우상을 섬기다니!'

주께서는 자기 백성을 블레셋 족속과 암몬 족속의 손에 넘기셨다. 그리하여 그들의 침공을 받은 요단강 건너편 길르앗 지방의 이스라엘 백성들은 18년이나 대적들에게 압제당하며 짓눌려 살았다.

길르앗 지역을 차지한 암몬 족속은 요단강을 건너와 강 서편 지역에 있는 유다와 베냐민과 에브라임 지파까지 수시로 공격하여 짓밟았다. 그로 인해 이스라엘 백성들은 극심한 재난과 고통을 겪어야 했다. 더 이상 견디기 힘들어지자, 마침내 백성들이 주께 울부짖는다.

"오, 주여! 우리가 주께 죄를 지었나이다. 제발 우리를 이 극심한 고통에서 건져주소서!"

암몬 족속이 이스라엘을 침공하다 (10:17-18)

그때에 암몬 군대가 또 공격해 왔다. 암몬 군대의 공격에 맞서 미스바에 겨우 진을 친 길르앗 지역의 군사들, 길르앗의 장로들은 누가 먼저 나서서 암몬 군대와 싸워야 할지를 놓고 머리를 맞대며 의논했다. 뾰족한 수가 없었다. 결국 전투의 선봉에 서서 승리를 이끈 사람을 통치자의 자리에 올리겠다는 말로 누군가가 나서 줄 것을 부추겼다.

"자, 우리들 가운데 누구든지 가장 먼저 앞장서서 암몬 군대를 치러 나가는 자가 있다면, 그를 길르앗의 통치자로 세우겠소."

고대 전쟁에서는 앞장선 용사의 무용(武勇)이 모든 군사들의 사기에 큰 영향을 미쳐 전쟁의 승패를 결정짓는 중요한 역할을 했다. 그래서 암몬 군대와 대치중인 길르앗 장로들은 용맹 있는 자를 간절히 찾았다. 그러나 누구도 먼저 나서려 하지 않았다. 머릿수도 훨씬 많고 무기도 월등히 좋은 암몬 족속의 군대가 두려웠기 때문이다. 하나님을 의지하지 않고 자기 소견대로 살았던 이스라엘 남자들은 이렇게 찌질한 자들이 되어 있었다.

이렇게 되면, 싸워볼 것도 없이 결과는 뻔했다. 이스라엘 백성들이 또다시 암몬 족속의 말발굽 아래 짓밟힐 처지에 놓인 것이다. 그러나 하나님의 구원 사역은 일꾼이 없어 중단되는 법이 없다. 하나님께서는 또 어떤 보잘것없는 사람을 사사로 세워 이스라엘을 구원해낼까? 다음을 기대해 보자.

11
사사 입다

이겨서 집으로 돌아가게 되면 맨 처음
만나는 사람이 누구든 번제로 바치리라
맹세하고 승리를 거둔 입다가 돌아갈 때
제일 먼저 맞은 이는 바로 그의 외동딸

입다가 이스라엘의 사사가 되다 (11:1-11)

요단강 동편의 길르앗 지역에 '입다'란 자가 살고 있었다. 아버지 이름은 길르앗이고, 어머니는 이름 모를 기생이다. 길르앗에게는 본처에게서 난 아들들이 여럿 있었다. 그런 틈에서 자란 입다는 늘 홀대받는 처지였고, 어머니에게 가해진 비웃음과 따돌림도 같이 받았다. 이복형제들은 서자 출신인 입다에게 재산 상속이 돌아갈까 봐 그를 멀리 내쫓았다. 냉정하고 잔인한 처사였다.

"야, 너는 근본도 모르는 기생에게서 태어난 자식이 아니냐! 그러니 너의 유산은 아무것도 없어! 그러니 우리 집안에서 떠나, 멀리 딴 데로 가서 사는 게 좋을 걸!"

입다는 타고난 용사였기에 힘으로는 형제들을 제압할 수 있었다. 하지만 그는 울분을 삭이며 꾹 참았다. 길르앗의 장로들도 은근히 본처 자식들의 편을 들었다. 결국 입다는 길르앗에서 동쪽으로 20km가량 떨어진 곳에 위치한 돕 땅으로 가서 살았다. 돕 땅은 그의 외가 동네인

듯하다.

"네 이름이 입다라고? 와, 힘이 무지무지 센데! 정말로 굉장해!"

입다는 큰 용사였던 아버지 길르앗을 빼닮았다. 아니, 그보다 뛰어났다. 자유분방함까지 갖추어 힘으로는 누구도 감당할 수 없는 용사가 되었다. 사람들은 그를 '큰 용사, 입다'라고 불렀다. 그러니 주변에 건달들이 몰려들었고, 입다를 형님으로 떠받들었다.

얼마 후, 암몬 족속이 이스라엘을 치려고 큰 군대를 이끌고 길르앗 지역으로 쳐들어 왔다.

"아, 이를 어쩐다? 아무리 생각해도 암몬 군대와 맞서 싸울 선봉장은 입다밖엔 없어!"

길르앗의 장로들은 당장 눈앞에 닥친 위기를 모면하고자 돕 땅으로 직접 내려가서, 입다를 만나 통사정했다.

"입다여, 길르앗으로 와서 우리의 지도자가 되어주시오. 암몬 군대가 금방이라도 우리를 공격할 것만 같소."

"아니, 장로님들! 나를 미워하여 집안에서 내쫓을 때는 언제고, 이제 와서 어려운 일을 당하니 내게 손을 내미는 것입니까!"

"여보게, 입이 열 개라도 할 말이 없네. 그때 일은 정말로 미안하게 생각하고 있네. 우릴 용서하구려. 그래서 우리가 이렇게 당신을 찾아오지 않았소? 그러니 부디 우리와 함께 가서 암몬 사람들과 싸워주게나. 그러면, 우리가 당신을 길르앗의 지도자로 삼겠네. 지금 길르앗 지역의 운명이 당신 손에 달렸네. 부탁하네!"

장로들의 간절한 부탁에, 입다의 입가에 살며시 미소가 떠올랐다.

"그럼… 내가 당신들과 함께 가서 암몬 사람들과 싸운다면, 그래서 주께서 암몬 사람들을 나의 손에 넘겨주신다면, 나를 당신들의 지도자로 삼을 참이오? 여호와의 이름으로 맹세할 수 있겠소?"

"물론이네. 오늘 주께서 당신과 우리 사이에 증인이 될 것이네."

다급한 건 길르앗 장로들 쪽이었다. 암몬 족속의 침공이 임박한 시점이라 어떻든 입다를 데려가야 했다. 그래서 한 목소리로 입다의 요구에 응하기로 맹세하고 다짐한다. 그러자 입다는 길르앗 장로들과 함께 길을 나선다.

길르앗의 임시 지휘관이 된 입다는 군대를 이끌고 미스바로 올라갔다. 미스바는 유다 지파와 경계를 이루는 베냐민 지파의 지경이다. 이스라엘 백성들이 가나안 땅에 정착하던 시절에 정치와 종교의 중심지로, 라마 성읍에서 가깝다.

미스바에 이른 입다는 암몬 족속과 전쟁을 치르기 전에 길르앗 장로들과 나눈 이야기를 주님께 모두 아뢰었다. 이는 여호와 군대의 지휘관으로서 공식적인 위임 서약이다. 또한 길르앗 장로들의 약속을 주 앞에서 인준받기 위함이다.

사사 입다가 암몬 족속과 담판을 벌이다 (11:12-28)

입다는 무작정 싸움에 나서지 않고 우선 평화적인 타협안을 만든 뒤 암몬 왕에게 보냈다.

"암몬 왕이여, 왕은 대체 이스라엘과 무슨 원수를 졌기에 이렇게 공격하는 것이오?"

"그대들은 우리에게서 아르논강에서 얍복강에 이르는 전 지역과 요단강에 이르는 땅을 모두 빼앗지 않았소? 그 땅을 순순히 돌려주시오."

"아니, 그게 무슨 소리요? 예로부터 이스라엘은 모압이나 암몬의 땅을 빼앗은 적이 없소이다. 우리 조상이 이집트에서 나와 광야를 지나 홍해를 건넌 다음 가데스에 이르렀을 때, 모세는 에돔 왕에게 사신을 보내 경내를 통과하도록 허락해 달라고 요청했소이다. 그리고…."

입다는 이스라엘의 지난 역사를 사신을 통해 암몬 왕에게 전달한다. 뜻밖에도 모세의 율법과 이스라엘의 역사에 능숙하다. 입다는 나름대로 하나님께 대한 뿌리 깊은 신앙을 간직하며 살았다.

에돔은 야곱의 쌍둥이 형 에서의 후손들이 세운 나라다. 모압은 아브라함의 조카 롯과 그의 맏딸 사이에서 태어난 후손들이 세웠고, 암몬은 롯과 그의 작은딸 사이에서 태어난 후손들이 세운 나라다. 그래서 출애굽한 이스라엘 백성들은 하나님의 명령에 따라 이들과는 싸우지 않았고, 한 치의 땅도 빼앗지 않았다.

사사 입다와 암몬 왕 간의 견해 차이는 좀처럼 좁혀지지 않았다. 입다는 분쟁 지역의 땅을 암몬 족속에게서 빼앗은 것이 아니라 아모리 족속에게서 취했다는 주장이다. 반면, 암몬 왕은 본래 그 땅이 암몬 족속에게 속한 자신들의 땅이라는 주장이다. 암몬 왕을 향한 입다의 말은 계속 이어진다.

"하나님께서는 일찍이 아모리 족속의 땅을 우리에게 주셨고 우리는 하나님의 도움으로 그들을 쫓아내고 우리 땅으로 삼았는데, 그대들은 이제 와서 무슨 권리로 그 땅을 내놓으라는 것이오? 왕도 그대들의 부족신 그모스가 그대들에게 준 땅을 차지하지 않았소? 우리도 마찬가지요. 우리 하나님께서 우리에게 허락해주신 땅을 차지한 것뿐이오."

입다는 이스라엘의 하나님이신 여호와의 이름으로 땅의 소유권을 주장하였다. 고대 세계의 사람들은 국가 신들이 자기 백성에게 땅의 경계를 정해준다고 믿었다. 그리고 더욱 강한 신이 보다 약한 신을 내쫓고 자기 백성의 땅을 넓혀준다고 생각했다. 입다의 말은 이어진다.

"우리는 헤스본과 아로엘과 거기에 딸린 마을들뿐 아니라, 아르논강 부근에 있는 성읍에서 300년 동안 평안하게 잘 살아왔소. 그런데 그동안 무엇을 하고 있다가, 이제 와서 그 땅을 내놓으라고 큰소리치는 것이오?"

입다가 사사로서 이스라엘을 다스린 때가 주전 1100년경이다. 따라서 그로부터 300년 전은 출애굽한 이스라엘 백성들이 모세의 인솔 하에 요단강 동편에 거주하고 있던 아모리 족속의 두 왕(시혼과 옥)을 점령한

시기인 주전 1400년대와 얼추 비슷하다. 이제 입다는 자신의 말에 대해 결론을 맺는다.

"이스라엘은 그대들에게 아무런 잘못도 저지르지 않았소. 그대들이 우리에게 쳐들어와서 지금 땅을 내놓으라고 억지를 부리고 있소. 심판자이신 하나님 여호와께서 오늘 잘잘못을 가려주실 것이오. 그러니 암몬 왕은 군대를 돌이켜 이만 그대의 땅으로 돌아가도록 하시오."

▲ 사사 입다의 승리

"아니, 이런 괘씸한 자를 보았나! 내 이놈을 당장!"

암몬 왕은 입다의 서한을 확 집어던지며 크게 분노했다. 그는 입다가 전하는 말에 전혀 귀를 기울이려 하지 않았다. 도리어 뿌드득 이를 갈며 처절한 응징을 다짐할 뿐이었다. 이제 이스라엘과 암몬과의 한판 전쟁은 피할 수 없게 되었다.

입다의 경솔한 서원과 그의 승리 (11:29-40)

입다는 피흘림 없이 외교적으로 해결하고 화평을 도모하고 싶었다. 먼저 싸움을 걸지 않았다는 점도 분명히 해두고 싶었다. 그러나 암몬 왕은 입다의 요청을 전혀 고려 대상으로 여기지 않았다. 이스라엘을 얕잡아본 것이다.

입다는 담대하게 군대를 이끌고 길르앗 지역의 미스바를 지나 암몬 군대를 공격했다. 대대적인 공격을 펼치기 직전, 입다가 주께 맹세한다.

"오, 주여! 주께서 제게 암몬 족속을 넘겨주신다면, 그래서 승리를 거둔 후에 이 몸이 무사히 집으로 귀환하게 된다면, 가장 먼저 달려 나와 나를 맞이하는 그를 주님께 번제물로 바치겠나이다. 누구든, 그를 주님께 감사의 희생제물로 바치겠나이다. 주여, 오늘의 전쟁에서 부디 제게 승리를 안겨주소서!"

어떻게 그런 서원을 하고 말았던 것일까? 전쟁에서 승리하고 집으로 무사히 귀환할 경우, 가장 먼저 자신을 맞이하는 사람을 인신 제물로 하나님께 바치겠다니! 사람을 제물 삼아 바치는 인신제사는 이방인들의 사악한 풍습으로, 모세 율법에서는 엄히 금지된 제사였다. 입다는 이방 땅인 돕에서 자유분방하게 생활한 탓에 그들의 악한 풍습에 알게 모르게 영향을 받았던 것이다.

그의 서원은 하나님의 도우심에 확실하게 의지하겠다는 믿음의 동기도 있었지만, 이방적인 그릇된 요소도 포함되어 있었다. 이처럼 입다는 큰 전쟁을 앞두고 특별한 서원으로 주님의 도우심을 확실히 이끌어내고자 앞뒤 살피지 않고 경솔하고 어리석은 서원을 하고 말았다.

"자, 모두 나를 따르라!"

입다는 자신의 서원을 가슴에 품고 하나님을 굳게 의지하는 가운데 선봉에 서서 이스라엘 군대의 공격을 총지휘했다. 이때 여호와의 영이 강력하게 입다를 사로잡고 있었기에, 그는 전혀 두려움 없이 용감무쌍하게 전쟁터를 종횡무진 누볐다. 그날, 주께서는 암몬 군대를 입다의 손에 넘겨주셨다. 입다의 군대는 아로엘에서 민닛에 이르기까지 20개의 성읍을 쳐부수고, 아벨그라밈까지 계속 진격하여 암몬 군대를 크게 무찔렀다. 일방적인 대승이었다.

"와, 우리가 이겼다! 입다 만세! 여호와 하나님 만만세!"

큰 승리를 거둔 입다는 백성들의 뜨거운 환영을 받으며 미스바에 있는 자기 집으로 당당하게 귀환했다. 아, 그런데…. 집에서 가장 먼저 달려 나와 입다를 반갑게 맞이한 사람은 다름아닌 그의 무남독녀였다.

외동딸이 작은북을 손에 쥐고는 기쁘게 춤을 추면서 큰 승리를 거두고 개선하는 아버지를 맞으러 달려 나왔다. 딸을 본 순간, 입다의 가슴은 천 갈래 만 갈래 미어졌다. 입다는 자기 옷을 갈기갈기 찢으며 크게 울부짖었다.

“오, 딸아! 사랑하는 내 딸아! 이를… 이를 어쩌면 좋단 말이냐? 아…”

머잖아 아버지의 비극적인 서원을 알게 된 외동딸은 두려움으로 얼굴이 창백해졌다. 사색이 된 딸의 모습에 아버지 입다의 마음은 더욱 절망적이 되었다. 그러나 이때, 딸의 입에서 정말 고결한 말이 흘러나왔다.

“아버지, 주님께 맹세로써 서원하셨으니 그 약속을 지키셔야지요. 그로 인해 주께서는 암몬 족속을 아버지의 손에 넘겨주셨잖아요.”

“아, 딸아…. 내 딸아, 이 못난 애비를….”

“하지만 아빠, 한 가지만 허락해 주세요. 제게 두 달만 말미를 주세요. 처녀로 죽어야 하는 이 몸, 친구들과 산에 올라가서 실컷 소리 내어 울게 해주세요.”

입다는 가슴이 미어지는 아픔을 참으며 딸의 말대로 두 달의 말미를 허락했다. 딸은 친구들과 함께 산으로 올라가, 처녀의 몸으로 세상을 떠나게 된 것을 슬퍼하며 실컷 울고 또 울었다. 더 이상 소리가 나오지 않을 때까지 크게 울었다.

두 달 후, 딸이 돌아왔다. 입다는 여호와께 서원한 대로 딸을 번제물로 바쳤다. 여호와의 이름으로 엄숙히 서원한 것을 취소하거나 어기면 더 큰 저주가 내린다고 생각했기에, 입다는 자신의 서원을 지킨 것이다.

아버지의 경솔한 서원으로 희생된 입다의 딸은 처녀였다. 이 같은 비극적인 일이 있은 이후, 이스라엘 사회에서는 하나의 관습이 생겨났다. 해마다 입다의 딸이 죽은 때가 되면, 이스라엘의 모든 딸들은 그 기간에 혼인을 치르지 못하고 죽은 처녀를 추모하기 위해 집 밖에 나가 지내면서 나흘 동안 슬피 울었다.

12

길르앗과 에브라임의 전쟁

길르앗 사람들이 요단강 나루에서
도망가는 사람들에게 말을 시키네
쉽볼렛을 십볼렛이라고 하면
에브라임 사람으로 알고 처단하네

길르앗 사람들과 에브라임 지파 사람들 간의 전쟁 (12:1-7)

"아무래도 이번 일은 우리 에브라임 지파를 무시한 게 분명해! 그냥 넘어갈 일이 아냐!"

사사 입다가 길르앗 사람들로 주축이 된 군대를 이끌고 암몬 왕을 쳐서 크게 승리를 거둔 뒤의 일이다. 그 소식을 전해들은 에브라임 지파가 크게 화를 내며 분노했다. 이스라엘의 으뜸 지파라고 자부하던 자기들의 도움 없이 단독으로 전쟁을 이긴 데 대해 공연히 심사가 뒤틀렸던 것이다.

에브라임 지파의 지도자들은 군대를 이끌고 요단강을 건너 북쪽의 사본 성읍으로 와서 입다에게 시비를 걸었다. 사본은 숙곳 근처로, 미스바에서 멀리 떨어지지 않은 곳에 위치한 작은 성읍이다. 당시 입다는 그곳에 머물고 있었다.

"입다, 그대는 어쩌자고 우리 지파와 함께 가자고 청하지도 않고 독불장군처럼 암몬 족속과 싸우러 나간 것이오? 우리가 그렇게 하찮게 보인 거요? 우리를 무시한 대가로 그대의 집을 불살라 태워버리겠소!"

에브라임 지파 사람들은 적은 군사들로 큰 승리를 거둔 입다를 칭찬해 주기는커녕, 말도 되지 않은 이유로 시비를 걸었다. 입다가 어이없다는 듯 대답한다.

"아니, 대체 무슨 소릴 하는 것이오? 내가 군사들을 이끌고 암몬 사람들과 싸우러 나갈 때 분명 당신들을 부르지 않았소? 같이 싸우러 나가자고 청했지만, 그때 당신들은 우리를 도와줄 생각이 전혀 없었소."

"어… 뭐, 그건 전달이 제대로 되지 않았기 때문이오."

"아니, 그렇지 않소! 당신네들이 우리를 도울 마음이 없다는 것을 알고, 나는 길르앗 사람들과 함께 목숨 걸고 암몬 진영으로 쳐들어가 싸웠단 말이오. 다행히 주께서 암몬 사람들을 우리 손에 넘겨주셔서 우리가 이길 수 있었던 것이오. 그런데 이제 와서 무슨 이유로 내게 싸움을 거는 것이오?"

"듣기 싫소! 어쨌든 그대는 우리 지파를 얕잡아보았소! 절대 묵과할 수 없소!"

입다와 함께 전쟁에 나갔던 길르앗 사람들이 에브라임 지파 사람들의 억지에 크게 흥분했다. 그리하여 동족 간에 내전이 벌어졌다. 싸움은 명분에서 우위를 점한 길르앗 사람들의 승리로 끝났다. 싸움에서 패한 에브라임 지파 사람들은 뿔뿔이 흩어져 자기네들의 땅으로 도망쳤다.

평소에 길르앗 출신들은 에브라임 지파 사람들에 대해 단단히 화가 나 있었다. 에브라임 지파 사람들이 길르앗 사람들을 향해 입버릇처럼 말하기를 "길르앗은 우리 에브라임 지파에게서 떨어져 나간 떨거지들이다."라고 했기 때문이다. 그런데 이런 말은 합당치 않았다. 본래 길르앗 사람들은 므낫세 지파의 한 분파로, 마길의 아들 길르앗의 후손이다. 에브라임 지파에서 떨어져 나간 떨거지에 불과하다는 말은 공연히 길르앗을 깔보고 멸시하는 말에 불과했다.

"에브라임 지파의 군사들이 강 건너 자기네들 땅으로 도망간다! 그러니 요단강 나루터를 단단히 지켜라!"

입다의 지시에 따라 전쟁에서 승리한 길르앗 사람들은 에브라임 지역으로 들어가는 길목인 요단강 나루터를 단단히 지키고 있었다. 그러다가 강을 건너가려는 사람이 있으면 그에게 물었다.

"잠깐만! 당신은 에브라임 지파 사람이오?"

이때 그 사람이 "아니오!"라고 대답하면 이렇게 말했다.

"좋소, 그렇다면 어디 한번 '쉽볼렛'이라고 발음해 보시오."

그래서 '쉽볼렛'을 제대로 발음하면 살려주고, 제대로 발음하지 못하고 '십볼렛'이라고 하면, 그를 에브라임 지파 사람으로 간주하고 쳐 죽였다. 이렇게 해서 요단 나루터에서 죽임당한 에브라임 지파 사람들이 무려 4만 2천 명이나 되었다.

에브라임 지파 사람들이 '쉽볼렛'이라고 발음할 수 없었던 이유는 지역의 방언 때문이다. 요단강을 경계로 그 서편에 살던 에브라임 지파 사람들은 요단 동편에 사는 길르앗 사람들과는 달리 '쉽볼렛'('시냇물'이란 뜻)이란 단어에서 '쉬(sh)' 발음을 내지 못하고 '시(s)'라고 발음했다.

공연한 시비로 인해 길르앗 사람들과 에브라임 지파 사람들 사이에 치러진 전쟁에서, 수많은 사상자를 내고서 내전이 끝났다. 아무런 실익 없는 동족상잔의 비극이었다. 이후 오랜만에 이스라엘 땅에는 평화가 찾아들었다. 길르앗 사람인 사사 입다는 이후로 6년 동안 이스라엘을 이끌었다. 그는 평안히 살다가 죽은 뒤, 길르앗 땅에 있는 한 성읍에 묻혔다.

입다 이후의 세 사사 – 입산, 엘론, 압돈 (12:8-15)

사사 입다가 죽자, 뒤를 이어 '입산'이 사사가 되었다. 그는 베들레헴 출신으로, 7년 동안 이스라엘을 이끌었다. 그의 고향인 베들레헴은 훗날 메시아 예수가 탄생하신 유다 지파의 베들레헴이 아니라, 북쪽 지역에 있는 스불론 지파의 베들레헴이다.

이스라엘 사회에 사사가 세워지는 구체적인 방법들은 다양하다. 그렇지만 본질적으로 모든 사사는 곤경에 처한 이스라엘 백성들의 부르짖음에 응답하여 주께서 적합한 인물을 사사로 선택하신 뒤, 그에게 성령을 부어 지도력을 주신 다음에, 백성들이 그를 지도자로 인정하는 과정을 통해 이루어졌다.

사사 입산은 슬하에 60명의 자녀를 두었다. 아들이 30명이고, 딸이 30명이다. 입산은 딸들을 모두 다른 씨족 사람들에게 시집보냈고, 며느리들도 다른 씨족 사람들 가운데서 맞아들였다. 6명의 소사사 가운데 한 명인 그는, 죽어서 고향인 베들레헴에 묻혔다.

사사 입산이 죽은 뒤 '엘론'이 이스라엘의 사사가 되었다. 그는 스불론 지파 사람으로, 10년 동안 이스라엘을 이끌었다. 그는 죽어서 스불론 지파의 지역 내에 있는 아얄론에 묻혔다.

사사 엘론이 죽은 뒤에는 힐렐의 아들 '압돈'이 이스라엘의 사사가 되었다. 그는 비라돈 출신으로, 8년 동안 이스라엘을 이끌었다. 비라돈은 에브라임 산악지대에 있는 작은 성읍으로, 세겜 남서쪽 8km 지점에 있다. 이곳은 후일 다윗 왕의 근위대장이 된 브나야의 고향이기도 하다.

압돈은 슬하에 아들 40명과 손자 30명을 두었다. 그들은 모두 각자의 나귀를 타고 다녔다. 당시에 나귀를 탄다는 것은 왕족 혹은 귀족의 영예나 품위를 나타냈다. 그만큼 사사 압돈의 위엄과 권세와 부요가 컸음을 보여준다. 압돈은 죽어서 자기 고향인 비라돈에 묻혔다.

13

삼손이 태어나다

마노아가 주께 제사지낼 때
제단의 불길이 하늘로 치솟고
천사가 하늘로 올라가자 그는 비로소
아이의 출생의 비밀을 알게 되네

사사 삼손의 출생이 고지되다 (13:1-14)

입다의 활약으로 암몬 족속의 18년 압제에서 풀려난 이스라엘은, 이후 입다를 비롯하여 입산, 엘론, 압돈 사사의 통치로 31년 동안 평화를 누렸다. 입다 6년, 입산 7년, 엘론 10년, 압돈 8년이 그 평화의 세월이다.

"오, 바알 신이시여! 우리의 아세라 여신이시여!"

태평성대의 세월이 지속되자, 이스라엘은 또다시 하나님을 떠나 가나안 땅의 이방 우상을 섬기기 시작했다. 그야말로 지긋지긋한 악순환의 반복이었다.

하나님은 진노하셨고, 이번에는 이스라엘을 블레셋 족속의 손에 넘기셨다. 그 결과, 블레셋은 40년 동안 이스라엘 백성들을 가혹하게 수탈하고 핍박하며 압제했다.

그런 암울한 시기, 예루살렘 서쪽 23km 지점에 있는 소라 땅. 그곳에 단 지파 출신인 '마노아'란 사람이 살고 있었다. 그의 아내는 오랜 불임으로 괴로워하고 있었다. 그러던 어느 날, 마노아의 아내에게 주의 천사가 나타났다.

“여인이여, 너는 본디 아이를 갖지 못하는 여인이었다. 그러나 이제는 아이를 잉태하리니, 머잖아 아들을 낳게 되리라.”

“아, 그… 그게, 무… 무슨 말씀이온지요?”

마노아의 아내가 크게 당황하여 반문한다. 주의 천사가 계속 말한다.

“여인이여, 이제부터 너는 포도주나 독주를 마시지 말고, 부정한 음식을 입에 대지 마라. 네가 아이를 낳게 되면, 그 아이의 머리털에 칼을 대지 마라. 그 아이는 뱃속에서 나올 때부터 하나님께 바쳐진 ‘나실인’이니라. 그 아이가 자라서 이스라엘 백성들을 블레셋의 압제에서 구하는 일을 시작하게 되리라.”

나실인! 히브리어로 ‘나지르’로 발음되는 나실인은 ‘(특별히 구별되어 주님께) 바쳐진 자’란 뜻이다. 모세 율법에 기록된 나실인 규례에 따르면, 나실인이 된 자는 몇 가지 금욕적인 삶을 살아야 했다. 그것은 주께 성별된 자의 삶이었다. 나실인의 금욕적인 삶은 이러했다.

— 포도나무에서 나는 것들과 독주를 먹을 수 없었다.
— 머리털을 자를 수 없었다.
— 시체와 접촉할 수 없었다.
— 어떤 부정한 음식물도 먹을 수 없었다.

이 같은 금지 규례가 갖는 의미는 무엇이었을까? 세속의 쾌락을 절제하는 가운데 자신이 오로지 하나님의 주권 하에 있음을 인식하고, 모든 부정한 것들을 멀리함으로써 항상 성결을 유지하기 위함이었다.

“여보, 그게 정말이오? 정말 천사가 나타나 그렇게 말했단 말이오?”

여호와의 사자가 나타나 잉태를 예고했다는 말을 아내에게 전해들은 마노아는 흥분을 가눌 수 없었다. 그는 무릎을 꿇고 엎드려 기도드렸다.

“오 주여, 간청합니다. 주께서 제 아내에게 보내주셨던 그분을 다시

한 번 보내주십시오. 그리하여 장차 태어날 그 아이를 저희 부부가 어떻게 길러야 할 것인지를 가르쳐주십시오."

주께서 마노아의 기도를 들어주셨다. 주의 천사가 다시 나타났다.

"아이의 머리털을 평생 깎지 말고, 포도나무에서 열리는 것은 무엇이든 먹이면 안 되느니라. 포도주뿐만 아니라, 독주도 마시게 해선 안 되느니라. 그리고 부정한 음식은 입에 대지 않게 해야 하느니라. 그 아이는 따로 구별되어 하나님께 바쳐진 '나실인'이기 때문이다."

마노아 부부가 주께 번제를 드리다 (13:15-25)

이때 마노아는 주의 천사를 하나님으로 인식하지 못하고, 그저 기쁜 소식을 전해준 하나님의 사람(선지자)으로 여겼다. 그래서 그분에게 음식을 대접하고자 했다. 하나님의 사람이 음식 접대 받기를 거부하자, 마노아가 묻는다.

"그렇다면… 이름을 여쭈어도 될까요? 그래야 말씀이 이루어지게 되면, 그 이름에 감사를 올릴 수 있지 않겠습니까?"

그러자 주의 천사가 대답한다.

"내 이름은 '기묘자'니, 곧 네가 이해할 수 없는 놀라운 자니라."

기묘자(奇妙者)는 '이해를 초월한 놀라운 자'란 뜻이다. 인간의 이해를 초월하여 놀랍고 오묘하신 일을 행하시는 하나님의 속성을 나타내는 이름이다. 이런 관점에서 후일에 이사야는 '메시아'를 묘사할 때 "한 아기가 우리에게 태어날 터인데… 그 이름은 기묘자라, 모사라, 전능하신 하나님이라." 하면서, 이 기묘자란 이름을 적용시켰다.

이렇게 볼 때, 마노아 부부에게 나실인 곧 삼손의 출생을 고지한 '주의 천사'는 단순한 사람이 아니다. 앞서도 여러 번 언급했지만, 그분은 구약시대에도 때때로 사람의 몸을 입고 나타나신 제2위 하나님, 곧 '메시아(그리스도)'다.

마노아는 염소 새끼 한 마리와 곡식 예물을 가져다가 바위 위에 올려놓고 그분에게 제물로 바쳤다. 그러자 제단에서 불길이 확 치솟더니 제물을 불살랐다. 그리고 주의 천사가 그 불길에 싸여 하늘로 올라갔다. 그런 광경을 보고 마노아 부부는 땅에 납작 엎드렸다. 마노아는 온몸을 심하게 덜덜 떨면서 아내에게 말한다.

"여보, 이제 우린 꼼짝없이 죽은 목숨이오! 우리가 감히 하나님을 뵈었으니, 어찌 살기를 바란단 말이오."

그렇다. 마노아의 말처럼 죄인인 사람이 거룩하신 하나님을 보게 되면 누구든지 죽임을 면할 수 없다. 하지만 그것은 하나님의 거룩하신 본체를 직접 보았을 때의 경우다. 이번 경우처럼, 하나님이 사람의 모습을 빌어 나타나신 경우에는 직접 뵈어도 죽임을 면할 수 있었다. 그래서 두려워 크게 떨고 있는 남편 마노아에게 아내가 차분하게 말한다.

"여보, 꼭 그렇진 않아요. 주께서 우리를 죽이실 작정이셨다면, 우리가 드린 번제물과 곡식 예물을 받으시지도 않았을 거예요. 또한 이런 일을 보여주지도 않았을 것이고, 아이의 출생에 관한 말씀도 일러주시지 않았을 거예요. 그렇지 않나요? 그러니 두려워하지 말아요."

"아, 맞아요! 당신 말을 듣고 보니 과연 그런 것 같소…."

얼마 후, 주의 천사가 예고한 대로 마노아의 아내는 임신하여 아들을 낳았다. '삼손'이라 이름 지었다. 아이는 주님의 은총과 부모의 사랑을 듬뿍 받으면서 무럭무럭 자라났다.

세월이 흘러, 삼손이 소라와 에스다올 사이에 있는 마하네단에 있을 때, 여호와의 영이 그에게 내리기 시작했다. 하나님은 사사로 택한 자들에게 여호와의 영 곧 성령을 부어주셨다. 그래서 사사로 하여금 남다른 지혜나 탁월한 지도력, 군사적인 재능을 능히 행사할 수 있게 하셨다. 때가 되매, 하나님은 나실인 삼손에게도 성령의 은사를 듬뿍 부어주셨다. 특히 삼손에게는 가공할 만한 육체적인 힘을 주셨다.

14

삼손의 혼인

딤나의 블레셋 처녀에게 반한 삼손은
결국 그녀와 혼인을 하네
잔치를 벌이는 동안 삼손이 수수께끼를 내자
아내는 답을 가르쳐 달라고 애원하네

삼손과 딤나의 블레셋 여인 (14:1-9)

어느 날, 삼손이 딤나로 내려갔다가 아리따운 블레셋 처녀를 보고는, 그녀를 좋아하게 되었다. 딤나는 삼손의 집이 있는 소라에서 남서쪽으로 5km가량 떨어진 블레셋의 한 성읍이다. 걸어서 대략 한 시간 정도 걸리는 곳이다. 삼손은 집으로 돌아와 부모에게 조르듯 말한다.

"제가 딤나에서 블레셋의 한 아가씨를 보았는데 무척 예뻤어요. 그녀를 제 아내로 맞고 싶어요. 허락해 주세요. 네? 네?"

부모는 이방 여인이라 마음에 걸려 만류했지만, 그 블레셋 처녀에게 푹 빠진 삼손은 끈질기게 아버지를 졸랐다. 자식 이기는 부모가 어디 있으랴. 끈질긴 애원에 부모는 마지못해 허락했다. 삼손은 부모와 함께 딤나로 내려갔다. 결혼을 허락받은 삼손의 발걸음은 날아갈 듯 가벼웠다. 한창 건장한 발걸음이다 보니, 부모보다 훨씬 앞서 가게 되었다. 돌고 돌아 굽은 길이라 저만치 뒤따라서 천천히 걸어오는 부모는 보이지도 않았다.

바로 그때였다. 삼손이 딤나 외곽의 포도원에 이르렀을 때, 사자 한 마리가 뛰어나와 사나운 이빨을 드러내며 으르렁거렸다. 삼손이 놀라 크게 외치는 순간, 하나님의 영이 그를 휘감았다. 그러자 삼손은 온몸에 힘이 강렬하게 솟구치는 것을 느꼈고, 사자가 조금도 두렵지 않았다. 처음으로 드러나는 초인적인 강력한 힘이었다.

삼손은 마치 새끼 양을 다루듯 맨손으로 사자의 입을 잡고 찢어 죽였다. 그리곤 죽은 사자를 길가의 수풀 속으로 던져버렸다. 삼손의 부모는 그 사실을 전혀 알지 못했다. 딤나에 이른 삼손은 블레셋 처녀의 집안어른들을 만나 약혼을 하고는 꿈같은 사랑을 나누게 된다.

얼마 후, 삼손은 그 블레셋 여인을 아내로 맞아들이려고 다시 딤나로 내려갔다. 딤나 외곽의 포도원에 이르렀을 때, 삼손은 예전에 자기가 죽였던 사자가 생각나서 길가의 수풀 속을 살펴보았다. 그런데….

한 무리의 벌 떼가 사자 시체에 잔뜩 모여 있었다. 가만히 살펴보니,

▲ 맨손으로 사자를 죽이는 삼손 (루벤스 작)

시체 안에 꿀이 잔뜩 고여 있었다. 삼손은 손으로 꿀을 떠서 길을 가면서 먹었다. 집으로 돌아와 부모에게도 꿀을 드렸다. 사자의 시체에서 떠온 꿀이라는 말은 하지 않았다. 이때 삼손은 무의식적이긴 했지만 동물의 시체를 만졌고, 그로써 나실인의 규례를 어긴 셈이었다.

삼손의 혼인과 피로연의 수수께끼 (14:10-20)

블레셋의 결혼 풍습에 따라 삼손의 가족은 신부가 있는 딤나로 내려갔다. 이스라엘의 풍습은 신랑이 신부의 부모에게 결혼 지참금을 지불한 후 신부를 신랑 집으로 데려와 결혼식을 올리고 피로연을 베풀었다. 하지만 블레셋의 풍습은 그와 반대였다. 신랑을 신부 집으로 불러들여 결혼식을 치른 후에 신부 집에서 신랑을 위하여 피로연을 베풀었다.

신부 집에서는 히브리인 신랑 삼손을 위해 블레셋 청년 30명을 데려와서 친구가 되게 했다. 당시의 결혼식 풍습상, 신랑은 들러리인 그의 친구들에 둘러싸여 축복을 받고 보호를 받는 것이 관습이었다. 그래서 신부 측은 각별히 신경을 써서 신랑의 들러리 친구로 많은 블레셋 청년들을 동원했던 것이다.

삼손은 아름다운 여인의 신랑이 된 것에 기분이 좋아 블레셋 청년들과 먹고 마시며 마음껏 즐겼다. 술잔을 주거니 받거니 흥이 한창 고조되었을 때, 삼손이 벌떡 일어서더니 들러리들에게 말한다.

"친구들, 내가 재밌는 수수께끼를 하나 내겠소. 잔치가 열리는 7일 동안에 그 수수께끼를 풀면 베옷 30벌과 겉옷 30벌을 선물로 주겠소. 그런데 풀지 못하면, 여러분이 내게 베옷 30벌과 겉옷 30벌을 주시오. 어떻소? 내기 한번 해보시겠소?"

"좋소! 그리합시다. 그럼, 수수께끼를 내보시오. 무엇이오?"

고대 사회의 결혼식 피로연에서는 흥을 돋우기 위해 종종 수수께끼를 내어 내기하는 관습이 있었다. 삼손도 그렇게 한 것인데, 수수께끼는 이러했다.

"먹는 자에게서 먹는 것이 나오고, 강한 자에게서 단 것이 나오는 것! 그게 무엇이오?"

"가만…, 먹는 자에게서 먹는 것? 강한 자에게서 단것? 그게 뭐지…?"

블레셋 청년들은 머리를 쥐어짜 봤지만 처음 듣는 문제였다. 삼손이 직접 체험한 매우 독특한 상황을 바탕으로 제출된 것이기 때문이다. 수수께끼의 요지는, "먹는 자들 중에서 가장 강한 자는 무엇이고, 먹는 것들 중에서 가장 단 것은 무엇이냐?"는 것이다. 정답은 '사자'와 '꿀'이다. 피로연 4일째, 블레셋 청년들이 신부를 겁박했다.

"어이, 아가씨! 네가 신랑을 꾀어 수수께끼의 답을 알아낸 뒤 우리에게 알려줘야겠어! 그렇게 하지 않으면 알지? 신부 당신 집도, 당신 친정집도 모조리 불살라 버리겠어. 기껏 우리 것을 빼앗을 속셈으로 우리를 잔치에 초대한 거야, 뭐야!"

잔뜩 겁먹은 신부는 수수께끼의 답을 알아내려고 신랑에게 졸라댔다. 삼손은 들은 체도 하지 않았다. 그녀는 잔치 기간 내내 울면서 계속 애원했다. 잔치가 마무리되는 7일째, 삼손은 더는 견디지 못하고 답을 가르쳐주었다. 잔치 마지막 날인 7일째의 해가 지기 전, 블레셋 들러리들은 삼손에게 의기양양하게 답한다.

"무엇이 '사자'보다 더 강하겠으며, 무엇이 '꿀'보다 더 달겠소!"

"아니 이럴 수가! 당신들은 우리 집 암송아지로 밭을 간 것이 분명해! 그렇지 않았다면, 내 수수께끼를 절대로 맞힐 리 없어! 신부가 그렇게 졸라대더니만…."

삼손의 말인즉, 신부를 이용해서 정답을 알아낸 것이 틀림없다는 것이다. 고대 세계에서 아내는 밭일과 같은 노동을 통해 가정을 일구고, 자녀를 많이 낳고, 또 남편에게 순종하는 것이 최고의 미덕이었다. 이처럼 노동, 출산, 순종 등의 이미지를 나타내기 위해 아내는 종종

'암송아지'에 비유되었다.

"그래, 좋다! 어쨌든 내기를 했으니, 대장부답게 약속을 지키겠다. 여기서 잠깐만 기다려라! 내가 곧 베옷 30벌과 겉옷 30벌을 마련해오겠다!"

삼손은 크게 화가 났다. 바로 그때, 하나님의 영이 삼손을 휘감았다. 삼손은 곧장 블레셋 성읍인 아스글론으로 내려가서 그곳 사람 30명을 쳐 죽인 뒤, 그들이 입고 있던 겉옷 30벌과 베옷 30벌을 취해 가지고 올라왔다. 그리곤 수수께끼를 맞힌 블레셋 청년 30명에게 나누어주었다.

삼손의 이런 행위는 분명 하나님께서 부어주신 힘을 남용한 결과였다. 하나님께서 성령을 통해 삼손에게 초인적인 힘을 주신 것은 사실이지만, 개인적인 감정으로 사람을 마구 죽여도 된다는 것을 의미하진 않는다. 삼손은 하나님의 뜻과는 상관없이 수수께끼를 통한 내기에서 진 빚을 갚기 위해 초인적인 힘을 사용했던 것이다. 그렇지만 결과적으로 볼 때, 하나님은 삼손의 분노와 어리석음을 통해 당시 이스라엘 백성들을 압제하고 있던 블레셋 사람들을 징벌하신 것이다.

"분하다! 아, 이것들을 정말!"

삼손은 화가 치밀어 잔치도 마무리 짓지 않고 씩씩대며 자기 집으로 돌아가 버렸다. 들러리들에게 정답을 넘겨준 신부가 미워 그녀를 거들떠보지도 않았다. 그러자 장인은 들러리로 참석했던 블레셋 청년 한 명에게 자기 딸을 주어 버렸다. 신랑이 크게 화를 내고 집으로 돌아갔기에, 신부의 아버지는 결혼식이 파기되었다고 판단했던 것이다. 결국 이 일은 삼손이 블레셋 족속을 공격하는 빌미가 된다.

15
삼손의 싸움

엄청난 힘으로 밧줄을 끊은 삼손이
나귀 턱뼈를 휘두를 때
블레셋 병사는 낙엽처럼 쓰러져
그날 1천 명이 죽네

삼손이 블레셋 사람들에게 보복하다 (15:1-8)

때는 5월경, 한창 밀을 수확할 무렵이었다. 삼손은 자신이 저지른 일을 후회하며 염소 새끼 한 마리를 가지고 처갓집이 있는 딤나로 내려갔다. 삼손은 신부가 반갑게 달려 나와 자신을 맞이할 줄 알았다. 그런데, 그를 맞아준 것은 신부가 아니라 장인이었다.

"이 사람아, 자네가 내 딸을 싫어하는 것 같아서 다른 사람에게 주었다네."

"뭐, 뭐라고요? 내 아내를 빼돌려 다른 사람에게 줘버렸다고요? 아, 어찌 그런 일이…."

삼손의 성난 모습에 잔뜩 겁을 집어먹은 장인은 삼손을 살살 달랬다.

"자, 자, 진정하게나. 이미 남의 아내가 된 여인은 그냥 포기하게나. 대신에 내 둘째 딸이 언니보다 더 예쁘니, 그녀를 자네 아내로 삼도록 하게. 어떤가? 자네도 좋지?"

그러나 삼손의 귀에는 아무 말도 들리지 않았다. 크게 화가 난 삼손은 평소에 보아두었던 들판으로 달려갔다. 한나절 만에 여우 300마리를 잡아 꼬리와 꼬리를 붙잡아 맨 다음, 그 사이에 홰를 매달았다.

"그래, 좋다 이거야! 내 아내를 멋대로 갖고 논 블레셋 놈들, 어디 뜨거운 맛 좀 봐라!"

삼손은 서로 붙들어 맨 여우 300마리 꼬리의 홰에다 불을 붙인 뒤 블레셋 평야의 곡식밭으로 내몰았다. 여우들은 꼬리에 붙은 뜨거운 불길에 길길이 날뛰며 곡식밭을 온통 헤집고 다녔다. 때는 추수기라 매우 건조하여 곡식 단은 삽시간에 거대한 불길에 휩싸였다. 베어놓은 곡식 단뿐만 아니라 아직 베지 않은 낟가리와 포도원과 올리브나무까지 모조리 불에 탔다. 그런 모습을 목격한 블레셋 사람들이 펄쩍펄쩍 뛰며 고래고래 아우성을 친다.

"누구야? 대체 어떤 놈이 저런 미친 짓을 한 거야? 잡아 죽일 놈 같으니라고!"

블레셋 사람들은 이내 모든 것을 알아냈다. 자기 신부를 남에게 내준 것에 대해 크게 화가 난 삼손이 분풀이로 저지른 짓임을 알았다. 그러자 블레셋 사람들은 일을 그 지경으로 만든 삼손의 신부였던 여인과 장인을 붙잡아 불태워 죽였다. 삼손이 그 소식을 들었다.

"뭐라? 내 아내와 장인을 불태워 죽였다고? 오냐, 그들이 이런 식으로 했으니, 나도 그들 식으로 내 원수를 갚고야 말겠다! 그래, 해보자! 모조리 죽여주마!"

삼손은 곧장 블레셋 마을로 내려가 닥치는 대로 쳐 죽였다. 삼손의 무시무시한 괴력 앞에 블레셋의 장정들조차 추풍낙엽처럼 나가떨어졌다. 분이 가라앉을 때까지 블레셋 사람들을 마구 쳐 죽인 삼손, 그런 뒤 그는 에담 바위 동굴로 들어가 숨었다. 동굴 안 바위틈은 은신처로는 안성맞춤이었다.

삼손이 동족에게 스스로 붙들리다 (15:9-13)

“기어코 삼손을 붙잡아 죽이고 말리라!”

블레셋 사람들은 이를 갈면서 군대까지 동원하여 이스라엘 땅으로 쳐들어왔다. 그들은 레히 근처에 진을 쳤다. 레히는 브엘세바에서 북쪽으로 6.5km 지점에 있는 유다 지파 내의 산지 마을이다. 레히 마을 사람들은 잔뜩 겁을 먹었다.

“너희가 삼손이란 자를 알렷다. 그자를 우리 앞에 순순히 내놓아라! 그렇지 않으면, 삼손이 우리에게 한 짓을 우리도 너희에게 그대로 해주겠다!”

블레셋 사람들의 성난 위협에 유다 지파 산지에 사는 사람들은 금방 기가 죽었다. 그래서 유다 지파 사람들 3천 명이 삼손이 머물고 있는 에담 바위 동굴로 몰려가서 삼손을 만난다.

“삼손, 자네는 어쩌자고 블레셋 땅에서 그런 엄청난 일을 저질렀나? 우리가 블레셋의 지배를 받고 있다는 사실을 모른단 말인가? 그들이 폭도가 되어 자네를 붙잡겠다고 군대까지 이끌고 와서 레히에 진치고 있다네. 자네 때문에 우리 마을이 쑥대밭이 되게 생겼단 말일세. 이 판국을 어쩔 셈인가?”

이스라엘 동족의 말에 삼손은 모든 것을 예견한 사람처럼 차분하게 말한다.

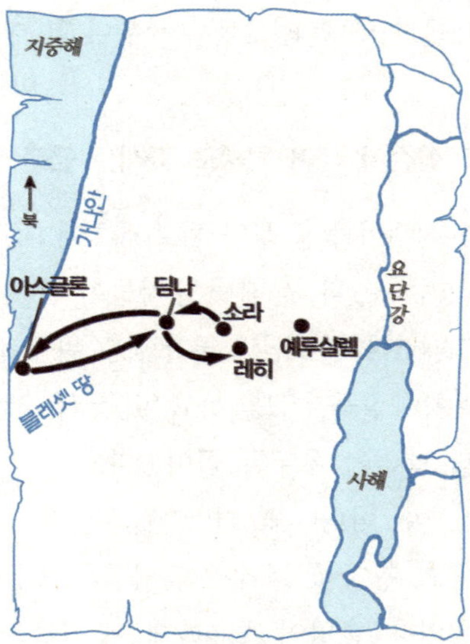

▲ 사사 삼손의 활약

"알았소. 자, 나를 붙잡아 그놈들에게 넘기시오. 단, 한 가지 조건이 있소. 나를 묶은 뒤에 여러분이 나를 죽이지 않겠다고 여호와의 이름으로 맹세해 주시오. 죽는 것이야 겁나지 않지만, 내 동족들 손에 죽고 싶지는 않소!"

힘으로만 한다면야, 괴력의 장사 삼손이 누구에게든 붙잡힐 리 없다. 하지만 삼손은 자기 동족이 다치는 것을 원치 않았기에 스스로 결박당했다. 새로 꼰 굵은 동아줄 두 개로 삼손의 우람한 몸이 꽁꽁 묶인 채 바위 동굴에서 끌려 나왔다. 유대 지파 사람들은 스스로도 비겁한 행동이라 부끄러워하면서도, 그렇다고 단 지파 출신인 삼손 때문에 자기들이 일구어놓은 모든 것을 잃고 싶지는 않았다.

당시 이스라엘은 무려 40년 동안 블레셋의 통치를 받고 있었다. 그들은 하나님의 언약 백성이라는 고상한 신분을 망각한 채, 무사 안일한 노예근성에 젖어 대항하려는 의지조차 갖지 못했다. 그 결과, 삼손과 힘을 합쳐 블레셋과 싸우기는커녕 동족을 적에게 넘겨주는 수치스런 일을 자행했다. 그들은 싸워야 할 대상이 누구인지를 애써 외면했다.

삼손이 나귀 턱뼈로 블레셋 군사 일천 명을 쳐 죽이다(15:14-20)

삼손이 꽁꽁 묶인 채로 레히에 이르자, 블레셋 진영에서는 환호성이 터져 나왔다. 블레셋 군사들이 삼손을 인계받으러 가까이 다가왔다. 그때였다. 하나님의 영이 삼손 위에 강력하게 휘몰아쳤고, 삼손이 몸을 세차게 흔들자 그를 묶고 있던 굵은 새 동아줄이 불타다 남은 실오라기처럼 맥없이 우두둑 끊어졌다.

"아, 아니! 저, 저, 저럴 수가!"

그 광경에, 블레셋 군사들은 말문이 막힌 채 크게 당혹한 표정을 지었다. 손발이 자유롭게 된 삼손은, 주변에서 당나귀 턱뼈 하나를 주워 들었다.

"저놈 잡아랏! 모두 일제히 달려들어 저놈을 제압하라!"

그러나 블레셋 군사들은 가을바람에 낙엽이 떨어지듯이 삼손이 휘두르는 당나귀 턱뼈를 맞고는 달려드는 즉시 비명을 내지르며 나가떨어졌다. 그날, 삼손은 당나귀 턱뼈로 블레셋 군사들을 무려 1천 명이나 때려죽였다. 하나님의 영 곧 성령이 임한 결과, 그는 인간의 힘을 뛰어넘는 귀력을 발휘했다.

이때 삼손이 무기로 사용한 당나귀 턱뼈는 죽은 지 얼마 되지 않는 싱싱한 턱뼈다. 매우 단단하고 뾰족했기에 위급한 상황에서는 충분히 무기로 사용될 수 있었다. 그래도 창이나 칼이 아니라 보잘것없는 당나귀 턱뼈로 1천 명이나 쳐 죽인 사실, 그것은 하나님께로부터 공급된 놀라운 힘의 결과였다. 삼손은 이렇게 외쳤다.

"보라, 당나귀 턱뼈 하나로 무더기에 무더기를 쌓았도다!
내가 당나귀 턱뼈 하나로 일천 명을 쳐 죽였도다!"

겁에 질린 블레셋 군대가 우르르 도망가자, 삼손은 사자후를 크게 토한 후에 당나귀 턱뼈를 획 내던졌다. 이후 사람들은 그곳을 '라맛레히'라 불렀다. '턱뼈의 언덕'이란 뜻이다. 그 언덕에서 당나귀 턱뼈 하나로 블레셋 군사 일천 명을 능히 상대하게 하신 하나님의 은혜를 기념하는 말이다.

블레셋 군사들이 물러가고 긴장이 풀리자, 삼손은 갑작스럽게 심한 갈증을 느꼈다. 목말라 거의 죽을 지경이었다. 그래서 삼손은 주께 호소한다.

"주여, 주께서는 주의 종에게 큰 승리를 거두게 하셨습니다. 하지만 주여, 지금은 제가 목말라 죽을 지경입니다. 이러다가는 저 할례 받지 못한 자들에게 제가 붙잡히고 말겠습니다. 주여, 타는 듯한 이 갈증에서 저를 구해주소서!"

할례(割禮)는 일찍이 하나님과 이스라엘의 조상 아브라함 사이에 맺은 언약의 증표다. 그 언약 이후로 이스라엘 백성들은 스스로를 '할례 받은 백성'이라 칭했고, 이스라엘 이외의 이방인들을 '할례 받지 못한 자들'이라 불렀다.

이때 하나님은 삼손의 호소를 들으시고, 레히의 우묵하게 들어간 곳을 터뜨려 물이 콸콸 솟아나게 해주셨다. 삼손은 그 샘물을 벌컥벌컥 마시고는 기운을 차렸다. 이후 사람들은 그 샘을 '엔학고레'라 불렀다. '부르짖는 자의 샘'이란 뜻이다. 주께 부르짖은 결과로 생겨난 샘이기 때문이다.

이처럼 삼손은 개인적인 원한 관계로 블레셋 사람들과 치열하게 싸웠다. 그 동기야 어찌되었건, 이 모든 일은 하나님의 구원을 성취하는 섭리적 사건이었다. 싸울 때는 인간적 동기와 결점, 실수, 보복심, 애증 등으로 출발했지만, 결과적으로는 삼손의 활약으로 이스라엘을 압제하는 블레셋의 기세가 많이 꺾인 것이 사실이기 때문이다. 블레셋 족속이 이스라엘 땅을 지배하는 40년 동안, 삼손은 이스라엘의 사사로서 20년 동안 백성들을 이끌었다(주전 1075-1055년경).

16
삼손과 들릴라

그 무서운 힘이 어디서 나오나요
들릴라가 삼손에 묻네
내 힘의 원천은 이 긴 머리털
삼손은 블레셋 사람들에게 잡히네

삼손의 무시무시한 괴력 (16:1-3)

하루는 삼손이 소라의 자기 집을 떠나 블레셋 성읍인 가사로 내려갔다. 가사는 가드, 아스글론, 에글론, 아스돗과 함께 블레셋의 5대 주요 성읍 가운데 하나다. 삼손의 집이 있는 소라에서 60km가량 멀리 떨어진 지중해 연안의 도시다. 삼손은 자기 힘을 믿고 블레셋 지역 깊숙이 들어가 마음대로 활보했다.

"햐, 아가씨 예쁜데…."

삼손은 가사에서 한 창녀를 만나 하룻밤을 보냈다. 삼손은 초인적인 괴력으로 젊은 사자를 맨손으로 죽이기도 했고, 자신의 몸에 묶인 굵은 밧줄을 끊기도 했으며, 당나귀 턱뼈로 1천 명의 군사들을 쳐 죽이기도 했다. 하지만 자기 정욕의 사슬만큼은 끊어내지 못했다. 그러기에 삼손의 실수와 결점은 항상 여인들과 결부된다.

"뭐라? 삼손이 우리 성읍의 한 창녀 집에 있다고? 거, 잘 됐다!"

삼손이 자기들 성읍에 있다는 정보를 접한 가사 성읍의 지도자들은

▲ 삼손과 들릴라

군사들을 동원하여 창녀의 집을 에워싸고 밤새도록 성문을 지켰다. 이른 새벽에 갑자기 들이닥쳐 삼손을 붙잡아 죽일 요량이었다. 그 시각에는 창녀와 밤을 보낸 삼손이 깊은 잠에 빠져 있을 것으로 판단했기 때문이다.

그러나 여인이 블레셋 군사들의 동태를 삼손에게 귀띔해 주었다. 삼손은 문을 박차고 나가, 가사 성문의 문짝을 붙들고는 두 문설주를 빗장과 함께 쑤욱 뽑아 버렸다. 고대 성문의 문짝은 매우 크고 두꺼워서 장정들 수십 명이 달려들어 옮기려 해도 쉽지 않다. 그런 성문 문짝을 빗장이 채워진 채로 좌우의 문설주와 함께 뽑아버리다니! 도무지 사람의 힘이라곤 볼 수 없는 무시무시한 괴력이다.

"저, 저건 분명 사람이 아니다. 괴물이다! 세상에, 성문을 문설주째로 뽑아 버리다니!"

블레셋 군사들은 경악을 금치 못했다. 오금이 저려 아무도 삼손에게 달려들 생각조차 못했다. 그러는 사이, 삼손은 가사의 성문을 어깨에 둘러메고는 헤브론 맞은편에 있는 산꼭대기까지 올라가서 거기에 내다 버렸다. 헤브론은 가사에서 동쪽으로 62km가량 떨어진 곳에 위치한 유다 지파의 주요 성읍이다. 삼손은 일부러 블레셋의 권세를 상징하는 가사의 성문을 유다의 중심지인 헤브론 성읍의 앞산에 갖다버린 것이다.

삼손이 들릴라의 유혹에 빠져 괴력을 상실하다 (16:4-22)

가사의 성문 사건이 있은 뒤, 삼손은 다시금 블레셋 땅인 소렉 골짜기로 내려갔다. 거기서 삼손은 한 블레셋 여인에게 반해 버렸다. 그녀의 이름은 '들릴라'로, 매우 관능적인 여인이었다.

"아, 들릴라! 내 평생 그대처럼 아름다운 여인은 만나보질 못했소. 그대는 진정 내 사랑이오. 그대가 원한다면, 내 목숨까지도 기꺼이 바치겠소!"

들릴라는 '유혹'이라는 의미를 지닌다. 뱀보다, 사자보다 훨씬 위험한 여인이다. 그러나 삼손은 그녀의 미모에 눈이 멀어, 죽자 사자 그녀에게 덤벼들었다. 육체적 미모를 탐하는 사랑병이 다시 도진 것이다.

들릴라가 살고 있는 소렉 골짜기는 삼손의 고향인 소라와 가까웠는데, 블레셋 지역이었다. 예루살렘 서남쪽 21km 지점에서 지중해변의 서북방향으로 32km가량 뻗어 있는 이 골짜기에는 소렉, 딤나, 레히, 소라 같은 크고 작은 성읍들이 모여 있었다.

"그래? 삼손이란 자가 블레셋 여인에게 푹 빠졌다고? 가만…. 이건 하늘이 준 기회다. 잘 하면, 그놈을 잡을 수도 있겠다."

삼손이 소렉 출신 여인에게 푹 빠졌다는 소식이 블레셋 지도자들의 귀에 들어갔다. 블레셋의 지도자들이 들릴라에게 찾아와서 말했다.

"들릴라, 그대는 삼손의 무시무시한 괴력이 어디에서 나오는지 그 비밀을 알아내도록 해라. 어떻게 해야 우리가 삼손을 붙잡을 수 있는지 꼭 좀 알아내다오. 그 방법을 찾아내서 알려준다면, 우리 모두가 각자 네게 은 1,100세겔씩을 주겠다."

당시 은 한 세겔은 일반 노동자의 4일치 품삯에 해당되는 액수였다. 은 1,100세겔이라면 들릴라가 하루도 빠짐없이 10년 이상을 꼬박 일해도 모으기 힘든 엄청난 액수였다. 그것도 블레셋 지도자들이 각자 그만한 액수를 주기로 했으니, 들릴라는 놀랄 수밖에 없었다. 이후로 들릴라는 별의별 아양을 동원해서 삼손에게서 힘의 비밀을 알아내려 애쓴다.

"거참, 그게 그리도 궁금하오? 마르지 않은 푸른 칡넝쿨 일곱 가닥으로 나를 묶으면, 나도 힘이 빠져 보통 사람들과 똑같아진다오. 하하."

들릴라는 즉시 그 정보를 블레셋의 지도자들에게 알렸고, 그들은 푸른 칡넝쿨 일곱 가닥을 마련해서 건네주었다. 들릴라는 삼손이 잠든 틈을 이용해서 꽁꽁 묶었다. 그런 뒤에 방에 군사들을 숨겨놓고 외쳤다.

"삼손! 블레셋 군사들이 당신을 잡으러 왔어요! 어서 도망가세요! 어서요!"

들릴라는 짐짓 아무것도 모르는 척 크게 당황해하며 소리친다.

"뭐라? 블레셋 군사들이 들이닥쳤다고?"

그 소리에 삼손이 벌떡 일어나며 두 손이 묶인 것을 알아채고는 '읏샤!' 하고 힘을 쓴다. 그러자 칡넝쿨 일곱 가닥이 타다 남은 실오라기처럼 맥없이 두두둑 끊어져 버렸다. 삼손을 잡으려던 군사들은 놀란 노루마냥 꽁무니 빠지게 도망쳤다.

"뭐야, 이거! 일 좀 제대로 하라구! 안 그러면 네 신상에 좋을 게 없어!"

블레셋의 지도자들이 들릴라에게 분통을 터뜨렸다. 삼손의 힘이 어디서 솟아나는지, 그 비밀을 제대로 알아내지 못했기 때문이다. 그들은 들릴라를 노골적으로 협박했다. 그러자 들릴라는 더욱 삼손에게 갖은 애교를 부리며 졸라대고 다그친다. 들릴라의 미모와 아양에는 치명적인 독이 들어 있었다. 그러나 사랑에 눈먼 삼손, 그는 들릴라에게 온통 마음을 빼앗겨 분별력을 상실해가는 중이다.

"그렇게 알고 싶소? 한 번도 사용한 적이 없는 새 밧줄로 나를 꽁꽁 묶으면, 나도 힘이 빠져서 보통 사람들과 똑같아진다오. 하하."

들릴라는 잠든 틈을 이용해 삼손을 꽁꽁 묶었다. 그리고 이전처럼 블레셋 군사들을 숨겨놓고는 소리쳤다. 그 소리에 잠에서 깨어난 삼손이,

기지개하듯 힘 한번 쓰자 묶였던 밧줄이 불탄 실오라기처럼 힘없이 두두둑 끊어져 버렸다. 그러자 블레셋 지도자들은 들릴라를 의심하기 시작한다.

"혹시 너 삼손과 한 통속 아냐? 그렇지 않고서야 매번 이럴 리 없잖아! 네가 이스라엘 편을 들면, 너와 네 집안은 몰살당할 줄 알아!"

이 지경이 되자, 들릴라는 더욱 필사적으로 삼손에게 매달렸다. 온갖 방법을 동원하여 집요하게 캐물었다. 들릴라의 속셈을 알면서도, 삼손은 그녀와의 관계를 끊지 못하고 계속 어울리고 있었다.

"삼손, 더 이상은 내게 거짓말하지 마세요. 나를 정말 사랑한다면, 당신을 진짜로 묶을 수 있는 방법 좀 가르쳐주세요. 죽을 때까지 비밀로 할게요. 난 그냥 당신 힘의 비밀이 궁금할 뿐이에요."

집요하고 치명적인 유혹이었다. 들릴라는 맹독을 품고 있는 요망스런 뱀이었다. 그런 뱀과 계속 놀고 있다면 언젠가는 물려 치명상을 입을 텐데도 삼손은 그 위험성도 모르고 계속해서 장난질하며 놀고 있다.

"하하, 거짓말해서 미안하오. 이번에는 진짜요. 내 머리털을 일곱 가닥으로 꼰 뒤에 그것을 베틀에 넣고 마치 옷감을 짜듯이 짜서 말뚝으로 땅에 박아놓으면, 나도 힘이 빠져서 보통 사람들과 똑같아진다오."

이번에는 진심 같았다. 들릴라는 이전처럼 블레셋 군사들을 숨겨놓고는 삼손이 시킨 대로 행했다. 그런 뒤 소리쳤다.

"삼손! 군사들이 당신을 잡으러 또 왔어요! 어서 일어나 도망가세요!"

그러나 이번에도 허사였다. 삼손은 벌떡 일어나며 말뚝까지 쑥 뽑아버렸다. 그런 광경을 보고, 블레셋 군사들은 외마디 비명을 지르며 도망치기에 바빴다. 다시 속임을 당한 들릴라는 더는 삼손을 만나주지 않았다. 삼손은 애가 닳았다. 그래서 비밀을 알려주기로 약속하고 다시 사랑을 나누었다. 사랑은 고통을 동반했다. 들릴라가 웃고 아양 떨면서 울며불며 끈질기게 졸라대는 통에 괴로워 죽을 노릇이었다. 결국 삼손은 무너지고 말았다. 괴력을 소유한 삼손, 그도 미모의 여인 앞에서는 한낱 나약한 남자에 불과할 뿐이었다.

"사실은 말이오…."

삼손은 사랑의 위협 앞에 굴복 당해 힘의 원천을 스스로 털어놓았다. 사랑의 감정에 눈이 멀고, 육신의 정욕에 빠져 하나님과의 신성한 약속을 어기고 말았다. 태어날 때부터 머리털을 깎지 않음으로써 나실인의 괴력을 지녔던 삼손이 스스로 무장해제를 하는 순간이다.

"나는 태어난 이래 머리털에 칼을 대본 적이 없소. 어머니 뱃속에서부터 하나님께 바쳐진 '나실인'이기 때문이오. 그러니까 내 머리털을 싹 밀어버린다면 힘이 없어져 나도 보통 사람들처럼 되어버릴 것이오. 이제 내 힘의 비밀을 알았으니, 죽을 때까지 비밀로 해주구려."

"그럼요! 아무 걱정 마세요. 당신의 비밀은 무덤까지 갖고 갈 거예요."

이전과는 달리, 웃음기 하나 없이 진지한 어조로 말하는 삼손, 그의 태도에 들릴라는 그가 진실을 말했다는 것을 직감적으로 알아차렸다.

'호호호, 마침내 넘어왔다…. 그 동안 용케도 잘 버틴 게지…. 호호.'

들릴라는 속으로 쾌재를 불렀다. 삼손에게 했던 굳은 약속일랑은 헌신짝처럼 내팽개치고, 그 즉시 블레셋의 지도자들에게 사람을 보내어 말을 전한다.

"드디어 알아냈어요! 이번엔 진짜예요. 내게 주기로 약속했던 돈을 준비해서 제 집으로 빨리 올라오세요!"

"흐흠! 이번엔 정말인가 보군!"

블레셋의 지도자들도 직감했다. 그들은 군사들을 보낸 뒤 각자 약속했던 은을 마련한 다음에 들릴라의 집으로 올라갔다. 그 시각, 들릴라는 무릎에 삼손을 뉘어 깊이 잠들게 한 후, 일곱 가닥으로 땋은 머리털을 싹싹 밀었다. 머리털이 깎이면서 삼손의 몸에서 점차 힘이 빠져나갔다. 삼손의 머리털이 모두 깎인 것을 확인하고는, 들릴라가 외친다.

▲ 삼손과 들릴라 (루벤스 작, 1609년)

"삼손! 일어나요! 군사들이 당신을 잡으러 왔어요! 어서 도망치세요!"

"뭐야? 또 왔다고? 에이, 귀찮은 것들! 이번엔 그냥 돌려보내지 않겠다."

잠에서 깨어난 삼손, 이전처럼 아무 일도 아닌 양 덤덤한 표정으로 힘을 쓰려고 용트림을 한번 해보았다. 어? 어? 이게 웬일인가? 생각대로 힘이 솟구치지 않았다. 힘의 원천이신 주께서 이미 자신을 떠나갔다는 사실을 알아채지 못했다.

"어? 어라? 이거 이상한데… 당췌 힘을 쓰지 못하겠어. 어? 어?"

"와, 보라, 삼손의 힘이 사라졌다! 이제 저놈도 우리와 별반 다를 게 없다. 어서 달려들어 저놈을 붙잡아랏!"

블레셋 군사들이 우르르 달려들어 삼손을 덮쳤다. 삼손은 낑낑댈 뿐, 예전처럼 그들을 떨쳐낼 수 없었다. 맨손으로 사자를 때려잡고, 당나귀 턱뼈로 1천 명을 쳐 죽이고, 성문을 문설주째 뽑아 어깨에 둘러메고 멀리까지 가서 내팽개치던 삼손, 그의 괴력은 어디론가 사라지고 없었다.

삼손은 온몸이 꽁꽁 묶인 채 끌려 나갔다. 끌려 나가면서 들릴라와 눈이 마주쳤다. 그녀는 정면으로 삼손을 바라보지 못하고 눈을 피했다. 여인과의 사랑은 그렇게 끝났다. 한때는 진정한 사랑이라 믿었지만, 그건 사랑이 아니라 불장난이었다. 이방인 여인, 그것도 이스라엘과는 영원히 한 편이 될 수 없는 적국의 여인과 불장난을 했으니, 그 불에 데고 그 불에 활활 타서 죽게 될 신세가 되고 만 것이다.

"저놈이 삼손이구나! 꼴좋다! 그동안 저놈한테 당한 걸 생각하면 그냥 확!"

블레셋 군사들은 삼손을 꽁꽁 묶어 끌고 가면서 사람들의 구경거리로 만들었다. 사람들은 그동안 삼손에게 당한 분풀이라도 하듯 장난질하고 괴롭혔다. 무자비하게 두 눈도 뽑아 버렸다. 그간 삼손의 괴력에 워낙 놀란지라, 블레셋의 지도자들은 눈먼 삼손을 청동사슬로 꽁꽁 묶었다.

블레셋 지도자들은 가사 성읍의 견고한 옥에 삼손을 가둔 뒤, 맷돌을 돌리게 했다. 삼손은 처량한 신세가 되었다. 머리털 잘린 삼손, 그는 아주 우스꽝스런 모습을 한 채 누더기 죄수복을 걸쳐 입고 무거운 맷돌을 하루 종일 낑낑대며 돌리고 있었다. 한때는 인류 역사에서 최고의 힘을 소유했던 삼손, 그런 사람이 어두컴컴한 옥에서 낑낑대며 맷돌이나 돌리는 어릿광대로 둔갑하고 만 것이다.

처음엔 삼손의 모습이 신기하고 고소하기도 해서 큰 관심을 갖고 온갖 장난을 치며 희롱하던 블레셋 사람들도 형편없는 삼손의 모습에 점차 흥미를 잃었다. 삼손은 속으로 피눈물을 흘리고 있었다. 그렇게 그는 사람들에게 차차 잊혀 갔다. 그의 인생은 그렇게 끝나는 것일까?

하지만 하나님은 삼손을 잊지 않았다. 머리털이 옥중에서 조금씩 다시 자라나기 시작했다. 하나님 외에는 누구도 몰랐다. 블레셋 사람들에게 삼손은 이미 잊혀진 존재였고, 심지어 삼손조차도 돌아오는 힘을 느끼지 못했다. 하나님께 부여받은 괴력을 제대로 지켜내지 못하고 남용했다는 자괴심과 수치심이 워낙 컸기에, 하나님의 영이 그의 몸에서 움직이고 있음을 자각하지 못한 것이다.

사사 삼손의 장렬한 최후(16:23-31)

블레셋 족속에게 큰 잔칫날이 닥쳤다. 부족의 신 다곤에게 제사를 드리는 축제였다. 다곤(Dagon)은 블레셋 족속의 최고 우상으로, 상반신은 인간 모양이고 하반신은 물고기 형상을 한 어신(魚神)이다.

블레셋 족속은 본래 갑돌(크레타) 섬에서 가나안 땅의 지중해 연안으로 이주해 온 해양민족이었기에 이처럼 어신을 섬긴 것이다. 가나안 땅에서 다곤은 곡물을 주관하는 신으로 숭배되었다. 그래서 블레셋 사람들은 일전에 삼손이 꽁지에 횃불을 매단 여우 300마리로 블레셋 들판을 모조리 불태운 일에 대한 보복으로 다곤 신이 삼손을 생포하게 해준 것으로 여겼다.

큰 축제가 벌어진 그날, 블레셋 사람들은 거대한 신전에 다함께 모여 다곤 신에게 성대하게 제사를 올린 다음, 노래를 부르며 즐거워했다.

"모두 모두 우리의 신 다곤을 찬양하라!
그가 우리의 원수를 우리 손에 넘겨주셨도다.
삼손을 우리의 손에 넘겨주셨도다.
우리의 땅과 농작물을 마구 망쳐놓은 자
수많은 동족을 죽인 그자를 우리 손에 넘겨주셨도다."

블레셋 사람들은 술을 따라 주거니 받거니 하면서 노래를 불렀다. 왕 또한 거나하게 취해서 명령을 내린다.

“여봐랏! 삼손을 감옥에서 끌어내어 이리로 데려오라!”

삼손을 노리개 삼아 흥을 더욱 돋우게 할 요량이었다. 삼손이 다곤 신전으로 끌려왔다. 앞을 볼 수 없어 허공만을 두리번거리는 처량한 모습이다. 블레셋 왕은 모두가 잘 볼 수 있도록 삼손을 신전 가운데에 세워놓았다.

“하하하. 저놈이 우리 농작물을 다 망친 삼손이구나! 참으로 꼴좋다!”

“뭐? 맨손으로 사자를 때려잡았다고? 보아하니, 쥐새끼 한 마리쯤 때려잡은 게로구나! 핫핫핫!”

“성문 문설주를 뽑은 게 아니고, 무 한쪽 뽑은 거 아냐? 낄낄낄!”

술에 취하고 흥에 겨운 블레셋인 사람들은 저마다 손가락질을 하며 마음껏 조롱했다. 그때 삼손은 뭔가 희미한 기운이 머리에서부터 아래로 내려오고 있음을 느꼈다.

‘아, 잃었던 힘이 다시 돌아오는 것인가? 하나님께서 내 죄를 용서해 주시고 나를 다시 받아주었단 말인가? 아, 그렇다면…?’

삼손은 자기 손을 붙들고 다니는 시종에게 애절하게 부탁한다.

“여보게, 나를 불쌍히 좀 봐 주게. 내가 피곤해서 그러니, 이 신전을 떠받치고 있는 기둥을 만질 수 있는 곳에 나를 데려다가 세워주게. 내가 기둥에 몸을 좀 기대고 싶어 그러네. 제발 부탁하네.”

삼손의 처량한 모습에 동정심이 생겼는지, 시종은 신전을 떠받치고 있는 두 기둥 사이에 그를 데려다가 세워 주었다. 삼손이 두 손을 뻗으니 양손에 기둥이 잡혔다. 다곤 신전의 자리는 꽉꽉 찼고, 신전의 지붕에까지 수많은 사람들이 올라가 있었다. 3천 명가량 되었다.

당시의 건물 구조상 지붕은 평평한 상태로 매우 넓게 지어졌다. 블레셋의 신전(神殿)은 중앙에 원형극장이 있고, 객석은 아래층의 계단식 좌석들과 더불어 큰 기둥으로 떠받쳐진 평평한 지붕 위에 마련되었다. 그래서 지붕 위에는 많은 관중들이 자리잡을 수 있었다. 삼손은 신전을 떠받치고 있는 두 기둥에 양손을 뻗친 채 주님께 간절히 기도했다. 지난 잘못을 뼈저리게 뉘우치는 절절한 기도다.

삼손은 신전 지붕을 떠받치고 있는 중앙의 두 기둥을 하나는 왼손으로, 또 하나는 오른손으로 꽉 붙들었다. 그런 뒤, 하늘을 우러러 큰 소리로 외쳤다.

"오, 주여! 제게 마지막으로 힘을 주소서! 내가 오늘 주의 원수인 저 블레셋 놈들과 함께 죽으렵니다! 으얏! 으랏차차!"

최후의 일성을 내지르며 삼손은 있는 힘을 다해 신전의 두 기둥을 힘껏 밀기 시작했다. 그러자 신전 기둥이 조금씩 휘어지기 시작하더니 이내 우지직 소리를 내며 '우르릉 쾅 쾅' 하는 굉음과 함께 순식간에 신전이 무너져 내렸다. 당시 블레셋의 신전들은 목재로 만들어진 두 개의 커다란 중심 기둥에 의해 건물 지붕의 무게가 떠받쳐지고 있었다. 대리석 기반 위에 세워진 두 개의 큰 중심 기둥이 이탈할 경우, 건물 지붕은 그 무게로 인해 와르르 무너져 내릴 수밖에 없었다.

▲ 사사 삼손의 최후

폭삭 가라앉은 건물의 잔해 여기저기에서 비명소리가 쉴 새 없이 터져 나왔다. 그야말로 눈 뜨고 볼 수 없는 생지옥이었다.

이스라엘의 사사 삼손, 그는 나실인으로서의 마지막을 그렇게 장식했다. 그가 살아있는 동안에 죽인 블레셋 사람들의 수효보다 죽을 때에 죽인 수효가 훨씬 더 많았다. 게다가 죽을 때는 블레셋의 유력한 지도자들을 한꺼번에 몰살시켰다. 이로 인해 블레셋의 지도력에 큰 공백이 생겨, 이후로 이스라엘에 대한 블레셋의 지배력은 크게 약화된다. 어찌되었든 이스라엘의 사사로서 삼손은 자신의 사명을 죽음으로써 완수한 것이다.

"아, 삼손이 죽다니…."

삼손의 형제들과 친척들이 블레셋 땅으로 내려왔다. 그들은 신전의 건물 잔해 속에서 삼손의 시신을 찾아내어, 아버지 마노아의 무덤 곁에 장사지내 주었다. 마노아의 무덤은 소라와 에스다올 사이에 있었다.

태어나면서부터 하나님께 구별되어 나실인이 된 삼손, 그는 이스라엘의 사사로서 20년 동안 살다가 장렬하게 최후를 맞았다(주전 1075-1055년경).

괴력의 사사, 삼손! 이방 여인에게 빠져 나실인의 서약을 잊고 사사로서의 사명감도 망각한 채 힘의 비밀을 누설함으로써 모든 것을 한꺼번에 잃고 어릿광대가 되어버린 상처뿐인 챔피언. 그럴지라도 삼손은 그 무시무시한 괴력 하나만으로도 하나님의 전능하신 힘을 널리 떨쳐 보여주었던 그 시대의 영웅이었다.

아, 삼손! 주께로부터 부여받은 괴력을 남용하다 쓰라린 회개의 눈물과 함께 장렬한 영웅의 죽음으로 마지막 순간을 장식한 그는, 비록 약점 많은 인간이었지만 오늘날의 우리 모두에게 중요한 교훈을 안겨준다. 비록 사람은 실패하더라도 하나님은 결코 실패하지 않는다는 교훈, 그리고 비록 사람이 실패하더라도 언제든 하나님께로 돌아가기만 하면 죽는 그 순간에라도 그 실패를 충분히 만회할 수 있다는 그런 교훈을.

17
미가와 제사장

에브라임 산지 사람 미가는
어머니에게 은화 내놓으며
자신이 지은 죄를 고백하네
제가 전에 훔친 돈입니다.

미가 집안의 우상 숭배 (17:1-6)

사사 삼손의 죽음으로 사사 시대에 활동했던 이스라엘 12사사의 역사는 종결된다. 이제부터 사사기의 마지막 장까지는 사사 시대에 일어났던 몇 가지 에피소드를 다룬다. 일종의 사사기 부록인 셈이다.

여호수아의 죽음 이후부터 이스라엘의 초대 왕 사울의 즉위 직전까지(주전 1390-1050년경) 대략 340년 동안 지속된 사사 시대, 그 시대를 한 마디로 표현하면 '하나님을 떠나 각자 자기 생각에 옳은 대로 행동한 암흑의 시대'다. 그래서 이 시대의 에피소드 역시 타락하고 부패한 내용이다. 성경에 굳이 이런 이야기를 기록해야 하나 싶을 정도로, 참으로 망측하고 끔찍한 이야기들이다.

단 지파의 우상숭배, 성결해야 할 레위인이 첩을 얻어 오히려 일반 백성들보다 더 부패했던 일, 동네 불량배들의 야만적인 윤간 행위와 토막 낸 시신, 지파의 알량한 자존심 때문에 지파들 간에 죽기 살기로 싸운 내전…. 이 모두는 선민이라 불린 이스라엘이 하나님의 법을 떠나 얼마나 자기 멋대로 생활했는지를 보여주는 일종의 쓰라린 반성문이다. 이제 그 이야기들 속으로 들어가 보자.

[에피소드, 하나] 에브라임 지파의 어느 산지 마을에 '미가'라는 인물이 살고 있었다. 그는 무슨 생각에서인지 어머니의 은화를 몰래 훔쳤다. 어머니는 아들이 훔쳐간 줄도 모르고 노발대발하며 몇 날 몇 주 동안 악담을 퍼부었다. 미가는 계속 듣고 있을 수가 없어 결국 사실을 토했다. 그러자 악담은 하면서도 이미 포기했던 돈인지라, 어머니는 돈을 보자 책망 대신에 입가에 미소가 떠올랐다.

"미가야, 너에게 복 내려주시도록 이 돈을 주께 바쳐야겠다. 주께 복 달라고 하려면 신상이 있어야겠지. 나무와 금속으로 그 신상을 만드는 데 이 돈을 써야겠다. 결국 너를 위해 쓰는 거야."

미가 어머니의 말은 사사 시대의 영적 무지와 혼란상을 잘 보여준다. 사사 시대는 멋대로 하나님을 예배하였다. 미가 집안도 여러 형태의 신상(神像)을 만들어놓고 하나님께 예배를 드렸다. 이처럼 당시 사람들은 순수한 여호와 신앙을 상실한 채 이교도의 우상 숭배적 행위로 하나님을 섬기고 있었다.

미가와 그의 어머니는 새로 만든 신상을 집안에 소중하게 모셔놓고는 아침저녁으로 정성껏 섬겼다. 집안에 성소를 만든 것이다. 남은 돈으로는 에봇과 드라빔까지 만들었다. 주께서 내리시는 복이 당장이라도 굴러들어올 것만 같았다.

'에봇'은 구약시대에 대제사장이 입던 예복 가운데 하나다. 가슴에 붙이는 흉패 밑에 입었는데, 소매 없이 긴 앞치마 모양으로 생겼다. 에봇은 기드온 시대 이후로 우상으로 섬겨졌다. 또한 '드라빔'은 고대로부터 중근동 지방의 각 집안에서 가정 수호신으로 숭배되던 우상이다.

이처럼 사사 시대는 온갖 신상들을 만들어놓고 그것들을 숭배하면서 주님을 열심히 섬긴다고 착각했다.

미가의 어머니는 그동안 아들 가운데 한 명을 뽑아 제사장의 일을 보게 했다. 사사 시대는 이런 식이었다. 아직 왕이 없을 때여서 모두가 자기들 좋을 대로 행동했다. 일찍이 하나님께서 모세에게 일러주신 주의 율례와 법도와 규례가 까맣게 사라진 시대였다.

미가 집안에 고용된 레위인 제사장 (17:7-13)

그 무렵, 베들레헴 출신인 어떤 레위인이 먹고 살 곳을 찾으러 두루 돌아다니다가 어찌어찌하여 에브라임 산악지대에 있는 미가의 집까지 오게 되었다.

"네? 레위인이라고요? 그렇다면 우리 집안의 제사장이 되어주시오. 그러면 내가 해마다 은 10세겔을 드리고, 입을 것과 먹을 것도 다 챙겨 드리겠소."

레위인 청년은 '이게 웬 떡이냐' 하며, 얼른 수락했다. 미가는 그 레위인을 집안 제사장으로 고용했다. 집안의 신당(神堂) 예배를 합법화 시키기 위함이다. 모세 율법은 레위 지파의 자손들만이 성막에서 봉사할 수 있다고 규정하고 있기 때문이다.

미가의 처신은 여호와 예배의 본질은 망각한 채 외형적인 형식만 갖추려 한 무지의 소치였다. 본래 레위인은 오직 하나님의 성막에서 예배의 규례를 좇아 하나님을 섬기고, 또한 백성들이 주께 바치는 십일조와 헌물로써 생활해야 했다. 그러나 성막 예배가 사라진 사사 시대의 레위인들은 먹고 살기 위해 각자도생해야 했다. 따라서 미가 집안의 레위인 고용은 당시의 타락한 제사 제도와 심각한 영적 혼란을 고스란히 보여주는 타락한 종교 행태였다.

오랜 떠돌이 생활에 지친 레위인, 그는 미가 집안의 신당에서 신상과 에봇과 드라빔을 섬기며 제사장 노릇을 했다. 미가는 그 젊은이를 친자식처럼 알뜰히 보살펴 주었다. 모세 율법에 따라 레위인을 집안 제사장으로 삼았으므로, 주께서 큰 복을 내려주실 것이라고 생각했다. 하지만 그건 착각이었다. 모세 율법에 따르면, 제사장은 오직 아론 집안의 후손들만이 거룩한 위임식을 통해 그 직분을 수행할 수 있었다. 그것도 번제단과 법궤가 있는 성막에서만 그 직분을 수행해야 했다.

그런 이유로, 미가 집안의 레위인 곧 짝퉁 제사장인 그는 자격 미달자였다. 이런 흠결 있는 제사장이 드리는 제사를 통해 어찌 하나님께 복을 받을 수 있을까. 그러나 정작 미가는 그와 같은 가장 기초적인 사실도 놓친 채 그저 복 받을 생각에 마음이 들떠 있었다.

18

정착할 땅을 찾는 단 지파

단 지파는 6백 명의 병사를 이끌고
미가의 집에 쳐들어가 신상 훔치네
레위인을 제사장 삼겠다
레위인은 에봇을 챙겨 따라나서네

거주할 정착지를 찾는 단 지파 사람들 (18:1-10)

[에피소드, 둘] 이번에는 단 지파에 관한 에피소드다. 당시 이스라엘에는 왕이 없었다. 때에 단 지파는 아직도 살아갈 땅을 차지하지 못했기에 지파의 정착지를 찾고 있었다. 가나안 땅을 분배할 때 기업의 땅을 분배받았지만, 그 땅을 제대로 차지하지 못하고, 도리어 함께 살던 아모리 족속에게 밀려나는 처량한 신세가 된 것이다.

단 지파의 지도자들은 소라와 에스다올에서 다섯 명의 용사를 뽑아 가나안 전역을 두루 정찰하게 했다. 가문을 대표하게 된 다섯 정찰병들은 가나안 땅 이곳저곳을 살펴보다가 에브라임 산악지대에 이르렀다. 그리고 밤이 되어, 미가의 집에 머물게 되었다.

"어라? 이 목소리는 뭐지?"

단 지파의 정찰병들은 레위인 청년의 목소리에 깜짝 놀랐다. 에브라임 산지와 멀리 떨어진 유다 베들레헴 출신의 레위인 청년은 남부 사투리를 쓰고 있었기 때문에, 정찰병들이 쉽게 그 음성을 구별해냈던 것이다.

"당신은 누구요? 어떻게 해서 여기까지 오게 되었소? 또 여기선 대체 무얼 하고 있는 거요? 당신은 무엇 때문에 여기에서 지내는 거요?"

단 지파 정찰병들이 꼬치꼬치 캐묻자, 짝퉁 제사장인 그 레위인은 사실대로 자초지종을 말했다.

"나는 레위인이오. 이 집안의 제사장으로 고용되어, 지금 집안 신당에서 신상들을 섬기고 있소."

"그렇다면 한 가지 묻겠소. 우리 단 지파가 정착할 땅을 찾아 돌아다니고 있는데, 그 일이 성공하게 될 것인지 하나님께 여쭤봐 주시오."

레위인 청년이 잠시 묵상해보더니 대답했다.

"길조입니다. 여러분의 일은 형통할 것입니다. 아무 걱정 하지 말고 길을 떠나십시오. 가시는 길을 주께서 지켜주실 것입니다."

"허허허! 그래요? 고맙소이다."

단 지파의 정찰병들은 고맙다고 인사를 한 후, 미가의 집을 떠나 사방을 두루 정찰하다가 가나안 땅의 맨 북쪽 지역인 라이스에 이르렀다. 당시 라이스 사람들은 해변의 시돈 사람들처럼 무방비 상태로 편안하게 살고 있었다. 그곳엔 모든 것들이 풍족했다. 시돈과도 멀리 떨어져 있어 외부의 간섭조차 없었다. 그들이 찾던 지역의 조건과 딱 맞아떨어졌다. 정찰병들은 가벼운 발걸음으로 서둘러 소라와 에스다올로 돌아왔다.

"딱 맞는 곳을 찾았습니다. 저 멀리 북쪽 지역에 있는 '라이스'란 성읍입니다. 어서 그곳을 치러 올라갑시다! 그 땅은 풍요롭고 아늑했습니다. 어서 올라가서, 우리 지파가 그 땅을 먼저 차지하도록 합시다."

단 지파 정찰병들이 보고했듯이, 가나안 땅의 최북단에 위치한 라이스는 넓고 기름졌다. 요단강에서 흘러내리는 물로 농업용수가 충분하여 땅이 비옥했다. 또한 천연적인 방어벽도 갖추고 있었다. 서쪽으로는 레바논 산맥이, 동쪽과 북쪽으로는 헤르몬산이 둘러싸고 있어 외부의 침략으로부터 안전했다. 천혜의 방어벽 안에서, 풍요로움에 푹 젖어 무방비 상태로 태평하게 살고 있으니, 그곳을 정복하는 일도 손쉬울 것임에 틀림없었다.

단 지파가 미가 집안의 신상들과 제사장을 빼앗다 (18:11-26)

"좋소! 그곳을 점령하여 우리의 정착지로 삼도록 합시다!"

정찰병들의 주장에 단 지파는 결정을 내렸다. 지파의 용사들 가운데서 600명의 정예병을 뽑아 무장하게 했다. 600명의 단 지파 선발대는 라이스를 향해 소라와 에스다올에서 출발했다.

그들은 북쪽으로 곧장 올라가 유다 경내 기럇여아림 가까이에 진을 쳤다. 그곳에 단 지파가 진을 쳤다 하여 '마하네단'이라 불리게 된다. '단 지파의 진영'이란 뜻이다. 그들은 에브라임 산악지대로 더 올라가 미가의 집에 이르렀다. 그때, 일전에 라이스 땅을 정찰하러 갔던 다섯 명이 일행에게 말한다.

"이 집안은 신상을 모시고 있고, 에봇과 드라빔까지 있습니다. 그러니 망설일 게 뭐 있겠습니까? 몽땅 빼앗도록 합시다!"

그때 미가 집안에서 제사장 노릇하던 레위인은 신당에서 꾸벅꾸벅 졸고 있었다. 그런 그에게 이전의 다섯 정찰병들이 안부를 묻는다.

"샬롬! 그동안 잘 계셨소?"

"아, 아니! 당신들은 일전에 오셨던 분들이 아니오?"

"그렇소. 잠시 이리 나오도록 하시오. 우리 지파 사람들을 소개시켜 주겠소."

그 레위인이 따라가니, 단 지파의 정예병 600명이 대문을 지키고 있었다. 레위인이 문간에서 그들과 얘기를 나누는 동안, 다섯 정찰병들은 신당에서 에봇, 드라빔, 금속으로 만든 신상 등을 챙기기에 바빴다. 우상들을 훔치는 이유는, 미가와 마찬가지로 우상을 통해 복과 도움을 얻을 수 있다고 여겼기 때문이다. 사사 시대에는 모두가 그런 식이었다.

훗날, 이때 훔쳐간 미가의 신상들은 단 지파의 새로운 정착지에서 숭배의 대상이 된다. 이 같은 사실은, 당시 이스라엘 사람들이 가나안 족속의 우상 문화에 얼마나 깊은 영향을 받고 있었는지를 잘 보여준다.

단 지파 사람들이 에봇, 드라빔, 금속 신상 등을 모두 챙기고 밖으로 나오자, 그 광경을 보고 레위인 청년이 깜짝 놀라서 외친다.

"아니, 뭣들 하는 짓입니까? 왜 신상들을 훔쳐갑니까? 당장 멈추세요!"

"쉿! 조용히 하시오! 그대는 아무 말 말고 우리와 함께 떠납시다. 가서, 우리 지파의 제사장이 되어주는 게 어떠시오? 한 집안의 제사장보다야 이스라엘의 한 지파의 제사장 노릇을 하는 게 훨씬 낫지 않겠소?"

"그, 그래요? 한 지파의 제사장?"

레위인 청년은 단 지파 사람들의 말을 듣고는 무척 기뻐했다. 어려울 때 자신을 거두어준 미가를 헌신짝처럼 버렸다. 한 집의 제사장보다는 한 지파의 제사장 되는 것이 더 큰 명예와 부유함을 제공해줄 것이 뻔했기 때문이다. 그 청년이 자기 고향 베들레헴을 떠난 이유가 '레위인'임을 팔아 물질과 명예를 얻기 위해서였다는 것을 알 수 있는 대목이다.

그 레위인을 데리고 단 지파 군사들은 라이스를 향해 계속 길을 떠났다. 미가의 집에서 꽤 떨어진 곳에 이르렀을 때, 미가 일행이 부리나케 뒤쫓아 왔다. 그들은 단 지파 사람들을 향해 고함친다.

"아니, 그런 경우가 어디 있소? 남의 집에 함부로 들어와서 신상과 에봇과 드라빔을 몽땅 훔쳐가고, 게다가 남의 집안 제사장까지 데리고 가는 게 말이나 됩니까? 남의 재산을 한마디 말도 없이 싹 쓸어가는 게 말이 된다고 생각하시오? 당장 모두 내놓으시오!"

그러자 무장한 단 지파의 건장한 군사들이 위협적인 태도로 말한다.

"함부로 입 놀리지 마시오! 그랬다가는 당신 목숨뿐만 아니라, 집안사람들까지 아무도 살아남지 못할 줄 아시오. 절대로 빈말이 아니오!"

미가는 움찔했다. 답답한 듯 헛기침만 연신 해댔다. 그들의 기세로 보아 더 이상 말을 붙여서는 안 될 것 같았다. 법이 실종되고 제멋대로 행동했던 사사 시대에는 양육강식, 힘 센 자가 최고였다. 목숨이라도 부지하려면 포기하는 수밖에 없었다.

미가는 힘으로는 600이나 되는 단 지파 군사들을 당해낼 수 없음을 알고는 속으로 울분을 삭이며 집으로 돌아갔다. 단 지파 사람들은 계속해서 갈 길을 재촉했다.

단 지파가 라이스를 점령한 뒤 그곳에 정착하다 (18:27-31)

북쪽으로 계속 올라간 단 지파 군사들은 마침내 라이스에 이르렀다.

"와, 정말 좋은 땅이다!"

기름지고 풍요롭고 태평스러운 그 땅을 보자 모두가 군침을 삼켰다. 그들은 마음놓고 태평하게 살던 라이스 성읍의 주민들을 전부 죽이고, 그 성읍과 인근 마을에 불을 질렀다. 큰 성읍 시돈과도 멀리 떨어져 있는 데다, 자기들끼리만 오순도순 살고 있는 처지여서 그곳 주민들은 누구에게도 도움의 손길을 내밀지 못한 채 날벼락을 맞고 말았다.

▲ 북쪽으로 이주한 단 지파

라이스 성읍은 베드르홉 부근의 골짜기 안에 있었다. 단 지파는 그곳 주민들을 몰살한 뒤, 성읍을 재건하고 거기에 정착했다. 그런 뒤 그들은 야곱의 아들인 자기 지파의 조상 '단'(Dan)의 이름을 따서, 그 성읍을 '단'이라 불렀다.

이때 단 지파 사람들이 라이스

를 정복한 일은 결코 옳은 일이 아니다. 라이스는 본래 단 지파에게 할당된 기업이 아니다. 단 지파에게는 에브라임 지파와 유다 지파 사이의 땅이 분배되었다. 따라서 하나님을 의지하는 믿음으로 분배된 땅에 살고 있던 아모리 족속과 블레셋 족속을 쫓아냄으로써 자신들이 분배받은 기업의 땅을 온전히 차지해야 옳았다. 그것이 하나님의 뜻이었다.

그러나 하나님을 떠나 나약해진 단 지파는 오히려 가나안 원주민들에게 밀려 쫓겨났다. 그들은 자신들에게 분배된 기업의 땅을 포기하고, 정복하기 쉬운 땅을 찾아 북쪽으로 멀리 이동한 것이다. 그리하여 평화롭게 살고 있던 라이스 주민들을 침략하여 무자비하게 정복했다. 이는 강자에게는 비굴하고 약자에게는 잔인한 모습을 보여주는 바람직스럽지 못한 일탈이다.

단 지파는 미가에게서 빼앗은 신상들을 정착지에 세우고 섬겼다. 미가의 집에서 제사장 일을 보던 레위인 청년과 그의 아들들을 대대로 제사장으로 세웠다. 그 레위인 청년의 이름은 '요나단'으로 모세의 손자이며, 게르손의 아들이다. 율법의 수여자인 모세가 그 손자의 모습을 보았더라면 땅을 치고 통탄했을 노릇이다.

요나단과 그의 아들들은 훗날 엘리 대제사장 시대에 하나님의 법궤가 블레셋 족속들에게 빼앗길 때까지 제사장의 일을 보았다(주전 1075년경). 하나님의 성막이 실로에 있는 동안, 그들은 단 지파가 훔친 신상을 내내 섬겼다.

아, 하나님의 성막! 출애굽 이후, 시내산에서 제작된 하나님의 성막은 40년 광야 유랑을 거쳐 요단강을 건넌 뒤에는 이스라엘의 전초기지인 '길갈'에 처음 세워졌다. 이후 7년에 걸친 가나안 정복전쟁이 끝나고 여호수아가 기업의 땅을 분배하는 도중에 그 성막은 '실로'로 옮겨졌다. 그리고 대제사장 엘리 시대에 성막에 있던 법궤가 블레셋 사람들에게 빼앗길 때까지, 하나님의 성막은 그곳 실로에 계속 있었다.

19

레위인의 첩

에브라임 산지의 레위인이
베들레헴 여인을 첩으로 들였네
간통한 그녀가 친정으로 달아나자
넉 달 후 처가에서 데려오네

어떤 레위인 가정의 타락 (19:1-15)

[에피소드, 셋] 사사 시대에 또 다른 레위인에게 일어났던 에피소드다. 이 이야기는 참으로 듣기에 거북하고 추악한 이야기이지만, 성경은 진실을 왜곡하거나 숨기지 않는다.

에브라임 산악지대의 어느 깊숙한 마을, 그곳에 한 레위인이 살고 있었다. 그는 유다 땅 베들레헴에서 한 여자를 첩으로 얻었다. 하나님의 성막에서 봉사하는 레위인에게는 특히나 축첩 행위가 금지되었지만 사사 시대에는 정치, 종교, 윤리가 제멋대로 굴러가는 타락한 암흑시대였기에 그런 일이 비일비재했다.

"아니, 이런 여자를 봤나? 외간 남자와 부정(不貞)을 저지른 것도 모자라 가출까지 하다니!"

그 첩은 외간 남자와 부정을 저지른 후, 유다 땅 베들레헴에 있는 친정으로 달아나 넉 달째 머물고 있었다. 그래서 레위인은 자기 첩을 데려오려고 종과 함께 나귀 두 필을 이끌고 길을 나섰다. 둘은 만났고,

오랜 만의 만남인지라 첩은 남편을 반갑게 맞아주었다. 장인 또한 사위를 보고 반색했다. 딸이 부정을 저질러 사위 가문에 불명예를 안겨주었기에 사죄와 미안함의 표시로 사위에게 더욱 호의를 베풀었다.

장인은 사위가 집을 나서려 할 때마다 며칠 더 쉬었다 가라며 간곡하게 붙잡았다. 레위인은 장인의 호의를 거절하지 못하고 계속 먹고 마시며 사흘을 더 지냈다. 닷새째 되는 날, 그날 아침에도 레위인이 떠나려 하는데 장인이 사위를 붙잡는다.

"안 됩니다. 장인어른! 오늘은 반드시 떠나야 합니다. 여태 너무나 오래 머물러 있었습니다."

장인도 더는 붙잡지 않고 보내주었다. 레위인은 안장을 씌운 나귀에 첩을 태우고는 여부스로 떠났다. 여부스는 '예루살렘'의 옛 지명이다. 여부스 가까이에 이르렀을 때 해가 뉘엿뉘엿 저물었다. 종이 레위인 주인에게 말한다.

"주인님, 오늘은 여부스 사람의 성읍으로 들어가서 하룻밤 묵도록 하시지요?"

"아니다, 우리가 어떻게 히브리인들이 살지 않는 이방인의 성읍에 들어가서 밤을 보내겠느냐? 조금만 더 가자. 우리 동족이 살고 있는 기브아나 라마가 나오면, 그곳들 중 한 곳에서 밤을 지내도록 하자."

당시 여부스 성읍은 가나안 땅의 원주민인 여부스 족속이 차지하고 있었다. 첩을 거느린 레위인은 이방인들로부터 공격당할지도 모른다는 두려움에 자기 동족이 살고 있는 기브아나 라마에서 유숙하기를 원했다. 길을 재촉하자 멀리서 불빛이 보였고, 일행은 기브아에 이르렀다. 기브아는 여부스(예루살렘)에서 6.4km쯤 떨어진 곳에 있는 베냐민 지파의 성읍이다. 성읍 안으로 들어간 레위인은 광장에 앉아 있었다.

고대 중근동 문화에서 길손이나 손님에게 환대를 베푸는 것은 매우 중요한 덕목이었다. 사람들의 왕래가 잦은 광장에 앉아 있으면, 누구에게든지 쉽게 초대를 받아 하룻밤을 묵을 수 있었다. 하지만 기브아에서는 누구도 밤을 지내라고 청하는 사람이 없었다. 기브아 사람들의 성품이 악했기 때문이다.

기브아의 불량배들이 레위인 첩을 겁탈하다 (19:16-30)

늦은 저녁 무렵, 한 노인이 들에서 일을 마치고 집으로 돌아가고 있었다. 그는 본래 에브라임 산지 출신이지만, 기브아 성읍으로 이주해서 살고 있었다. 그곳 기브아 성읍의 주민들은 모두가 베냐민 지파 사람들이었다.

"어? 왜 여기에 있는 것이오? 당신들은 어디로 가는 분들이오?"

"처가에 갔다가 고향으로 돌아가는데, 도중에 해가 저물고 말았소."

"그래요? 그렇다면 우리 집으로 가서 하룻밤 지내도록 하세요. 누추하지만 이런 길거리에서 밤을 새우는 것보다는 낫겠지요."

날이 어두워 초조해하던 레위인 일행은 거듭 고마움을 표시했다. 그 노인의 집에서 배불리 먹고 마신 뒤 편히 쉬고 있는데, 기브아 성읍의 불량배들이 몰려와서, 그 집을 에워싸고 행패를 부리기 시작했다.

"어이, 오늘 저녁에 당신 집으로 들어간 자들을 당장 내놓으시오. 우리가 그 사람들과 재미 좀 봐야겠소! 흐흐흐."

옛적에 소돔 성읍의 사람들이 남색(男色)을 하려고 롯의 집에 들어간 사람들(천사들)을 요구했듯이, 지금 기브아 성읍의 불량배들도 남색을 위해 노인의 집에 들어간 사람들을 요구하고 있었다. 그러자 집주인은 바깥으로 나가서 불량배들을 좋은 말로 달랬다.

"제발 이러지들 마시오. 우리 집에 찾아온 손님들인데, 어찌 이럴 수가 있단 말이오? 내겐 처녀 딸도 있고, 그 사람의 첩도 있소. 원한다면, 그들을 당신들에게 내어줄 테니 당신들 좋을 대로 하구려. 하지만 그 사람은 안 되오. 그 사람은 내 손님이란 말이오. 그러니 그에게는 제발 못된 짓을 하지 마시오. 이렇게 부탁하오."

노인은 어떻게든 최선을 다해 그 레위인을 보호해주려고 한 것이다. 하지만, 손님 대신에 딸이나 첩을 내어주겠다는 발상은 노인 역시 사사 시대의 무질서, 천박한 가치관, 특히 자신이 살고 있던 기브아 성읍의 타락상에 깊이 악영향을 받았음을 보여준다. 이는 당시에 딸들이 독립된 인격체로 대우받기보다는 가장의 소유물로 간주되었다는 사실, 그래서 딸에 대한 가부장의 절대적인 영향력을 보여준다.

"집어치워! 영감쟁이는 입 닥치고, 누구든지 얼른 내놓으란 말이야!"

기브아 성읍의 불량배들은 막무가내로 다그쳤다. 레위인은 하는 수 없이 자기 첩을 넘겨주었다. 불량배들은 밤새도록 그녀를 겁탈한 뒤 새벽녘에 놓아주었다. 이른 아침, 남편이 첩을 찾아 대문에 나와 보니 그녀는 문빗장을 잡은 채 그대로 죽어 있었다.

"아, 아니! 이럴 수가! 어찌 이런 일이! 으… 으…."

레위인은 눈이 뒤집혔다. 복수를 다짐했다. 그는 첩의 시체를 나귀에 태우고는 에브라임 산지에 있는 자기 집으로 돌아갔다. 그리고는 첩의 시체를 열두 토막으로 잘랐다. 그런 다음, 각각의 토막을 이스라엘 12지파의 지역으로 하나씩 보냈다.

"이건 르우벤 지파, 이건 시므온 지파, 이건 유다 지파… 이건 납달리 지파, 이건 스불론 지파…."

시체 토막을 보는 사람들마다 경악하며 치를 떨었다.

"아, 선민의 땅에서 이런 끔찍한 만행이 벌어졌다니! 이스라엘이 이집트에서 나온 이래 이런 야만적인 사건은 일찍이 없었다! 절대로 간과할 수 없다."

이스라엘 전역에 흩어져 있는 12지파에게서 들려오는 분노의 목소리들이 심상치 않았다. 곧 전쟁이 터질 것만 같은 험악한 분위기였다.

20
베냐민 지파의 몰락

이 일을 형제가 저질렀나
기브아의 불량배들을 처단하려고
미스바에 모인 이스라엘 지파들은
치를 떨며 그들을 징벌하려 하네

미스바 총회가 열리다 (20:1-10)

전령들이 빠르게 달려 이스라엘 각 지파에 공문을 전달했다.

『총회를 공지합니다. 미스바에서 이스라엘 12지파 총회를 개최하려 합니다. 한 레위인의 첩에 대한 끔찍한 만행 사건을 어찌 처리해야 좋을지 의논하고자 하오니, 각 지파의 지도자들과 유력 인사들은 모두 미스바에 모이도록 하십시오.』

미스바. 그곳은 사건이 터진 기브아 성읍에서 북쪽으로 7.5km쯤 떨어진 곳에 위치한 베냐민 지파의 변방 성읍이다. 하나님의 성막이 있는 실로와 가깝기 때문에 12지파의 총회 장소로 지정되었다. 각 지파의 지도자들이 속속 모여들었다. 북쪽의 단에서부터 남쪽의 브엘세바까지, 요단강 동쪽의 길르앗 사람들까지 이스라엘 땅 전국에서 모여들었다. 이렇게 해서 거국적인 미스바 총회가 열렸다.

"본 사건의 피해 당사자는 앞으로 나오시오. 어찌해서 그런 끔찍한 만행이 일어나게 되었는지, 그 실상을 자세히 설명하도록 하시오. 오직 진실만을 말하시오!"

그러자 해당 레위인은 여호와의 이름으로 맹세한 뒤 사건의 전모를 설명하기 시작한다.

"…그들이 이런 짓을 행했습니다. 그래서 하도 분하고 억울해서 저는 첩의 시신을 열두 토막 내어 이스라엘 전역에 보냈던 것입니다. 기브아 성읍의 불량배들이 거룩한 땅에서 차마 입에 담지 못할 만행을 저질렀다는 것을 널리 알리고 싶었기 때문입니다. 그러니 제 억울한 사정을 풀어주시기 바랍니다."

"저런! 저런 죽일 놈들! 그놈들을 당장…!"

저마다 흥분하며 응징을 외친다. 그때 나이 지긋한 유력자 한 사람이 흥분한 동족들을 달랜다.

"여러분의 심정은 십분 이해하오. 내 심정도 똑같소. 하지만 이번 일은 일부 불량배들이 저지른 만행일 뿐입니다. 그들 때문에 기브아 성읍 전체를 진멸하는 일은 너무 과합니다. 그러니 우리가 불량배들만 인계받아 그들을 처형토록 합시다."

일리 있는 말이다. 많은 사람들이 고개를 끄떡이며 수긍한다. 그때 한 사람이 묻는다.

"만일 기브아 성읍이 그들 불량배들을 우리에게 내어주지 않는다면, 그땐 어찌하실 작정입니까?"

"그땐 당연히 기브아 성읍을 쳐야겠죠. 그러니 일단은 불량배를 내어달라고 요구해 봅시다."

"좋소! 그럼, 그렇게 해봅시다!"

지파 연합군과 베냐민 지파의 1, 2차 전쟁 (20:11-28)

이스라엘 연합지파에서 선출된 사람들이 기브아 성읍을 방문했다. 기브아 성읍이 소속된 베냐민 지파 사람들은 온 이스라엘이 미스바에 모여 총회를 열었다는 소식을 들었다. 기브아의 불량배들이 레위인의 첩을 밤새도록 교대로 겁탈하여 결국 죽음에 이르게 했다는 사건의 전모도 알았다. 그런데 어떻게 된 영문인지 그들은 무작정 불량배들을 감싸고돌았다. 해볼 테면 어디 한번 해보라는 식이었다. 자기 지파의 알량한 자존심 때문이었다.

사사 시대는 이처럼 하나님의 율법이 실종된 암흑기였다. 자기 생각에 따라 행동하는 혼돈과 무질서의 시기였다. 이때 베냐민 지파 사람들은 전쟁도 불사하겠다는 태도를 보였다. 그래서 그들은 기브아 성읍의 군사 700명 외에, 자기 지파 중에서 2만 6천 명을 더 뽑아 기브아로 집결시켰다. 이들 중에서 뽑힌 700명은 모두 왼손잡이들로서 돌팔매의 명수들이었다. 물맷돌을 던지면 한 치의 오차 없이 정확하게 목표물에 맞았다.

"아, 참으로 통탄스럽구나. 베냐민 지파가 저리도 무모하게 나올 줄이야. 정 그렇다면 어쩔 수 없다. 이번 기회에 따끔한 맛을 보여주겠다!"

베냐민 지파에 맞서 싸울 이스라엘 11지파의 연합군이 즉각 구성되었다. 지파 연합군의 군사는 무려 40만 명, 모두가 칼로 무장했다. 지파 연합군을 이끄는 지휘관들이 벧엘 성소로 올라가 하나님께 여쭈었다.

이때 지휘관들이 하나님의 성막이 있는 실로가 아니라 벧엘로 올라가 문의한 것은, 실로보다 벧엘이 기브온에서 훨씬 가깝기 때문이었다. 그리고 벧엘은 가나안 땅으로 이주한 이스라엘의 조상 아브라함이 최초로 주님께 제단을 쌓은 곳이며, 또한 야곱이 하나님의 천사를 만난 곳으로 오래 전부터 거기에 산당이 있었다.

유다 지파가 앞장서서 올라가라는 응답이 나왔다. 그래서 지파 연합군은 유다 지파를 앞세워 기브아 근처에 진을 쳤다. 그런데 싸움에서 졌다. 1차전에서 지파 연합군은 2만 2천 명을 잃으면서 크게 패했다. 2차전에서도 지파 연합군은 1만 8천 명이나 되는 군사들을 잃었다.

1,2차 전투에서 무려 4만 명이나 잃었다. 참으로 이상한 일이었다. 지파 연합군은 싸움에 앞서 하나님께 여쭈었고 싸우라는 응답까지 받았는데도 전쟁에서 연거푸 두 번씩이나 크게 패했다. 지파 연합군이 침울한 상태에 있을 때, 오랜 경험과 지혜를 갖춘 노인이 앞으로 나서며 말한다.

"우리가 너무 교만했소. 출전에 앞서 하나님께 문의한 것은 사실이지만, 그것은 요식 행위에 불과했소. 우리는 우리 마음대로 결정해놓고, 단지 주님의 허락만을 요구한 거였소. 그러니 하나님께서 기뻐하지 않으신 것이오."

듣고 보니, 그건 사실이었다. 그래서 지파 연합군의 지도자들은 주님 앞에 나아가 옷을 찢고 울부짖었다. 모두가 가슴을 치며 통곡했다. 그들은 저녁때까지 금식하면서 번제물과 화목제물을 주님께 바쳤다.

지파 연합군의 진영 내에서 이루어진 통곡과 금식 후, 그들은 다시 주님께 여쭈었다. 당시 벧엘 성소에는 법궤가 모셔져 있었다. 두 번의 패배 후에 실로의 성막에 있던 법궤를 벧엘로 급히 옮겨온 것이다. 그 법궤는 아론의 손자이며 엘르아살의 아들인 대제사장 비느하스가 모시고 있었다. 그들은 대제사장의 흉패 안에 있는 우림과 둠밈을 통해 물었다.

"주님께 다시 여쭙겠습니다. 우리가 우리 형제인 베냐민 지파 사람들과 계속해서 싸워야 하겠습니까, 이쯤에서 그만두어야 하겠습니까?"

주께서 대답하신다.

"너희는 나가 베냐민 지파 사람들과 싸워라! 내일은 내가 그들을 너희 손에 넘겨주겠노라."

지파 연합군과 베냐민 지파 간의 3차 전쟁 (20:29-48)

그날 밤, 지파 연합군은 기브아 성읍 주위에 군사들을 매복시켰다.

전쟁을 벌인 지 사흘째, 이스라엘 11지파의 연합군은 이전처럼 기브아 성읍을 치려고 전투 대형을 갖추어 나아갔다.

때에 베냐민 지파의 군사들은 거듭된 승리로 크게 우쭐해져 있었다. 그들은 교만한 마음으로 지파 연합군과 싸우려고 성읍에서 쏟아져 나왔다. 싸움 초기에 그들은 이전처럼 지파 연합군을 무찔러 죽이기 시작했다. 30명가량의 연합군이 들판과 길 위에서 쓰러져 죽었다. 벧엘과 기브아로 갈라지는 갈림길에서 그렇게 죽었다.

"흐흐흐. 이번에도 승리는 우리 것이다! 머릿수만 많을 뿐, 지파 연합군은 오합지졸에 불과하다!"

베냐민 지파 군사들은 이번에도 자신들이 승기를 잡았다고 확신했다. 하지만 그건 착각이었다. 지파 연합군은 도망가는 체하며 기브아 성읍에서 멀리 떨어진 곳까지 베냐민 군사들을 꾀어내는 유인 작전을 펼쳤다. 베냐민 지파의 주력 부대가 기브아 성읍에서 멀리 떨어져 있는 동안, 매복해 있던 지파 연합군이 일시에 기브아로 돌격하여 성읍 주민들을 모조리 칼로 죽이고 불을 질렀다.

때를 맞추어, 지파 연합군의 주력 부대는 퇴각하는 척하다가 갑자기 돌아서서 베냐민 군사들을 공격하기 시작했다. 그들은 베냐민 지파 군사들을 앞뒤에서 에워싼 채 기브아 동쪽까지 추격하며 살육했다. 쓰러진 베냐민 군사들은 1만 8천 명쯤으로, 모두가 용사들이었다. 가까스로 살아남은 베냐민 지파의 일부 군사들만 광야의 림몬 바위 쪽으로 도망쳤다.

지파 연합군은 길 위에서 베냐민 지파의 군사들 5천 명쯤을 죽이고, 기돔까지 쫓아가 2천 명쯤을 더 죽였다. 그날의 전투에서 지파 연합군이 쓰러뜨린 베냐민 지파의 군사들은 모두 2만 5,100명이었다. 죽은 자들은 모두 칼을 잘 쓰는 용사들이었다.

"히휴, 겨우 살았다. 설마 여기까진 추격해 오지 않겠지."

베냐민 지파의 군사들 가운데 600명만 광야로 도망쳐서 림몬 바위에 이르렀다. 림몬은 기브아에서 북동쪽으로 11km쯤 떨어진 곳으로 바위가 많은 산지다. 이곳에는 600명 이상을 거뜬히 수용할 만한 큰 동굴이 있었다. 그들은 동굴에서 넉 달을 숨어 지냈다. 전쟁에서 승리한 지파 연합군은 베냐민 지파의 지역으로 들어가서 사람과 가축까지 몰살했다. 성읍들을 불살라 베냐민 지파의 전역을 초토화시켰다.

사태가 이 지경까지 된 것은, 아무리 악한 일에 대한 응징이라 해도 지나친 행위였다. 완전한 파괴와 초토화는 가나안 원주민에게만 해당된다. 동족 베냐민 지파에 대해 이처럼 잔인하게 행한 것은 단순한 정의구현의 차원을 넘어 분명 감정적인 보복의 성격이 강한 잘못된 행위였다.

결국 기브아 성읍의 몇몇 불량배들로 인해 발단이 된 전쟁에서 쌍방 간에 무려 6만 6,130명이 죽임당하는 동족상잔의 쓰라린 비극이 발생하고 말았다. 하나님의 법이 실종된 사사 시대의 비극적인 암흑상이다.

21
실로의 딸들

살아남은 베냐민 지파 남자들은
실로 처녀들이 춤추러 나올 때
포도원에 숨어 있다가 뛰쳐나가
하나씩 붙들고 아내로 삼네

영영 사라질 위기에 처한 베냐민 지파 (21:1-7)

이스라엘 각 지파의 지도자들이 레위인의 첩 사건을 다루기 위해 미스바에 모였을 때, 지도자들은 여호와의 이름으로 맹세한 적이 있다.

"우리 가운데 그 누구도 자기 딸을 베냐민 지파의 남자들과 결혼시키지 말자!"

지극히 거룩하신 여호와의 이름으로 맹세하였기에 절대로 취소할 수 없었다. 문제는, 베냐민 지파 사람들이 거의 진멸되고, 림몬의 바위 동굴로 도망친 600명의 남자들만 남았다는 것이다. 이스라엘 사회에서 한 지파가 영영 사라지게 된 것이다.

이 사실을 깨달은 이스라엘의 나머지 11지파 지도자들은 벧엘 성소로 올라가 여호와 하나님 앞에서 하루 종일 목 놓아 크게 울었다.

"오, 이스라엘의 주 하나님이시여! 어찌하여 이스라엘 중에 이런 비참한 일이 일어났나이까? 우리 가운데 한 지파를 잃고 말았나이다. 우리 형제 베냐민 지파가 이 땅에서 영영 사라지게 생겼나이다."

다음날 아침, 백성들은 제단을 쌓고 주님께 번제물과 화목제물을 드렸다. 그런 뒤, 이스라엘의 모든 지파들 중에서 어느 지파가 미스바 총회에 참석하지 않았는지를 조사해 보았다. 미스바 총회를 개최할 때, 누구든지 미스바 총회에 참석하지 않는 자들은 죽이기로 결의했기 때문이다.

베냐민 지파의 회복을 위한 방안이 마련되다 (21:8-25)

조사 결과, 야베스 길르앗 성읍에서는 한 사람도 미스바 총회에 참석하지 않았다는 것이 밝혀졌다. 야베스 길르앗은 요단강 동편에 있는 길르앗 지역의 한 성읍으로, 갈릴리 호수와 얍복강의 중간 지점에 자리 잡고 있었다. 줄여서 통상 '야베스'라 칭한다.

"여러분, 미스바 총회에 참석하지 않은 사람들은 다 죽이기로 했으니, 그들을 죽일 때 처녀들을 살려주어 베냐민 지파 남자들에게 아내로 줍시다! 그들은 미스바 총회에 참석하지 않았기에 여호와께 대한 맹세에서도 자유롭소!"

"좋소! 그것 참 묘안이오!"

이스라엘 용사 1만 2천 명이 사명을 띠고 즉각 야베스 길르앗으로 떠났다. 그곳에 이르러 그들은 순수한 처녀들을 제외한 모든 주민들을 죽였다. 성읍에서 피비린내가 진동했다. 이런 행위는 결코 하나님의 뜻이 아니다. 자기들 마음대로 결정하고, 하나님의 뜻이라고 둘러대고 있을 뿐이다.

이스라엘 군사들은 지시받은 대로 야베스 성읍에서 400명의 처녀들을 사로잡아 이스라엘 진영으로 데려왔다. 이스라엘 지도자들은 곧장 림몬의 바위 동굴에 숨어 사는 600명의 베냐민 지파 남자들에게 전갈을 보냈다.

"형제들이여, 이번 전쟁으로 이스라엘의 한 지파가 사라질 지경에 처한 데 대해 깊은 우려를 표하는 바이오. 하여, 이제 평화를 선포하는 바이오. 여호와의 이름으로 맹세하건대, 그대들을 결코 해하지 않을 터이니 살던 곳으로 돌아가도록 하시오. 그리하면 각자에게 아내를 마련해주어 베냐민 지파의 맥이 계속 이어지도록 해줄 것이오."

림몬의 바위 동굴 속에 숨어 지내던 600명의 베냐민 지파 남자들은 각기 자기들의 마을로 돌아갔다. 그러자 이스라엘의 지도자들은 약속대로 야베스 길르앗에서 사로잡아 끌고 온 처녀들을 그들에게 주어 아내로 맞게 했다. 그래도 200명의 처녀들이 부족했다. 여기에 누가 또 묘안을 냈다.

때마침 해마다 실로에서 준수되는 여호와의 큰 절기가 다가오고 있었다. 실로는 여호수아 때 길갈에서 성막이 옮겨진 이래로 엘리 대제사장 때까지 하나님의 법궤와 성막이 있던 곳이다. 그래서 실로는 이스라엘의 종교 중심지가 되어 각종 절기가 행해졌다. 이스라엘의 장로들은 베냐민 지파 남자들에게 사람을 보냈다.

"이번 여호와의 절기 때, 아직 아내가 없는 남자들은 포도원에 몸을 감춘 채 숨어 있으시오. 그러다가 실로의 처녀들이 춤을 추려고 나오거든 마음에 드는 처녀를 붙들어 베냐민 땅으로 데리고 가시오."

"하지만, 그 처녀의 가족들이 반대하면 어떻게 합니까?"

"그건 걱정하지 마시오. 처녀의 아버지나 오라비가 찾아와서 따지면 우리가 잘 설득할 테니, 그대들은 시킨 대로만 하시오."

아내를 얻기 위해 딸들을 납치하는 관습은 이교도들의 악습이었다. 때에 이스라엘 지도자들은 그 악습을 따랐다. 자기들 멋대로 해버렸던 맹세에 대해 그것만이 유일한 해결책이라고 생각했다. 그래서 그들은 자신들의 맹세를 깨뜨리지 않으면서도, 베냐민 지파의 생존자들이 결혼할 짝을 데려갈 수 있도록 '납치'라는 편법을 허용했던 것이다.

베냐민 지파 남자들은 그 말에 따랐다. 여호와의 절기 때 근처 포도원에 숨어 있다가 춤추러 나온 실로의 처녀들을 데려와 아내로 삼았다. 그런 뒤 그들은 성읍을 재건하고 정착하여 자녀들을 낳았다. 그리하여 베냐민 지파의 맥은 계속 이어지게 되었다.

사사 시대에는 왕이 없었다. 하나님의 율법도 무시되었다. 그래서 저마다 자기 뜻과 생각에 따라 제멋대로 살았다. 그렇게 무법과 타락과 혼돈의 사사 시대 340년이 덧없이 흘러가고 있었다(주전 1390~1050년경). 이런 암울한 현실을 가슴 아프게 바라보며 애통해하는 이들이 있었다. 소수의 경건한 사람들이다.

'아, 슬프다! 웅대한 꿈을 갖고 출애굽한 하나님의 백성이 고작 가나안 땅의 원주민들처럼 살려고 그 척박한 광야를 건너왔단 말인가. 이런 식으로 계속 살다가는 하나님의 선민이라는 정체성은 사라지고, 가나안 일곱 족속에다 한 족속을 더해, 가나안 땅의 제8족속이 되는 가련한 처지에 빠지고 말 것이다. 이래선 안 된다. 정말 안 된다….'

그래서 그들은 시대의 혼돈과 무질서를 보면서 주님께 기도한다.

"오, 주여! 모세와 여호수아 같은 탁월한 지도자를 보내주소서. 우리를 올바른 길로 이끌어갈 왕을 세워 주소서."

각자 자기 소견에 따라 제멋대로 살아가던 사사 시대. 암흑 같은 그 시대 속에서도 경건한 자들은 모세와 여호수아처럼 믿음에 굳게 서서 이스라엘을 강력하게 이끌어줄 구원자를 기다리며 기도하고 있었다. 이런 바람이 훗날 '메시아'를 갈망하는 신앙으로 자리잡게 된다.

가나안 땅의 바람은 후덥지근하다. 그러나 해가 기울어지면 시원한 바람이 불어온다. 그렇게 세월은 하루하루 흘러가고, 사람들은 왔다가 떠나고 다시 태어났다. 가나안 땅에서 이스라엘의 역사는 그렇게 강물처럼 흘러가고 있었다. 340년 사사 시대가 저물어가고 있었다.

룻기

다윗의 증조모가 된 룻

시아버지와 시동생 여의고
남편까지 잃은 가엾은 여인 룻은
시어머니를 극진히 모시며
하나님을 향한 믿음을 실천하네

어머니의 하나님은 나의 하나님
어머니의 백성은 나의 백성
룻의 기도와 믿음이 하늘에 닿아
보아스를 만나 가계를 이루네

이방 땅 모압에서 태어난 한 여인
베들레헴 들판에서 이삭 줍는 룻은
메마른 사막에서 솟아난 맑은 샘물
성경 속에 피어난 한 떨기 백합

1
나오미의 귀향

기근이 심한 베드레헴을 떠나
모압 땅에서 온 나오미,
남편과 두 아들을 잃고 탄식하자
작은며느리는 울면서 떠나가네

엘리멜렉 가족이 모압 땅으로 이주하다 (1:1-5)

룻기는 사사 시대를 배경으로 한다. 이스라엘이 위기에 처할 때마다 사사들이 등장하여 위기에서 건져내고, 백성을 이끌던 시절. 그러니까 여호수아의 죽음 이후부터 이스라엘의 초대 왕 사울의 즉위까지, 대략 340년(주전 1390-1050년경) 동안 이어진 사사 시대, 그 시대는 하나님의 율법이 땅에 떨어져 마구 짓밟히던 시대로, 죄악과 배반과 타락으로 점철된 영적 암흑기였다.

하나님을 중심으로 이스라엘 12지파가 단결하고 협력하여 다 같이 가나안 원주민들을 힘써 쫓아내야 함에도 불구하고, 각 지파는 서로 흩어져 제 마음대로 살아가는 길을 택했다. 지파들 간의 갈등과 알력이 빈번했고, 도리어 가나안 원주민들과 외세 이방인들의 침략을 받아 걸핏하면 압제와 수탈을 당하는 일이 잦았다.

그런 암울한 시대에 흙탕물 속의 한 송이 꽃처럼, 가시떨기 가운데의 한 떨기 백합화처럼, 주님께 대한 순수한 신앙과 시어머니에 대한 변함없는 효도로 아름답게 살아간 여인이 있었으니, 그녀가 바로 '룻'이다. 룻기는 이 여인 룻에 대한 이야기다. 룻의 신앙과 효도가 당시 이스라엘 사회의 추수, 결혼, 고엘 풍습 등과 어우러져 한 편의 소설처럼 아름답게 묘사된 전기문학이 바로 룻기다.

"아, 지독한 흉년이구나. 휴- 대체 뭘 먹고 어찌 살아가야 할는지…."

사사 시대의 어느 해, 이스라엘 땅에 큰 흉년이 들었다. 기드온 사사가 활약했던 시대로 보인다(주전 1169~1129년경). 이런 시기에 에브랏 마을의 한 가족이 무대에 오른다. 에브랏은 베들레헴에 인접한 작은 성읍이다. '에브라다'로도 불리는데, 때로는 베들레헴으로 불리기도 했다. 오래전, 족장 야곱의 사랑하는 아내 라헬이 죽은 곳이기도 하다.

룻기의 무대에 처음으로 등장하는 인물은 엘리멜렉과 그의 아내 나오미다. 그리고 부부 사이에 장성한 두 아들, 말론과 기룐이 있다. 부부는 행복하게 살았다. 다만 한 가지 부족한 점이 있다면, 고난에 대한 훈련이 없었다는 것이었다. 행복하게 살아가는 법은 알았지만, 고난 중에서 어떻게 견딜 것인가, 그 방법은 몰랐다. 그래서 흉년이 왔을 때 믿음이 흔들린다.

"여보, 이대로 가단가 모두 앉은 채로 굶어죽게 생겼소. 듣자니, 요단강 건너편 모압 땅에는 식량이 있다 하니, 잠시 그리로 이주하도록 합시다."

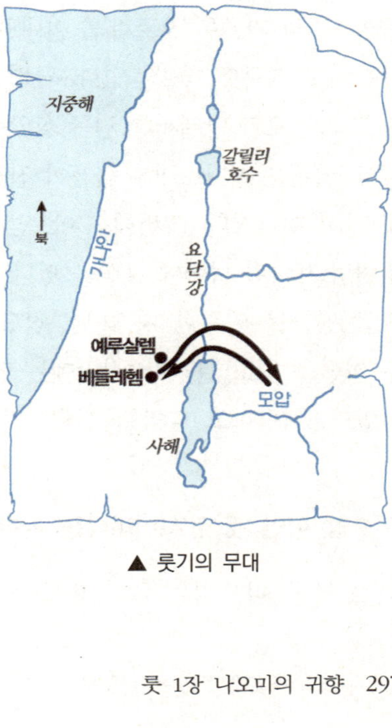

▲ 룻기의 무대

나오미는 썩 내키지 않았지만 망설임 끝에 남편을 따르기로 했다. 그래서 엘리멜렉 가족은 고향 베들레헴을 떠나 요단강을 건너 모압 땅으로 갔다. 베들레헴에서 그리 멀지 않은 지역이다. 모압은 동쪽은 아라비아 사막, 서쪽으로는 사해, 남쪽은 에돔, 북쪽은 요단 광야로 둘러싸인 목장 지역으로, 아브라함의 조카인 롯의 후손들이 사는 땅이다. 해발 900m의 고원지대로 '그모스'를 국가 신으로 숭배했다.

모압 땅으로 이주한 엘리멜렉 부부. 이방인들 가운데 섞여 살려니 처음엔 율법을 어겼다는 마음에 불편했지만, 먹거리가 있어 배곯지 않고 사니 그래도 잘 왔다 싶었다. 얼마 동안은 잘 지냈지만 오래가지 못했다. 가장(家長) 엘리멜렉이 덜컥 세상을 떠나버린 것이다. 졸지에 남편을 잃은 나오미와 아버지를 잃은 두 아들은 큰 슬픔에 잠겼다.

나오미의 두 아들은 모압 여인을 아내로 맞았다. 여호와 신앙이 깊은 나오미는 이방 땅에서 살아도 히브리 혈통의 며느리를 맞고 싶었지만, 두 아들은 자기들 편한 대로 모압에서 아내를 구했다. 장남 말론은 '룻'을, 차남 기룐은 '오르바'를 아내로 맞았다. 어쨌든 새 식구가 생기자 나름대로 행복이 찾아들었다. 남편을 잃은 슬픔도 점차 가라앉았다.

그렇게 모압 땅에서 10년쯤 살았을 때, 이번엔 장남 말론이 세상을 떴다. 남편을 떠나보내는 슬픔이 진정되나 싶었는데, 나오미의 가슴은 또 다시 미어졌다. 그런데… 아, 엎친 데 덮친 격으로 차남 기룐마저 형처럼 새파란 나이에 세상을 떴다. 고향인 유다 땅 베들레헴을 떠나 모압 땅으로 이주한 지 10년, 참으로 어이없게도 나오미는 남편과 두 아들을 잃고 말았다. 집안에는 덩그러니 세 여인, 아니 세 과부만 남았다. 처량하고 막막한 신세였다.

모압 여인 룻이 시어머니를 따라 베들레헴으로 오다 (1:6-22)

그 무렵, 나오미는 유다 땅에 큰 풍년이 들었다는 소문을 들었다.

주께서 이스라엘 백성들을 돌보시어 풍성한 수확을 얻게 해주신 것이다. '떡집'이라는 별명을 얻을 만큼 풍요로웠던 베들레헴 들판이 눈에 선했다.

'그래, 염치없는 일이지만 이젠 타향살이를 끝내고 내 고향, 내 이웃에게로 돌아가야겠다.'

고향으로 돌아갈 결심을 굳힌 나오미는, 자신의 뜻을 두 며느리에게 밝혔다. 고맙게도 며느리들은 나오미를 따라나섰다. 세 여인은 짐을 챙겨 유다 땅 베들레헴을 향해 길을 떠났다.

요단 강가에 이르렀다. 강만 건너면 유다 땅이었다. 나오미가 크게 작심한 듯 두 며느리에게 말한다. 거기까지 걸어오는 동안 내내 깊이 생각한 말이다.

"며늘아기들아, 아무리 생각해도 이건 아니다. 너희는 그만 돌아가거라. 내 편하자고 앞길이 구만 리 같은 너희를 생고생시킬 순 없는 노릇이야. 내 걱정은 말고, 너희는 재혼해서 아들딸 낳아 행복하게 살도록 하여라. 진심으로 하는 말이다."

두 며느리는 펄쩍 뛴다.

"어머님, 지금 와서 왜 그런 소리를 하세요? 안 됩니다. 함께 가겠어요!"

"아니다. 너희가 죽은 내 아들들과 나한테 잘해 주었으니, 주께서 너희를 잘 보살펴 주시리라 믿는다. 주께서 너희를 돌보셔서, 너희가 새 남편을 만나 행복한 보금자리를 꾸미기를 진심으로 바란다. 너희는 한창 젊은 나이가 아니냐."

나오미는 두 며느리에게 입을 맞추고 작별인사를 한다.

"잘 가거라, 내 딸들아. 그동안 너희와 행복했단다…."

나오미는 쏟아지는 눈물을 머금느라 말끝을 흐린다. 두 며느리는 크게 울음을 터뜨리며 말한다.

"아니에요, 어찌 어머님만 남겨두고 살 길을 찾아가겠어요. 그럴

순 없어요. 어머님의 고향과 동족에게로 함께 가겠어요. 저희를 돌려보내지 마세요. 제발….”

빈말이 아니라 진심이다. 그런 두 며느리를 나오미가 사랑스럽게 얼싸안는다.

“아니다, 어쩌자고 나와 함께 가려느냐? 나는 너무 늙어서 다시 결혼할 수도 없는 몸이 아니냐? 내가 설령 남편을 맞아들여 자식을 낳는다고 치자. 그렇다고 해도, 그 아이들이 자랄 때까지 너희가 마냥 기다릴 수도 없는 일이 아니냐? 그러니 너흰 그만 친정으로 돌아들 가거라. 너희 마음만은 고맙게 받겠다.”

이때 나오미가 한 말은, 이스라엘 사회의 오랜 관습인 ‘계대결혼’을 염두에 둔 말이다. 계대결혼이란, 남편이 죽고 대를 이을 자식이 없을 때, 그 과부는 죽은 남편의 다른 형제를 통해 가문의 대(代)를 이어나가는 관습이다. 따라서 나오미에게 장성한 아들이 있었다면, 두 과부는 그를 통해 가문의 대를 이어나갈 수 있는 것이다.

그러나 나오미에게는 죽은 두 아들밖에 없었고, 또 나오미 자신은 나이가 많아 재혼해서 자식을 낳을 처지도 아니었다. 그러니 계대결혼의 소망조차 없으니 평생을 남편과 자식 없이 과부 되어 생고생하지 말고, 아직 한창 젊으니 새 삶을 찾아 떠나라는 말이다. 진

▲ 나오미를 끝까지 따르는 룻

심으로 두 며느리의 장래를 생각해서 하는 말이었다.

나오미의 뜻이 하도 굳어, 두 며느리는 어찌할 바를 몰라 소리 높여 운다. 얼마나 슬피 울었을까. 마침내 작은며느리인 오르바가 어렵게 작별인사를 고한다.

"그러시다면 어머님, 부디 건강하시고 오래 사세요. 어머님의 뜻이 정 그러하시니, 저는 그만 돌아갈게요. 어머님, 그동안 정말 고마웠어요. 부디 몸조심하세요."

오르바는 윗동서 룻과도 작별의 입맞춤을 한 뒤 자기 친정으로 돌아갔다. 그러나 큰며느리 룻은 동서의 선택을 충분히 이해하면서도 정작 자신은 시어머니 곁을 떠나려 하지 않는다. 그런 룻을 보고, 나오미가 다시금 좋은 말로 타이른다.

"얘야, 너도 그만 친정으로 돌아가거라. 네 동서는 자기 동족과 자기 신에게로 돌아가지 않았니? 그러니 너도 동서처럼 네 친정으로 돌아가려무나. 난 너를 돌봐줄 힘이 없고, 너는 나 때문에 힘들게 살 필요가 없단다. 자, 자, 내 말대로 하렴."

그러자 룻이 단단히 결심한 듯 굳은 의지로 또박또박 말한다.

"어머님, 어머님이 아무리 그리하셔도 저는 절대로 돌아가지 않겠어요. 어머님이 가시는 곳에 함께 가겠고, 어머님이 머무시는 곳에 함께 머물겠어요. 어머님의 동족이 제 동족이고, 어머님이 섬기시는 하나님이 제 하나님이에요!"

그 말을 듣는 순간, 나오미의 가슴에 큰 감동의 물결이 밀려왔다.

'아, 이 아이는 짧은 결혼생활 중에도 여호와 신앙을 제대로 얻었구나. 나는 내 소견대로 살았건만, 이 아이는 하나님의 뜻에 따라 살려고 애쓰는구나.'

나오미는 하마터면 며느리 앞에서 눈물을 보일 뻔했다. 그래서 잠시 작은며느리 오르바가 떠난 곳으로 눈을 돌린다. 그러는 사이, 룻의 애원과 고백이 귓가에 들린다. 성경에 기록된 많은 신앙고백 가운데 가장 강렬하고 아름다운 고백 중 하나다.

"어머님, 어머님이 눈 감으시는 곳에서 저도 눈을 감겠어요. 설령 주께서 제게 심한 벌을 내리신다고 해도, 저는 결코 어머님 곁을 떠나지 않겠어요. 죽음이 우리를 갈라놓기 전에는, 어떤 경우에도 제가 어머님 곁을 떠나는 일은 없을 거예요."

룻은 여호와 신앙을 가진 시어머니를 섬기기 위해서 자기 나라와 동족과 신을 과감히 떠나겠다고 고백한 것이다. 더는 룻의 결심을 꺾을 수 없음을 나오미는 깨닫는다.

"얘야, 내 딸 룻아, 네 뜻이 정 그렇다면 어쩔 수 없구나. 자, 이리 오렴."

나오미는 눈물을 글썽이며 며느리를 꽉 껴안았다. 더 이상 설득하는 게 의미 없다고 생각되어, 나오미는 큰며느리 룻을 데리고 함께 요단강을 건넜다. 사실, 나오미는 홀로 된 여인들 셋이 고향 마을로 들어가는 일이 상상만 해도 아주 끔찍했었다.

'남자 셋은 다 어디로 가고 여자들 셋만 돌아온 거야?'

'주님을 떠나 잘 된 꼴을 본 적이 없는데, 지금 딱 그 꼴이로세!'

그런 말을 듣기가 죽기보다 싫었다. 그래서 며느리들의 장래도 챙길 겸 모압 혈통의 여인들을 돌려보내고 혼자 돌아가려 했었다. 그런데 하나는 성공했지만 하나는 실패했다. 그래서 발걸음이 무겁다. 얼마나 걸었을까?

"얘야, 저기가 내 고향 베들레헴 마을이란다."

"아, 그래요? 어머님, 참 조용하고 정겨운 마을이네요."

마침내 둘은 고향 베들레헴 마을에 다다랐다. 한눈에 나오미를 알아본 마을 아낙네들은 크게 놀라 말들이 많았다.

"아니, 아니, 이게 누구야? 나오미 아니야? 근데 왜 이렇게 핼쑥해졌대?

모압 땅에서 무슨 일이 있었던 거야?"

"도대체 이게 얼마만이야? 무려 10년만이네. 어, 그런데 남편은 어디 있지? 또 두 아들은…? 모압 땅으로 이주할 땐 가족이 네 명이었잖아?"

"어라? 나오미 옆에 있는 저 새댁은 또 누구래? 참 곱기도 하네."

이런저런 질문들이 쏟아진다. 그러면서 그들은 벌써 나오미의 서러운 처지들을 파악하게 된다. 그런 분위기를 나오미도 잘 안다. 그래서 씁쓸히 미소 지으며 말한다.

"이젠 나를 '나오미'라 부르지 말고, '마라'라고 불러줘요."

"아니, 왜? 그사이에 이름을 바꿨어?"

"지금 내 처지가 딱 '마라'에요! 이곳을 떠날 때는 아쉬운 것 없이 떠났지만, 이제는 주께서 빈손으로 돌아오게 하셨다오. 그러니 '나오미'란 이름은 가당치 않아요. 보다시피, 주께서 나를 쳐서 쓰라린 고난에 빠뜨리셨다오. 나는 참으로 곤고한 여인이라오."

나오미는 '기쁨(즐거움)'이란 뜻이고, 마라는 '괴로움(쓰라림)'이란 뜻이다. 나오미는 남편과 두 아들을 잃은 자신의 삶이 더 이상 기쁜 상태가 아니고 괴로운 상태라는 뜻에서 그렇게 말한 것이다.

"쯧쯧! 허긴 그렇군. 거 참 안됐네…."

베들레헴 사람들은 나오미를 안타깝게 바라보았다. 그런데 아까부터 옆에 서 있는 젊은 여자가 누구인지 궁금했다. 한눈에도 모압 여인이 분명했다. 어딘가 서글프게 보이면서도 서늘한 눈매가 미움 받고 살 인상은 아니었다. 그래도 이 낯선 이스라엘 땅에 모압 여인이 어찌하여 시어머니를 따라왔을까? 무슨 말 못할 사연이 있는 것일까?

나오미가 베들레헴 마을에 도착한 때는 막 보리를 수확할 무렵이었다. 이스라엘에서는 보리를 가을에 파종하여 이듬해 봄에 수확한다. 그리고 보리 추수가 끝날 무렵부터는 밀 수확을 시작한다. 대체로 보리 수확은 4월 말쯤에 시작된다.

2

이삭 줍는 룻

밭에서 보리 이삭 주워 올게요
룻은 가까운 밭에서 이삭을 줍네
밭주인 보아스가 그녀를 보고
일부러 이삭을 많이 흘리네

룻과 보아스의 만남 (2:1-16)

베들레헴으로 돌아와서 지내던 어느 날, 룻이 시어머니에게 말한다.

"어머님, 먹을 것을 좀 구해야겠어요. 밭에 나가서 떨어진 이삭이라도 주워올까 해요. 인심 좋은 밭주인을 만났으면 좋겠어요."

"얘야, 먹을 것이 또 떨어졌나 보구나. 집안 형편이 어려워 네가 고생이 많구나. 미안하다, 부디 조심해서 다녀오렴."

"아니에요, 저는 어머님만 건강하시면 더는 바랄 게 없어요."

효심 깊은 며느리 룻은 추수 후에 떨어진 이삭을 주우러 베들레헴 밭으로 나간다. 남의 밭에 떨어진 이삭을 줍는 것은 이스라엘 사회에서 용인된 관습이다. 특히 가난한 자, 고아, 과부 등으로 하여금 추수 후에 남겨진 이삭을 줍게 하는 것은 하나님의 율법에 근거한 것이다. 말하자면 고대 이스라엘 사회에서 시행된 일종의 사회 복지제도다.

그런데 사사 시대에는 하나님의 율법이 잘 지켜지지 않았다. 그래서 가난한 자들은 밭주인의 허락을 받아야만 겨우 이삭을 주울 수 있었다.

"저… 전 나오미의 며느리 룻입니다. 이 밭에서 이삭 좀 주울 수 있을까요?"

"뭐, 그러시구려."

보리를 추수하던 추수꾼들은 룻을 힐끗 쳐다보며 심드렁하게 대답한다. 이방 여인, 특히 모압 족속과는 말을 섞기가 싫었던 모양이다. 룻은 그들의 태도에 개의치 않았다. 크게 허리 숙여 고맙다고 인사하고는, 즉시 밭으로 내려가 추수꾼들의 뒤를 따라가며 떨어진 이삭을 알뜰히 줍는다. 그런데 그 밭은 공교롭게도 나오미의 남편인 엘리멜렉의 친척 되는 보아스의 밭이었다.

언젠가 나오미는 룻에게 이렇게 말한 적이 있었다.

"얘야, 우리에겐 좋은 친척이 있단다. 그는 참으로 후덕한 사람이지. 베들레헴 지역에서 아주 명망 있는 유지란다."

어떻게 하다 보니, 룻은 시어머니가 말하던 그 친척의 밭에서 곡식을 줍게 되었다. 그러나 룻은 그런 사실을 몰랐다. 때마침 밭주인 보아스가

▲ 이삭 줍는 여인들 (밀레 작)

베들레헴에서부터 내려와서 일꾼들을 격려하고 축복한다.

"샬롬! 모두 수고가 많구려. 주께서 자네들과 함께 하시길 비네."

추수하던 일꾼들도 반갑게 웃으며 화답한다.

"샬롬! 주께서 주인님께도 복 내려 주시길 빕니다. 주인님의 너그러운 보살핌 덕택에 저희들이 잘 살아가고 있습니다."

그때, 보아스의 눈에 평소 못 보던 한 여인의 모습이 들어왔다.

'어? 저 여인은 누구지?'

보아스는 추수하는 일꾼들을 거느리고 있는 감독에게 묻는다.

"여보게, 저쪽에서 이삭을 줍고 있는 젊은 여인은 누군가?"

"아, 시모를 따라 베들레헴으로 들어온 모압 여인입니다. 밭에서 이삭을 줍게 해달라고 부탁하기에, 그렇게 하라고 허락했더니 이른 아침부터 지금까지 잠깐 휴식을 취한 것 말고는 저렇게 부지런히 이삭을 줍고 있네요."

▲ 룻과 보아스의 만남 (푸생 작)

"아, 그래?"

보아스는 알았다는 듯 룻에게 다가간다. 모압 여인 룻은 밭주인으로 보이는 남자가 다가오자 바짝 긴장했다. 까탈스러운 주인이라면 모압 여인에게 당장 떠나라고 호통을 칠지도 몰랐다. 하지만 그게 아니었다.

"반갑구려. 난 이 밭의 주인 되는 보아스라 하오."

어디서 들었던 이름이다. 룻은 이내 그 이름을 기억해 낸다.

'보아스? 아, 시댁 쪽으로 친척 된다는 분이구나. 주님께서 나를 인도하셨구나….'

룻은 머리를 들어 수줍은 인사를 하고는 다시 고개를 숙인다. 조금 전까지만 해도 잔뜩 주눅 들었던 경계심이 사라졌다. 보아스의 음성은 다정하고 부드러웠다.

"새댁, 내일도 여기에서 이삭을 줍도록 해요. 굳이 이 밭 저 밭으로 다니지 말도록 해요."

룻은 황송한 듯 듣고만 있다. 쉽사리 말을 섞기가 애매했다. 보아스의 친절한 음성이 다시 들려온다.

"이삭줍기의 요령을 알려 드리리다. 추수하는 일꾼들을 되도록 바짝 뒤따르시오. 남들이 줍기 전에 먼저 주우면 아무래도 훨씬 많이 주울 것이오."

보아스는 룻에게 보통 이상으로 친절을 베푼다. 이삭을 줍다가 목이 마르면 일꾼들이 마시는 항아리 물을 눈치 보지 말고 마셔도 된다고도 말했다. 또한 젊은 추수꾼들에게는 공연히 룻을 희롱하지 말라고 주의를 주기까지 했다. 룻으로서는 여간 고맙고 친절한 배려가 아닐 수 없었다.

룻은 보아스의 다정어린 그 음성이 좋았다. 약자에 대한 배려가 뚝뚝 묻어나는 자상한 말투다. 사실 룻은 모압 땅에서 건너온 이방 사람인 데다 보호해 줄 남편도, 자식도 없는 과부인지라, 돌보아주어야 할 사회적인 약자였다. 밭에서 이삭을 줍다가 젊은 일꾼들로부터 얼마든지 성희롱 당하거나 구박을 당할 수 있었다. 보아스의 특별 지시는 그런 룻의 처지를 염두에 둔 자상한 호의였다. 룻은 밭주인 보아스의 자상한 배려에 크게 황송해하며 그 자리에 엎드려 절한다.

"주인님, 정말로 감사합니다. 한낱 이방 여자에 불과한 저에게 이렇게까지 자상하고 친절하게 대해 주시니 몸둘 바를 모르겠습니다."

"허허. 그렇게까지 고마워할 필요 없어요. 그대의 남편이 세상을 떠난 뒤에 시어머님을 어떻게 극진히 모셨는지, 내가 들어서 이미 잘 알고 있소."

"그, 그건…. 저로서는 그저 마땅한 도리를 하려고 할 뿐입니다."

"정든 고향과 일가친척을 떠나 낯선 사람들이 사는 먼 타국 땅으로 오게 된 내력도 잘 알고 있소. 그래, 그대를 이 땅으로 이끈 게 무엇이오?"

룻은 잠시 대답을 주저한다. 밭주인이 원하는 대답이 무엇일까? 룻은 잠시 묵상 기도를 하고는 보아스를 향하여 입을 연다.

"홀로 된 시어머님을 혼자 가시게 할 수가 없었습니다."

"효도의 의무 때문에 부모와 조국을 떠나 이곳까지 온 것이오?"

"그것만은 아닙니다. 어머님과 이별해서는 여호와 신앙을 제대로 지킬 수 없을까 봐 따라나섰습니다."

보아스는 모압 여인을 천천히 살핀다. 고개조차 제대로 들지 못하던 여인이 여호와 신앙에 관한 이야기가 나오자 분명히 자기 소신을 밝히는 게 아닌가! 그 얼굴에 문득 어머니 라합의 얼굴이 겹쳐진다. 본래 여리고 성읍의 기생 출신이었던 어머니 라합도 그렇게 굳건한 '여호와 신앙' 하나로 이스라엘 사회로 편입되었던 것이다. 룻의 내력과 속마음을 알고 나니 더욱 애틋한 마음이 갔다.

"잘 오셨소! 주께서 좋은 것으로 갚아주실 것이오. 이스라엘의 하나님 여호와께서 안식처를 찾아 들어온 그대에게 풍성히 복 내려 주시기를 비오."

당시 남편을 잃고 혼자 된 여인이 부모와 친족들의 보호를 떠나 낯선 나라로 떠난다는 것은 실로 대단한 모험이다. 따라서 시어머니를 위한 룻의 희생적 결단은 작은 마을에서 화젯거리가 되기에 충분했다. 베들레헴의 유지였던 보아스 역시 룻을 만나기 전부터 그런 사실을 전해 들어 이미 잘 알고 있었다. 룻은 보아스의 호의적인 말에 고개를 숙여 연신 감사를 표한다.

"고맙습니다. 참으로 고맙습니다. 주인님의 몸종만도 못한 비천한 이 몸을 그토록 보살펴주시고 위로해주시니, 그저 고맙고 황송할 따름입니다. 주님께서 주인님께 풍성히 복 내려 주시길 바랄 뿐입니다."

그날, 보아스의 특별 배려로 룻은 편안하게 이삭을 주울 수 있었다. 이윽고 점심때가 되었다. 룻은 밭의 한쪽에 비켜 앉아 집에서 싸온 빵을 꺼내 들었다. 그런 모습을 보고 보아스가 일꾼을 보내 부른다.

"이리로 와요. 여기 있는 빵을 떼어 소스에 찍어 먹어 보시오."

"주인님, 저는… 저는 괜찮습니다."

"그러지 말고, 이리 오구려. 우리와 함께 식사하도록 해요."

룻이 잠시 머뭇거리다가 주뼛주뼛 다가와 추수꾼들 곁에 살포시 앉는다. 그러자 추수꾼들이 볶은 곡식을 룻에게 건네준다. 주인이 룻에게 친절하게 대해주니, 일꾼들도 눈치껏 친절하다.

"자, 그러지 말고 이걸 좀 먹어 봐요. 갓 구운 것이라 맛있을 게요."

"아, 네. 네. 감사합니다. 고맙습니다."

룻은 연신 고마움을 표시하며 공손하게 받아먹는다. 밭주인 보아스가 친척 되는 여인이라고 자상하게 챙기자, 모두가 음식을 맛보라며 이것저것 건네주었다. 덕분에 룻은 배불리 먹고도 넉넉히 음식이 남았다.

'이건 잘 싸 두었다가 어머님께 갖다드려야지.'

점심을 든든히 먹고 기운을 차린 룻은 자리에서 일어나 다시 추수하는 밭으로 들어간다. 그런 룻의 모습을 보고서, 보아스가 일꾼들에게 재차 일러둔다.

“저 여인이 자네들 뒤에서 이삭을 줍더라도 절대 싫은 소리를 하지 말게. 아니지, 일부러 조금씩 흘려서 많이 주울 수 있도록 해주게. 내 말 명심하게나.”

“주인님, 모압 여인에게 왜 이리 친절을 베푸십니까?”

“알고 보니, 나의 친척이 되는 사람의 며느리일세.”

“아, 주인님. 그렇게 하겠습니다. 걱정 마십시오.”

그날 룻은 이스라엘 땅에 들어온 이래 처음으로 가벼운 발걸음이 되었다. 인자하고 자상한 밭주인을 생각하니 절로 마음이 놓였고 기분이 좋았다. 왠지 그 남자에게서 자신에 대한 특별한 호의가 느껴지기까지 했다.

‘단지 친척이어서 그런 걸까? 아님…?’

해는 서산에 걸려 있었다. 석양에 물든 베들레헴 들판의 하늘은 아름다웠다. 한 폭의 그림 같았다. 매일이 힘들고 고단했던 모압 여인 룻의 삶에 무언가 아련한 소망의 빛이 비치기 시작했다. 룻은 그걸 직감적으로 느꼈다.

룻과 나오미의 대화 (2:17-23)

룻은 저녁때까지 땀 흘리며 이삭을 주웠다. 그러다 보니, 바구니가 금세 가득 차곤 했다. 룻은 하루 동안에 주운 보리 이삭을 편편한 돗자리 위에다 널어놓고 막대기로 두들겨 낟알을 떨었다. 그렇게 이삭을 떨어 보니, 보리가 무려 1에바(대략 23리터, 12되 7홉 정도)나 되었다.

하루 동안에 주운 이삭이 이렇게 많은 것은, 보아스의 특별한 배려 속에 룻이 이른 아침부터 저녁까지 부지런히 일했기 때문이다. 많은 곡식을 보니 마음이 뿌듯해졌다. 몸은 무척 고됐지만 마음은 날아갈 듯 가벼웠다.

"어머님! 이것 좀 보세요. 오늘 밭에서 주운 곡식이에요. 이 정도예요. 호호."

룻은 1에바나 되는 많은 곡식을 가지고 집으로 돌아와 시어머니께 자랑 삼아 보여드린다. 점심 때 배불리 먹고 남겨온 볶은 곡식도 드린다.

"어머님, 이것도 드셔 보세요. 정말 맛있어요. 호호."

룻이 내놓은 곡식에다, 볶은 곡식까지 보고는 나오미가 놀라며 묻는다.

"아니, 얘야. 이게 다 무엇이냐? 이렇게나 많다니!"

"어머님, 곡식은 밭에서 주웠고요, 볶은 곡식은 어머니와 함께 먹으라고 사람들이 싸 주었어요."

"그래? 어느 밭에서 일했느냐? 누군가가 네게 은혜를 베푼 모양이로구나. 네게 이토록 잘해 주신 그분에게 주께서 풍성히 복 내려 주시기를 빈다."

"어머님, 보아스라는 분의 밭이에요. 주인님은 제게 참 잘해 주셨어요. 정말 자상하시고 후덕하신 분이에요."

"가만! 얘야. 너 지금 누구라고 했느냐? 보아스라고 했느냐?"

나오미가 깜짝 놀라며 며느리에게 다그치듯 되묻는다.

"네, 맞아요. 보아스요! 친척 된다며 제게 친절을 베풀어 주었어요."

"네가 참으로 보아스를 만났단 말이냐?"

"네, 보아스라고 하셨어요. 어머님의 안부도 물었어요."

"그래? 그랬구나. 이렇게 고마울 수가…. 주께서 그분에게 크신 복을 내려 주시기를! 그분은 모압으로 가기 전에도 우리 식구들에게 그렇게 잘해 주시더니, 오랜만에 돌아왔는데도 이토록 잘해 주시는구나."

"정말 고마운 분이시군요."

"얘야, 내가 언젠가 말했었지. 그분은 우리와는 집안 친척이다. 그러니 우리 기업을 무를 자들 가운데 한 사람이야. 우리를 맡아서 보호해

주어야 할 친척 가운데 한 사람인 거지."

고대 이스라엘 사회에는 '고엘 제도'란 게 있었다. 히브리어 '고엘'은 '(대신해서) 무르는 자'란 뜻이다. 어려움에 처한 친족을 대신해서 기업의 땅을 되찾아 주거나, 가문을 일으켜 세워 주거나, 끊긴 후손을 이어주는 의무를 지닌 혈족을 가리킨다. 가까운 혈족 순서대로 그러한 의무가 주어졌다. 나오미의 죽은 남편 엘리멜렉과 친척 되는 보아스는 그런 의무를 지닌 사람들 중의 하나였다.

"어머님! 그분은 추수가 다 끝날 때까지 다른 곳으로 가지 말고 자기 밭의 일꾼들과 항상 같이 다니라고도 하셨어요."

"그래? 정말 그랬다고? 얘야, 그렇다면 그분 말씀대로 하렴. 다른 밭에는 가지 말고, 그 집안의 아낙네들과만 꼭 붙어 다녀라. 공연히 다른 밭에 가면, 짓궂은 남정네들한테 시달림을 당할지도 몰라."

룻의 말을 자초지종 전해들은 나오미는 언뜻 친척 보아스가 기업 무를 자의 의무, 즉 고엘의 의무를 감당할 수도 있겠다는 생각을 가졌다. 나오미 집안에 있어, 기업 무를 자가 감당해야 할 의무는 후사(後嗣) 없이 죽은 아비멜렉 집안의 대를 이어주는 계대결혼이었다. 그래서 나오미는 룻의 몸가짐을 한층 조심시킬 필요성을 느끼고 괜스레 다른 밭에 나가서 이삭을 줍다가 공연한 말썽이 생기는 것을 원치 않았던 것이다.

"네, 어머님. 잘 알겠어요. 그렇게 하도록 할게요."

착한 룻은 시어머니의 말뜻을 자세히 몰랐지만 순순히 따르기로 마음먹는다. 이후로 룻은 보리 수확과 밀 수확이 다 끝날 때까지 보아스의 밭에서만 일했다. 보아스 집안의 아낙네들만 따라다니면서 부지런히 이삭을 주웠고, 주운 이삭으로 시어머니를 정성껏 봉양하며 살았다. 이처럼 효성 지극한 룻에 대한 칭찬은 날개 달린 것처럼 베들레헴 성읍에 널리 퍼져나갔다.

3

나오미의 말대로

룻은 보아스의 발치께에
숨죽이고 누워 있네
새벽에 잠이 깬 보아스가
무슨 일이냐고 묻네

룻을 위한 나오미의 계획 (3:1-5)

어느 날, 나오미가 뭔가를 작심한 듯 룻에게 말한다. 진지하다.

"얘야, 내가 네 남편감을 좀 찾아봐야겠구나. 너도 이제는 행복한 보금자리가 있어야 하지 않겠느냐."

느닷없는 시어머니의 말에 화들짝 놀란 룻, 얼굴이 화끈거린다. 대답이 평소 음성보다 크게 나온다.

"아니, 어머님. 그게 무슨 말씀이세요?"

"얘야, 이제부터 내 말을 잘 들으렴. 네가 지금껏 이삭을 줍던 밭주인 보아스는 우리 집안의 대를 이어주실 분이란다."

룻의 가슴이 공연히 쿵쾅쿵쾅 뛴다.

'어… 내가 왜 이러지…?'

"오늘 밤, 그분은 타작마당에서 보리를 까부르고 있을 거야. 너는 목욕을 하고 새 옷으로 몸단장을 한 다음, 타작마당으로 내려가거라. 그분이 저녁을 다 먹을 때까지 눈치 채지 못하도록 조심해야 한다."

"어, 어머님…. 왜…."

"내 말을 듣기만 해라. 그분이 어디에서 잠을 자는지 알아두어라. 그래서 그분이 잠자리에 들면, 넌 그분 발치로 가서 이불을 가만히 들추고 거기 눕도록 하여라."

"어, 어머님, 하지만 전 아직 마음에 준비가 되지 않았어요. 그리고 주인님이 저의 그런 행동을 어떻게 생각할지도 모르겠고요."

"얘야, 걱정 마라. 그 다음부터는 그분이 하는 대로 맡기면 된단다. 보아스님은 하나님의 율법을 잘 지키는 사람이란다. 그러니 너희 행동이 계대결혼법에 근거한 순수한 처신이라는 것을 잘 아실 게다. 걱정하지 마라. 나는 내 소견대로 살다 오늘 이 꼴이 되었지만, 하나님의 소견대로 사는 보아스와 너는 분명 하나님께서 좋은 인연을 맺어주실 게다. 그러니 얘야, 다른 생각 말고 내가 시키는 대로 해야 한다. 알아들었느냐?"

룻은 더는 거부할 수 없었다. 이건 한 남자의 사랑을 얻느냐 마느냐의 문제 이전에, 집안의 대가 끊겨버린 엘리멜렉의 기업을 회복하는 중대한 일이었기 때문이다. 엘리멜렉 집안의 며느리로서 룻은 그렇게 해야 할 의무가 있었다.

"네, 어머님. 무슨 말씀인지 잘 알아들었어요. 이르신 대로 하겠어요."

당시 이스라엘에서 기업 무를 자의 제도, 즉 '고엘 제도'는 무척 신성한 가치를 지녔다. 집안의 대를 이을 자식이 없던 나오미는 기업 무를 자인 보아스의 인격과 덕망을 믿었다. 그래서 보아스를 통해 대를 이어가려고 자신의 권리를 적극적으로 행사한 것이다. 그래서 며느리 룻에게 친척 남자의 이불 속에 들어가 눕게 했다. 이것은 결코 부도덕한 처사가 아니다. 율법이 허락하는 은총이요, 사회가 용인하는 권리였다.

룻이 나오미의 계획대로 실행하다 (3:6-13)

룻은 시어머니가 시킨 대로 타작마당으로 내려갔다. 보아스가 저녁을

다 먹을 때까지 타작마당 한쪽에서 조용히 기다렸다. 가슴이 쿵쾅거렸다. 일꾼들의 눈에 띄어 당장 내쫓길지도 모른다. 타작마당은 수확한 곡식 단을 떠는 장소다. 단단하게 다져진 편편한 마당이다. 반경이 15m가량 되었으며, 여러 개의 타작마당이 서로 인접해 있었다.

"아흠! 잘 먹었다. 오늘은 정말로 기분이 상쾌한 날이로군!"

배부르게 저녁을 먹고 포도주도 곁들여 마신 보아스는 곡식 단을 쌓아놓은 낟가리 곁에 누웠다. 타작한 곡물을 도적질이나 약탈 행위로부터 지키기 위해서였다.

보아스는 이내 잠에 곯아 떨어졌다. 피곤했는지 코까지 골면서 숙면을 취했다. 그러자 룻은 시어머니가 일러준 대로 보아스의 발치께로 다가가 이불을 살며시 들치고는 자리에 누웠다. 기회를 엿볼 때는 가슴이 쿵쾅거렸다. 하지만 지금은 마음이 설렜고, 시간이 흐르자 도리어 편안한 마음이 되었다. 청명한 밤하늘에서 쏟아져 내릴 듯한 수많은 별들이 베들레헴 들판의 타작마당을 환히 비추고 있었다.

"아, 아니? 이, 이게 뭐지?"

한밤중이 되었을 때, 보아스가 자세를 고치려 뒤척이며 돌아눕는데 무언가 발에 턱 걸리는 것이 있었다. 급히 일어나 살펴보니, 웬 여인이 같은 이불을 덮고 발치께에 누워 있는 것이 아닌가!

'이런! 이런! 어제 술기운에 내가 여인을 데리고 왔었던가?'

보아스가 크게 당황해하며 깜짝 놀라 묻는다.

"당, 당신은 대체 누, 누구요?"

룻은 시어머니가 일러준 대로 차분하게 대답한다.

"이 몸은 주인님의 여종 룻입니다. 부디 우리 집안에 은혜를 베푸셔서 저희를 보살펴 주세요. 이제 주인님의 옷자락을 펴서 이 몸을 덮어주세요."

'옷자락을 펴서 덮어 달라'는 말은 '거두어주고 보살펴 달라'는 뜻이다. 룻이 보아스가 펼치는 보호의 날개 아래 깃들기를 원한다는 말이다. 그러한 보호는 결혼으로 가능했다. 따라서 이 말은 보아스에게 계대결혼을 청원하는 상징적 표현이다.

흐흠, 흠, 흐음…!

보아스는 가벼운 헛기침을 하며 룻이라는 여인을 찬찬히 내려다본다. 여인은 밤새도록 잠을 자지 않았는지 가벼운 화장기가 남아 있다. 여인에게서 여자의 향기가 흘러나온다. 뭔가 우수가 깃든 얼굴, 민족을 떠났거나 남편을 잃은 슬픔 때문만은 아니다. 여자는 처음부터 현숙한 아름다움을 지닌 여인이었다. 모압 출신이라는 선입견 때문에 여인의 아름다움을 보지 못했을 뿐이다. 보아스는 벌써 잠이 달아나 버렸고 말끔한 정신이 되었다.

"주께서 그대에게 복 내려 주시기를 바라오. 혼자 사는 것이 힘들어 진즉에 젊은 남자를 따라나섰을 법도 한데, 그대는 죽은 남편에 대해 순결을 지켰소. 또한 시어머님도 그리 지극히 받들어 모시다니, 그대의 효성이 참으로 갸륵하구려."

보아스는 진심으로 감탄한 듯 발치께의 룻에게 인자한 미소를 보낸다.

"알았소. 아무 걱정 마시오. 그대가 청한 대로 이행하리다. 그대가 현숙한 여인인 줄은 온 성읍이 다 알고 있소. 내가 그대의 집안을 책임져야 할 사람인 것은 사실이오. 하지만 나보다도 그대 집안과 더 가까운 친척이 있소."

당시 이스라엘 사회에서 기업 무를 자, 즉 '고엘'이 되는 자격은 이러했다. 당사자와 혈족 관계라야 했고, 가까운 혈족의 순서대로 그 의무가 주어졌다. 고엘의 의무를 수행하려면 그럴 만한 능력이 있어야 했고, 고엘의 의무를 수행하겠다는 자발적인 의사가 있어야 했다. 본인이 원하지 않으면, 합당한 절차를 통해 그 의무를 포기할 수도 있었다.

나오미 집안의 경우, 친척 되는 보아스도 고엘의 자격을 갖추고 있었지만 고엘의 의무를 감당할 더 가까운 친척이 있었다. 율법에 따라 보아스는 그 사람의 의사부터 타진해야 했다. 보아스는 이방 여인 룻이 잘 알아듣도록 그 사실을 차근차근 설명해준다.

"그러니 오늘 밤은 여기서 보내시구려. 내일 아침에 그 친척의 의향을 물어보겠소. 만일 그 사람이 고엘의 의무를 받아들여 그대의 집안을 책임지겠다고 하면, 그렇게 하는 수밖에 없소."

그 말에 룻의 가슴이 싸늘해진다. 그 사이에 보아스에게 사랑의 감정 같은 것이 생긴 것일까? 제발, 제발 그 사람이 고엘의 의무를 받아들여 주지 않기를 바라는 마음이 된다.

'이 남자가 우리 집안의 고엘이 되었으면 참으로 좋으련만….'

그때 보아스의 음성이 들려온다. 부드러우면서도 힘이 실려 있다.

"그런데 그 사람이 고엘을 포기하겠다면, 그때는 내가 기업 무를 자가 되어 그대 집안을 꼭 책임지리다. 이것은 주께서 살아계심을 두고 내가 맹세하는 말이오. 그러니 걱정 말고, 오늘 밤은 여기서 눈을 붙이도록 하시구려."

'아, 제발, 제발… 그렇게 되었으면….'

고대 이스라엘 사회에서 '기업 무를 자' 즉 '고엘'의 의무와 책임은 다양했다. 가난한 친족이 판 땅을 도로 찾아주어야 했고, 가난한 친족이 종으로 팔렸을 경우에는 값을 주고 친족을 자유인으로 해방시켜 주어야 했다. 또한 친족이 후사 없이 죽었을 경우에는 그 친족의 과부 된 여인과 결혼하여 친족의 대를 이어주어야 했다. 그리고 친족이 억울하게 피살되었을 경우에는 피의 보복자 자격으로 친족의 복수를 대신 갚아주어야 했다. 심지어 어떤 경우에는 친족의 죗값을 대신 담당해야 하기도 했다.

지금 룻에게 필요한 것은 대를 이어주는 것이다. 두 사람은 하나님의 처분만을 기다리기로 했다. 사방은 아직도 어둡다.

보아스의 응답을 기다리는 룻과 나오미 (3:14-18)

룻은 새벽까지 보아스의 발치에 누워 잠시 눈을 붙였다가 새벽에 일어났다. 하나님의 율법에 충실한 두 사람은 공연히 의심을 받는 것이 싫었다. 일어나 떠나려는 룻에게 보아스는 양식을 챙겨주는 배려를 잊지 않는다.

"자, 그대의 겉옷을 벗어 펼쳐 보시오."

"제 겉옷을요?"

"그렇소. 그대의 시어머니에게 빈손으로 돌아가서야 되겠소?"

보아스가 시키는 대로 룻이 겉옷을 벗어 쭉 펼치자, 타작한 보리를 됫박으로 여섯 번이나 거듭 퍼서 담아주었다. 그런 다음 보아스는 앞서 타작마당을 떠났다.

새벽녘에 룻이 집으로 돌아오자 밤새 궁금해 하며 기다리던 나오미가 이것저것 연달아 캐묻는다.

"얘야, 어찌 되었느냐? 내가 시킨 대로 했느냐? 그분의 반응은 어떠하더냐?"

룻은 어젯밤 일들을 낱낱이 말해준다.

"… 그러시더니 어머님, 그분이 제가 펼친 겉옷에다 됫박으로 보리를 여섯 번이나 퍼주면서 '시어머니에게 그냥 빈손으로 가서야 되겠느냐.' 하셨어요."

처음부터 끝까지 귀를 바짝 기울이며 한 마디도 빠뜨리지 않고 경청하던 시어머니 나오미는, 크게 함박웃음을 지으며 말한다.

"이제 됐구나, 됐다! 이제 우리는 일이 어떻게 되는지 조용히 지켜보기만 하면 되겠구나. 그분은 분명 오늘 안으로 이 일을 전부 마무리 지으실 것이다. 일이 잘 풀려, 그분이 너와 맺어졌으면 참으로 좋겠구나."

4
룻과 보아스의 혼인

마을 원로들을 증인으로 세우고
보아스는 룻과 혼인하네
룻과 보아스가 낳은 아들 오벳은
다윗의 할아버지

룻과 보아스의 계대결혼 (4:1-12)

베들레헴 성문 앞 광장, 보아스는 높은 데 자리를 잡았다. 고대 사회에서 성문 앞 광장은 사람들의 왕래가 많은 곳이다. 그래서 중요한 일을 공지할 때, 물건을 사고 팔 때, 증인들 앞에서 공개 재판이나 공증할 때면 이곳 광장을 이용했다.

보아스는 엘리멜렉의 가까운 친척이 성문 앞 광장을 지나가기를 기다리고 있었다. 때마침 엘리멜렉 집안의 기업을 무르는 일에 1순위자인 그 사람이 지나가는 모습이 눈에 띄자, 보아스가 크게 소리쳐 부른다.

"여보시오! 여기 좀 보시오!"

그 사람이 고개를 돌려 광장 높은 데 앉아 있는 보아스를 바라본다.

"아, 보아스, 당신입니까? 그런데 무슨 일로 저를…?"

"잠깐만 이리 올라와 보시구려. 긴히 상의할 일이 있소."

그 사람은 광장의 높은 단상으로 올라가 보아스 곁에 앉는다. 그러는 사이에 보아스는 성읍 장로들을 초청한다. 머잖아 장로 열 명이 높은 단상에 함께 자리를 잡고 앉는다. 율법의 모든 조건이 갖춰지자, 보아스는 그 친척 남자에게 말한다.

"아시다시피, 모압에서 돌아온 나오미가 남편과 두 아들을 잃은 신세가 되었소. 그런데 그녀가 자기 남편이며 우리 친척인 엘리멜렉의 밭을 팔겠다고 내놓았소."

"쯧쯧! 참으로 가련한 신세가 되었구먼. 어쩌다가 그리 되었을꼬."

성문 앞 광장에 모인 사람들은 보아스의 말을 듣고는 혀를 끌끌 차며 모두가 자기 일인 양 안타까워한다. 보아스는 계속 말을 잇는다.

"오늘 여기 모인 여러분과 열 분 장로님들 앞에서 당신에게 분명히 해두어야 할 것이 있소. 당신이 나오미 집안의 가장 가까운 친척이므로, 그 집안을 우선적으로 책임져야 할 의무가 있소. 그러니 그 밭을 사도록 하시오."

나오미의 죽은 남편인 엘리멜렉 소유의 밭은 아무나 살 수 없었다. 고엘(기업 무를 자) 제도는 어떤 이가 가난하여 기업의 땅을 내놓았을 경우, 그 사람과 가장 가까운 친척의 순으로 그 땅을 구입할 의무가 있었다. 그래야 조상 대대로 물려받은 기업의 땅이 다른 지파, 다른 가문으로 옮겨가지 않고 같은 지파와 가문 내에서 유지될 수 있기 때문이다. 가까운 친척은 재빨리 머리를 굴리고는 선뜻 대답한다.

"알겠소. 내가 기업 무를 자로서 나의 친척 엘리멜렉 집안을 돌보는 책임을 다하리다. 그 밭을 내가 사도록 하겠소."

일은 뜻밖의 방향으로 굴러갈 태세였다. 그렇게 되면 룻은 이 남자와 결혼해야 하고, 보아스와의 모든 관계는 끝장이 나고 만다. 그 자리에 룻이 없는 게 천만다행이다. 그 소리를 들었다면 적잖게 실망했을 터이다. 보아스도 내심 불안해졌다. 하지만 담담한 척 계속해서 율법에 근거하여 그 사람에게 말한다.

"좋소. 하지만 당신이 감당해야 할 의무가 한 가지 더 있소."

"또 무엇이오?"

가까운 친척은 전혀 예상하지 못했다는 듯 당황하며 반문한다.

"그 밭을 사는 날, 남편을 잃은 모압 여인 룻도 함께 책임져야 합니다. 그 여인에게 아이가 생겨야 후사 없이 죽은 우리 친척 엘리멜렉 집안의 대를 이을 수가 있기 때문이오. 어떻소? 이 계대결혼의 의무까지 감당하시겠소?"

모압 여인까지 책임지라는 말에, 친척은 다시금 머리를 이리저리 굴린다.

'가만 있자… 엘리멜렉 소유의 밭을 산다면 죽은 이의 과부와 결혼하여 집안의 대를 이어주어야 한다고? 그렇다면 매입한 땅은 과부에게서 태어난 그 아들에게 상속될 것이고, 땅은 다시 엘리멜렉의 소유가 된다. 결국 내 재산만 축 나는 꼴이 아닌가? 더군다나 그 여인은 모압 여자이고…. 에이, 그렇게 할 수는 없는 일이지….'

생각이 이에 미치자, 그 가까운 친척은 손을 휘휘 내저으며 말한다.

"어이쿠, 계대결혼까지 감당하기는 힘들겠습니다. 그렇게 되면, 내 재산만 축나게 생겼으니 나는 그 집안을 책임질 수가 없겠소. 그러니 보아스, 당신이 내 대신에 그 집안을 책임지도록 하십시오. 나는 그만 포기하리다."

당시 이스라엘 사회에는 자기 권한이나 의무를 타인에게 넘길 때, 또 땅을 사고 팔 때, 그 사실을 확정 지으려면 상대방에게 신발 한 짝을 벗어주는 관습이 있었다. 신발은 땅을 직접 밟을 수 있는 매개체다. 그런 신발을 벗어 상대방에게 넘겨준다는 것은, 자신이 신발로 밟을 수 있는 그 땅에 대한 소유권을 포기하거나 양도한다는 것을 상징하는 행위였다. 이런 관습에 따라 그 가까운 친척은 신발 한 짝을 벗은 뒤 보아스에게 건네주며 말한다.

"나는 그 땅을 포기할 테니, 보아스, 그대가 나 대신에 그 땅을 사도록 하십시오."

그러자 보아스는 그 사람의 신발 한 짝을 받아들고는 웃어른 되는 장로들과 거기 모인 많은 사람들 앞에서 큰 소리로 말한다.

"여러분, 보다시피 내가 모든 의무와 권리를 양도받았으므로 내 친척 엘리멜렉과 말론과 기룐의 소유였던 모든 것을 내가 나오미에게서 사겠습니다. 오늘 이 자리에 모이신 여러분들이 이 일의 증인이십니다."

열 명의 장로들과 참석자들은 모두 박수치며 환호한다. 예로부터 자기 손해와 희생을 무릅쓰고 기업 무를 자의 책임을 감당하는 일은 크게 칭송받을 만한 행위였기 때문이다. 보아스가 말을 잇는다.

"나는 또한 말론의 아내였던 모압 여인 룻을 나의 아내로 맞아들여 고인이 된 엘리멜렉 가문이 계속 대를 이어갈 수 있게 하겠습니다. '엘리멜렉'이란 이름이 고인의 친족들과 마을 사람들의 기억 속에서 사라지지 않게 하겠습니다. 이 일에도 여러분이 증인들이십니다."

계대결혼의 원칙대로라면, 보아스는 죽은 친척의 아내인 나오미를 아내로 맞아야 했다. 하지만 이때 보아스는 룻을 아내로 맞아들였다. 그 까닭은, 기업 무를 자가 죽은 자의 과부와 결혼하는 가장 큰 목적은, 후사(後嗣)를 낳아 죽은 자의 이름으로 계속 대(代)를 이어가도록 해주는 일이었기 때문이다. 그래서 출산 나이를 이미 넘긴 나오미가 아니라, 아이를 낳을 수 있는 룻을 아내로 맞아들인 것이다.

보아스의 말을 듣고, 성문 앞 광장에 모여 있던 마을 사람들과 장로들이 한 목소리로 대답한다.

"이 일에 우리 모두가 증인이 되었소. 그대 보아스는 참으로 장한 일을 하셨소. 주께서 그대 집안으로 들어가는 그 여인에게 많은 자손을 주셔서, 이스라엘 집안을 일으켜 세운 라헬과 레아처럼 크신 복을 주시기를 바라오."

보아스의 얼굴에 환한 미소가 감돈다. 사람들은 보아스에게도 복을 빈다.

“주께서 또한 그대를 에브랏에서 유력한 인물이 되게 하시고, 베들레헴에서 그 이름을 크게 떨칠 수 있도록 해주시기를 바라오. 정녕 주께서 그 젊은 여인을 통해 그대에게 자손을 낳게 해주셔서, 그대 집안이 다말과 유다 사이에서 태어난 베레스의 집안처럼 되기를 바라오.”

베들레헴 장로들과 주민들은 신성한 계대결혼의 의무를 이행하는 보아스와 룻에게 마음껏 복을 빌어준다. 축복 속에 언급된 ‘에브랏’은 베들레헴의 옛 이름이다. 또한 라헬과 레아는 야곱에게서 열두 아들을 낳은 여인들로, 이스라엘을 구성하고 있는 12지파의 어머니들이다. 그리고 보아스의 직계 조상인 베레스는 계대결혼(繼代結婚)한 유다와 다말 사이에서 태어나 큰 가문을 이룬 인물이다.

오벳의 출생과 다윗의 족보 – 다윗의 증조모가 된 룻 (4:13-22)

“오, 참으로 보기 좋은 한 쌍이로다. 딱 천생연분이야!”

“주께서 두 사람을 짝 지워 주신 게 분명해.”

“룻이 모압 땅에서 멀리 시모를 따라와 그렇게 고생하며 지극정성 봉양하더니, 분명 주께서 복 내려주신 게야.”

보아스는 좋은 날을 잡아 룻을 자기 아내로 맞아들였다. 베들레헴 사람들은 두 사람을 진심으로 축복해 주었다. 그로부터 세월이 흘렀다. 주께서 룻에게 임신을 허락하시니, 그녀가 아들을 낳았다.

모두가 룻의 출산을 기뻐했지만, 특히 나오미는 어느 누구보다도 기쁨이 컸다. 보아스는 엘리멜렉 집안의 기업 무를 자(고엘)의 자격으로 룻과 계대결혼을 했다. 따라서 계대결혼을 통해 태어난 첫 아들은 율법에 따라 죽은 자(엘리멜렉)의 대를 이어가야 했으므로, 나오미의 아들로 입적된다. 그래서 베들레헴 여인들이 나오미를 축하한다.

“오, 주님을 찬양합니다. 크게 복 받은 나오미여, 주께서 오늘날 당신 집안의 대가 끊이지 않게끔 아들을 주셨네요. 이 아이가 장성하여 이스라엘에 이름을 크게 떨치기를 바랍니다."

나오미는 좋아 어쩔 줄 모른다. 웃음이 입가를 떠나지 않는다. 꿈만 같다. 그녀는 마을 여인네들의 축복에 환한 웃음으로 화답한다. 베들레헴 여인네들은 축하 노래를 계속한다.

"오, 크게 복 받은 나오미여! 이 아이가 당신에게 살아갈 보람을 안겨주겠네요. 이 아이가 자라 늘그막에 당신을 잘 봉양하겠지요. 참으로 당신 며느리는 일곱 아들보다 훨씬 낫네요."

"모두 고마워요. 모두 감사해요. 호호호. 내가 이 나이에 아들을 품게 될 줄은 꿈에도 몰랐어요. 주께서 내 모든 아픔과 슬픔을 불쌍히 보셨나 봐요. 내 며느리 룻이 내게 이런 복덩이를 안겨줄 줄이야. 호호호 그애는 나에게 너무나 사랑스러운 며느리예요. 호호호! 까꿍! 까꿍!"

나오미는 눈에 넣어도 아프지 않을 갓난아이를 품에 안고 좋아서 어쩔 줄 모른다. 타국에서 남편을 잃고 두 아들까지 잃은 그 모든 아픔과 슬픔이 일순간에 씻겨나가는 듯했다.

인생의 깊은 절망 가운데서 새롭게 회복된 여인 나오미의 두 눈에 눈물이 고인다. 솟구치는 기쁨의 눈물이다. 오늘따라 남편과 두 아들이 보고 싶다. 태어난 아기 얼굴에서 남편이 보이고 또 아들들의 얼굴이 보인다. 나오미는 중얼거린다.

"여보, 보고 있지요? 당신이 또 아버지가 되었네요."

"아들들아, 잘 있느냐? 네 동생이란다. 룻이 낳기는 했지만, 내 이름으로 입적한 아들이기에 너희들의 아우란다. 어때? 예쁘지 않니?"

나오미는 모든 사랑을 듬뿍 쏟으며 그 아이를 고이 잘 기른다. 이웃 여인들은 "이제 나오미를 봉양할 아들이 생겼어!"라고 말하며, 그 아이에게 '오벳'이라는 이름을 지어주었다. '봉양하는 자'란 뜻이다. 장차 그 아이가 늙은 나오미를 봉양할 자라는 뜻에서 붙여준 이름이다.

나오미의 아들 오벳! 아니, 룻이 낳은 나오미의 아들 오벳! 그는 장차 메시아(그리스도) 족보에서 귀한 인물이 된다. 그가 자라서, 다윗의 할아버지가 되고 이새의 아버지가 되기 때문이다. 그러니까 오벳을 낳은 모압 여인 룻은 다윗의 증조모가 되는 셈이다. 잠시 족보를 살펴보자.

아브라함은 이삭을 낳았고, 이삭은 야곱을 낳았다. 야곱의 넷째 아들 유다는 베레스를 낳았고, 베레스는 헤스론을 낳았다. 헤스론은 람을 낳았고, 람은 암미나답을 낳았다. 암미나답은 나손을 낳았고, 나손은 살몬을 낳았다. 살몬은 보아스를 낳았고, 보아스는 오벳을 낳았다. 오벳은 이새를 낳았고, 이새는 다윗을 낳았다. 그리고 다윗의 혈통을 좇아 후일에 메시아 예수가 이 땅에 태어났다. 나오미와 룻이 살았던 동네, 바로 유다 땅 베들레헴 마을에서 온 인류의 구세주가 태어나셨다!

모압 여인 룻, 그녀는 시종일관 일편단심이었다. 동서 오르바와는 달리 끝내 친정으로 돌아가지 않았다. 시모 나오미를 지극한 효심으로 봉양했다. 무엇보다 이스라엘의 하나님 '여호와'를 순수한 신앙으로 믿고 섬겼다. 여호와께서는 그런 룻에게 크신 긍휼을 베푸셨다.

이제, 룻기의 막을 내릴 시간이다. 모압 여인 룻! 그녀는 온통 타락하고 부패한 사사 시대에 어둠을 밝힌 한 줄기 빛이었다. 진흙탕 속에서 피어난 아름다운 연꽃이었다. 그러기에 하나님은 비록 이방 출신이어도 은총의 날개를 활짝 펴서 그녀를 품으셨다.

그 결과, 룻은 후일에 다윗의 증조모가 되는 영예를 누렸다. 더 나아가 메시아 예수의 족보 가운데 여인으로서 그 이름이 등재되는 크고도 놀라운 영광을 누렸다. 아, 정녕 복되도다! 그 이름 룻이여!

세계사와 구속사에 편입된 남녀 영웅들의 이야기

민영진

감리교신학대학교 교수 역임

대한성서공회 번역실장, 총무 역임

세계성서공회연합회 번역컨설턴트 역임

감수자는 우리의 스토리텔러들에게 이스라엘 가나안 진입이 서서히 이루어진 이주(移住)인지, 정복(征服)인지, 혁명(革命)인지에 대한 최근 구약학계의 논의를 고려하도록 요청하지 않았다. 여호수아기, 사사기, 룻기는 이미 신명기 역사가가 역사 형식으로 진술한 기록이고, 우리의 스토리텔러들은 역사 진술 형식을 이야기 형식으로 바꾸는 작업을 하는 이들이다. 우리의 스토리텔러들은 여호수아기에 기록된 그대로 이스라엘 지파들이 어떻게 요단 서쪽 땅을 차지하게 되는지를 흥미진지하게 묘사한다. 여호수아기의 주인공은 여호수아다. 여호수아기의 하반부는 지파들의 땅 분배 이야기로 이어진다.

사사기(士師記)에는 더 많은 전쟁영웅들이 등장한다. 이 책의 히브리어 이름 '쇼프팀'은 '재판관'을 뜻하는 말인데, 중국어 번역 성경이 판관 기능을 지닌 인물들을 한자로 '사사'(士師)라고 했기 때문에 그 번역에서 유래한 것이지만 글자대로의 뜻은 '재판관'이다. 그런데, 실제로 12명가량의 남녀 사사들은 재판관들이었기보다는 적군의 침략에 맞서 군사를 일으켜 침략군과 싸워 물리치고 이스라엘을 구원한 구원자들이었다. 독자들은 스토리텔러들을 통해 옷니엘, 에훗, 삼갈, 드보라, 바락, 기드온, 아비멜렉, 돌라, 야일, 입다, 입산, 엘론, 압돈, 삼손 등이 어떻게 구원자의 구실을 하는지, 손에 땀을 쥐고 관전할 수 있을 것이다.

룻기는 이방 여인 룻에 관한 기록이다. 히브리어 성경에서 룻기는 역사서로 구분되어 있지 않고, 요나서나 에스더기 같은 문학 단편으로 분류되어 있다. 주인공 룻은 단순히 이방 여인일 뿐 아니라 이방 중에서도 여호와의 성회에 들어오는 것이 남달리 제한되어 있던 '모압'의 '여인'이다(신 23:3 참조). 그런데도 불구하고 룻은 모범적인 여성으로 이스라엘 역사 안에 편입된다. 그뿐만 아니라 룻은 다윗 가문의 여자 조상이 되면서 "다윗의 자손 예수"의 조상이기도 하여, 우주적 구원의 역사에 극적으로 참여하게 된다.